21世纪应用型本科经管类规划教材

管理学原理

PRINCIPLES OF MANAGEMENT（第2版）

主　编　刘飞燕　张云侠
副主编　朱　江　黎志凯　彭玉莲

华南理工大学出版社
SOUTH CHINA UNIVERSITY OF TECHNOLOGY PRESS
·广州·

内容简介

本书分三部分共11章，从管理的认知，管理的职能和管理创新对管理学基本概念、原理、理论和基本方法进行了系统的阐述，并力求以简练的语言阐明理论本质，对理论的出处、用处、好处有更多的论述。语言通俗，情境丰富，应用性强。

本书的主要特色是在体系结构和内容安排上注重能力导向和教材的教学功能，每章有学习目标、能力目标、本章关键词、开篇案例，正文穿插诸多管理案例，正文结束后有本章提要、在线资源、综合案例和实践练习。

本书适合作为高等院校经济、管理类专业及相关专业的应用型本科学生的教材，也可作为深入学习管理理论的读者参考用书，还可作为管理实践者的必读书籍。

图书在版编目（CIP）数据

管理学原理/刘飞燕，张云侠主编. —2版. —广州：华南理工大学出版社，2018.8（2020.2重印）

21世纪应用型本科经管类规划教材

ISBN 978-7-5623-5696-7

Ⅰ.①管… Ⅱ.①刘… ②张… Ⅲ.①管理学-高等学校-教材 Ⅳ.①C93

中国版本图书馆CIP数据核字（2018）第153557号

管理学原理（第2版）

刘飞燕　张云侠　主编

出 版 人：卢家明

出版发行：华南理工大学出版社

（广州五山华南理工大学17号楼，邮编510640）

http://www.scutpress.com.cn　E-mail：scutc13@scut.edu.cn

营销部电话：020-87113487　87110964　22236378　87111048（传真）

策划编辑：朱彩翩

责任编辑：朱彩翩

印 刷 者：广州市穗彩印务有限公司

开　　本：787mm×1092mm　1/16　**印张：**16　**字数：**407千

版　　次：2018年8月第2版　2020年2月第7次印刷

定　　价：39.00元

第一版前言

2013年6月9日，由麦可思研究院编撰的“2013年中国大学生就业报告（蓝皮书）”发布。蓝皮书跟踪了2012届大学生毕业半年后及2009届大学生毕业三年后的就业状况。蓝皮书披露，2012届本科生毕业半年后就业率最高的学科门类是管理学（92.9%）。可以说，管理专业的高就业率并非偶然现象，在现代社会中，管理无时不在，无处不在。不管人们从事何种职业，事实上人人都在参与管理，管理国家、管理企业、管理非盈利组织，管理业务、管理时间、管理财富、管理家庭。

管理作为人类基本的实践活动之一，广泛地适应于任何组织，渗透在社会组织的各个层面和角落。管理学是一门年轻的应用性学科，是一门系统研究管理活动及其基本规律的科学，是人类智慧的结晶。正如美国著名管理学家彼得·德鲁克所说：“在人类历史上，还很少有什么事比管理学的出现和发展更为迅猛，对人类具有更为重大和更为激烈的影响。”因此，掌握这门学问，将使一个人受益终生。

《管理学原理》是经管类专业的基础理论课，以反映管理一般规律为基本主线，高度概括了管理的一般原理和一些共性问题。西方发达国家系统地进行管理学的研究，已有近百年历史，至今已形成一套比较完整的体系、内容和方法。管理学的教材也比较系统，引进教材中最负盛名的是斯蒂芬·罗宾斯的《管理学》（已更新至第9版），国内本土最有特色的教材是芮明杰的《管理学：现代的观点》，还有各高校数不胜数的管理学原理教材。

既然有这么多教材可供选择，为什么我们还要再编写教材？作为一线教师，我们认为：教材是给学生看的，是教师演绎的剧本，本着“让学生易学，让教师易教”的宗旨，学生情况不同，教材也要随之不同。应用型本科大学的学生有比较鲜明的特征，他们思维活跃，热衷于实践，不喜欢长篇大论的理论钻研，更喜欢在互动与开放的环境下“做中学”“干中学”；他们喜欢老师在理论的应用性方面提供更多实例，开拓眼界，希望听到更多管理实践者的理解，希望能通过自己亲自实践来体会管理的真谛，他们需要透过光鲜而严谨的“理论外衣”，亲身触摸管理的“脉搏”，他们更需要接近中国人思维特征的理论指导。

为了达到上面的目的，本书在编排上，做了以下特别的安排：

（1）压缩了理论内容。力求以更简练的语言阐明理论本质，在涵盖了管理学经典理论的基础上压缩篇章，将相关内容放在同一章，比如“组织”章大多数管理学教材分三章内容详述，本书将其压缩在一章内；重复内容不再一一赘述，如线性规划在“决策”章详述，在“计划”章和“控制”章里便省去；为避免与后面理论重复，“管理理论的发展”章更注重研究视角，而不是重述理论。全书压缩至11章，内容更加紧凑。

（2）扩展了应用型内容。对理论的出处、用处、好处有更多的论述，语言通俗易懂，让学生能够从不同的侧面了解理论本身，让理论有血有肉，不再枯燥。同时，许多案例是根据现实例子改编，情境丰富，应用性强。举例、故事、图表既增加了教材说服力和可读性，增强了学生对管理的兴趣，也开拓了学生的视野。

(3)“管人”“理事”的编排主线。本教材章节编排框架也是依照管理的基本职能展开：计划、组织、领导、控制。管理是个复杂的过程，往往涉及经济学、哲学、社会学、历史学、心理学、人类学、数学及各种工程技术科学，其过程较长，学生容易抓不住重点。因此，为便于学生理解，本书在章节顺序上做了一些调整，把“管理”分成“理事”和“管人”两个模块：将“决策、计划、组织、控制”放在一起，重在“事”的谋划，对应着管理的科学性；将“领导、激励、沟通”放在一起，重在“人”的引导，对应着管理的艺术性。这种编排更符合学生的学习特点和思维特征。

(4) 实用、好用。每章都有学习目标、案例导入、本章小结、关键术语、习题（含案例分析题），通过反复强化和巩固，方便学生学习。

本书由11章构成，可分为四大部分：第一部分，第1～3章，主要阐明管理的基本含义，管理与管理者内涵，管理学理论的发展，总结学习研究管理学的方法，并论述了日趋重要的“管理道德与企业社会责任”问题，进一步让学生了解管理的环境。第二部分，第4～7章，主要讲述如何“谋事”，先了解“决策要义”；在《计划》章选定目标，一一分解，打好工作包，分配好资源做好进度；在《组织》章安排执行工作包的人选，构建有机合作的团队，营造良好的组织氛围；在实施中，不断控制整个过程和组织绩效。第三部分，第8～10章，管人与管事原理不同，管人要靠人对人的领导、激励和沟通达成，理论和方法大多引自行为管理学派理论成果。第四部分，第11章，创新在很多书里被引用为“管理的第五大职能”，管理的职责不是为了维持现状，更重要的是突破现状，创造更好的境况，因此，创新是各个职能的综合应用及突破的结果。

本书第1、2、11章由朱江编写，第3、6章由史丽华编写，第4章由彭玉莲编写，第5、7章由刘飞燕编写，第8～10章由田在兰编写。最后由史丽华统稿，刘飞燕对全书进行了审校。本书在编写过程中得到了林佳锐、蔡惠璇、吴雨蓓、袁文杰、刘丽芳等几位学生的大力协助，在此表示感谢。同时，十分感谢华南理工大学出版社的大力支持！

本书在编写过程中，参考和借鉴了诸多专家、学者的有关论著和研究成果，在此致以诚挚的谢意。欢迎各位老师和同学能反馈用书意见，书中不当与错漏之处，恳请广大专家、同行和读者不吝赐教，批评斧正（邮箱：glxyljc@163.com）。您的支持与鼓励是我们不断进步的动力！

编者

2013年10月6日

第二版序言

第一版《管理学原理》的教材从出版至今已有四个年头。四年里，无论是教育的环境还是教学手段都发生了很大的变化，移动学习兴起，互联网使得知识随手可得，更新的知识可以同步获取，教育的对象也体现了很多时代特征，90后、00后的学生创新学习能力、综合素质更好。学生学习方式呈现多样化——自主学习、体验式学习、参与式学习、团队学习、混合式学习，对教师的教学提出了更多更高的要求。在管理学内容上，国内的企业实践也提供了越来越多案例和经验，不断丰富和更新着教学内容。因此，为了更好地服务于管理学的教学，教材需要适时更新。

另一方面，我们也发现，第一版教材与大多数管理学教材一样，是按照学科知识内容陈列的。很多学生问，“这些知识点和案例都不错，但跟我有什么关系?”的确，学生们对于学习内容更“挑剔”了，追求更多的“关联性”，更渴望理论与实际结合，也更希望看到所学课程内容之间的关联性。

第二版与前一版相比，做了较大幅度的修订：

（1）主线调整。前一版的编写主线是“理事＋管人”，本版编写的主线是“如何成为一名出色的管理者”，管理者应该具备什么知识、技能和态度以便更好地为组织服务，发挥竞争优势。将管理学的知识、技能、态度统一到主体（管理者），围绕目标（有效利用资源、提升竞争优势），不断探讨组织、环境、责任、目标、决策问题，并结合实际有针对性地提升自己的计划、组织、领导、控制技能。这条主线不仅符合做事的逻辑，学生对于有明确成果表现（成为出色的管理者）的学习会更感兴趣。

（2）章节内容调整。围绕着能力提升的主线，全书分成两大块：两个基础和三种能力。两个基础从认知能力开始，熟悉管理学的基本概念和假设，学习管理方法和理论；从环境由外而内看待组织的管理，了解管理者的责任和技能要求；三种能力，首先是决策能力，要求管理者能正确地定义问题，将实际问题概化成决策命题，酝酿方案；其次是执行能力，要求管理者能确定目标、制订计划、组织分工、落实权力、领导沟通、激励员工，一步步提高实施有效管理的执行能力；最后是控制能力，要求管理者能有效地控制结果，并不断改善。全书分11章：第1章 管理与管理者，第2章 管理的环境，第3章 管理道德与企业社会责任，第4章 决策，第5章 计划，第6章 组织，第7章 领导，第8章 激励，第9章 沟通，第10章 控制，第11章 管理创新。

表1为《管理学原理》课程内容设计。

（3）案例和内容更新。“管理学原理”是大一学生的管理基础课，此课程承担着引发学生学习管理兴趣，奠定后续管理类课程基本思维和分析方法的任务。面对企业管理经验匮乏的大一新生，需要用通俗易懂的语言和图文并茂的方式展示管理知识，通过更多、更新、更具有说服力的案例来阐释理论，拓展学生思维和眼界，用更多自我管理的实践练习和社会调研令其感受管理的魅力，从而激发学生的学习兴趣。

（4）教材立体化教辅资源建设。为便于学生自学，每一章内容都配套了学习目标、能力目标、本章关键词，并用二维码建设了配套的在线测试、拓展视频、拓展阅读、拓展案例、相关管理定律和相关管理大师，方便学生应用反转课堂的教学方式进行学习，课前阅读该章的知识点并进行在线测试，课上参与讨论，课后提交报告和作业，还可以查看本章相关的案例和视频，多种方式学习。

表 1 《管理学原理》课程内容设计

<table>
<tr><th colspan="2">课程体系</th><th>基本框架</th><th>主要内容</th><th>对应能力</th><th>管理者技能</th></tr>
<tr><td rowspan="7">一条主线：如何成为一名出色的管理者</td><td rowspan="2">两个基础</td><td rowspan="2">总论</td><td>管理基础知识：管理与管理者、基本原理</td><td>认知能力</td><td>概念能力</td></tr>
<tr><td>管理环境知识：环境分析、管理道德与企业社会责任、管理理论演进</td><td>学习能力</td><td>概念能力</td></tr>
<tr><td rowspan="5">三种能力</td><td>决策</td><td>决策概念与分类、决策程序、决策方法</td><td>决策能力</td><td>概念能力</td></tr>
<tr><td>计划</td><td>计划概念与分类，计划编制和执行方法等</td><td rowspan="3">执行能力</td><td>概念 + 技术能力</td></tr>
<tr><td>组织</td><td>组织结构设计、组织变革、组织文化</td><td>技术 + 人际能力</td></tr>
<tr><td>领导</td><td>领导理论与领导艺术，激励理论与实务、沟通理论与方法</td><td>人际能力</td></tr>
<tr><td>控制</td><td>控制原理、控制过程、控制方法</td><td>控制能力</td><td>技术能力</td></tr>
</table>

我们致力于培养“有人品”“有理论”“有专长”的应用型人才，也致力于积累开拓应用型人才培养的教材，这条道路的愿景美好，但还需要不断摸索。第二版教材在第一版编辑团队基础上又有了张云侠（第 3、6 章修订，网络资源建设与更新）、黎志凯（第 7 ～ 9 章修订）、何小文（题库、网络资源建设）几位老师加盟，他们积累的专业知识和教学经验在编写教材过程中发挥了重大作用，也感谢一直以来使用此教材并为此教材的进步完善提出了许多宝贵意见的老师们，感谢参与教材修订的学生梁晓媚、陈换键、刘立廷、李威、钟苏婷、陈丽军、刘雯琪、刘力玮、张炜敏、苏旋铢。

本书在编写过程中，参考和借鉴了诸多专家、学者的有关论著和研究成果，在本书后的“参考文献”中恕未能一一列出，均借此致以诚挚谢意。在管理的实践中摸索和推广应用型教学，是我们的初衷，希望能通过本次教材修订，更进一步接近理想，不足之处欢迎大家批评指正。

编　者

2017 年 11 月 17 日

目 录

第一部分 管理的认知

第1章 管理与管理者 …… 3
1.1 组织及其本质 …… 5
1.1.1 组织的含义 …… 5
1.1.2 组织的竞争优势管理 …… 6
1.2 管理与管理的职能 …… 7
1.2.1 管理的定义 …… 7
1.2.2 管理的职能 …… 8
1.3 管理者的层次 …… 10
1.3.1 高层管理者 …… 11
1.3.2 中层管理者 …… 11
1.3.3 基层管理者 …… 11
1.4 管理者的角色 …… 12
1.4.1 人际关系角色 …… 13
1.4.2 信息传递角色 …… 13
1.4.3 决策角色 …… 13
1.5 管理者应具备的技能 …… 14
1.5.1 概念技能 …… 14
1.5.2 人际技能 …… 15
1.5.3 技术技能 …… 15
本章提要 …… 16
在线资源 …… 16

第2章 管理的环境 …… 19
2.1 管理环境的构成 …… 21
2.1.1 外部：一般环境 …… 22
2.1.2 外部：任务环境 …… 24
2.1.3 内部环境：经营条件 …… 25
2.1.4 内部环境：组织文化 …… 26
2.2 管理环境的分析 …… 27
2.2.1 识别环境的不确定性程度 …… 27
2.2.2 时刻关注组织的任务环境 …… 28
2.2.3 内外部环境综合分析 …… 29
2.3 对环境的反应 …… 30
2.3.1 适应环境：改变自己 …… 31
2.3.2 改变所处环境 …… 31
2.3.3 环境管理的挑战 …… 31
本章提要 …… 31
在线资源 …… 32

第3章 管理道德与企业社会责任 …… 35
3.1 管理道德 …… 36
3.1.1 四种道德观 …… 37
3.1.2 影响管理道德的因素 …… 38
3.1.3 改善企业的道德行为 …… 39
3.2 企业社会责任及其履行 …… 43
3.2.1 企业社会责任的产生与演进 …… 43
3.2.2 什么是企业的社会责任 …… 44
3.2.3 企业要不要履行社会责任 …… 45
3.2.4 企业如何履行社会责任 …… 46
本章提要 …… 48
在线资源 …… 49

第二部分 管理的职能

第4章 决策 …… 53
4.1 决策概述 …… 55
4.1.1 决策的含义 …… 55
4.1.2 影响决策的主要因素 …… 56

4.2 决策的类型 ………………………… 60
4.2.1 根据决策问题的明确性程度分类 ………………………… 60
4.2.2 按决策的主体分类 ………… 61
4.2.3 按决策问题的可控程度分类 ………………………… 61
4.2.4 按决策活动涉及的范围分类 ………………………… 62
4.2.5 根据决策时间的紧迫性分类 ………………………… 62
4.2.6 按决策的起点分类 ………… 63
4.3 决策的制定过程 ………………… 63
4.4 有效决策的要义 ………………… 66
4.4.1 准确收集信息 ……………… 66
4.4.2 明确决策者 ………………… 67
4.4.3 选择合理的决策方法 ……… 69
本章提要 ………………………… 75
在线资源 ………………………… 76

第5章 计划 ………………………… 80
5.1 计划的基础概念 ………………… 82
5.1.1 计划的定义 ………………… 82
5.1.2 计划的类型 ………………… 83
5.1.3 计划的作用 ………………… 86
5.2 目标 …………………………… 87
5.2.1 目标的属性 ………………… 88
5.2.2 目标的设定 ………………… 89
5.2.3 目标管理的作用 …………… 92
5.3 计划工作的程序 ………………… 93
5.4 计划的工具与技术 ……………… 94
5.4.1 评估环境的技术 …………… 94
5.4.2 编制计划的方法 …………… 96
5.4.3 资源分配技术 ……………… 97
本章提要 ………………………… 102
在线资源 ………………………… 102

第6章 组织 ………………………… 108
6.1 组织的概述 …………………… 109
6.1.1 组织的概念 ………………… 109
6.1.2 组织的类型 ………………… 109
6.1.3 组织工作的内容 ………… 112
6.2 如何进行组织设计 ……………… 113
6.2.1 组织设计任务 …………… 113
6.2.2 组织设计依据 …………… 114
6.2.3 组织设计的程序 ………… 116
6.3 组织结构的类型 ………………… 124
6.3.1 机械式组织结构类型 …… 124
6.3.2 有机式组织结构类型 …… 126
6.4 组织文化及塑造 ………………… 128
6.4.1 什么是组织文化 ………… 129
6.4.2 组织文化的结构 ………… 129
6.4.3 如何塑造组织文化 ……… 131
本章提要 ………………………… 132
在线资源 ………………………… 132

第7章 领导 ………………………… 135
7.1 什么是领导 …………………… 136
7.1.1 领导的定义 ……………… 137
7.1.2 基本的领导模式 ………… 137
7.1.3 影响力的来源 …………… 138
7.1.4 领导者和管理者 ………… 139
7.1.5 管理者的领导责任 ……… 141
7.2 领导者做什么 ………………… 142
7.2.1 领导者的思考方式 ……… 142
7.2.2 如何成为一名领导者 …… 143
7.3 有效领导理论 ………………… 144
7.3.1 领导特质理论 …………… 144
7.3.2 领导行为理论 …………… 145
7.3.3 领导权变理论 …………… 149
本章提要 ………………………… 154
在线资源 ………………………… 154

第8章 激励 ………………………… 158
8.1 行为的激发 …………………… 159
8.1.1 人性假设理论 …………… 159
8.1.2 动机机制 ………………… 163
8.1.3 激励机制 ………………… 164
8.2 行为的产生、维持和改变 …… 171
8.2.1 佛隆的期望理论 ………… 171
8.2.2 亚当斯的公平理论 ……… 173

8.2.3 斯金纳的强化理论 ········ 174
8.3 激励的基本方法 ········ 176
8.3.1 工作激励 ········ 177
8.3.2 成果奖励 ········ 178
8.3.3 通过教育培训，增强员工自我激励的能力 ········ 179
本章提要 ········ 181
在线资源 ········ 182

第9章 沟通 ········ 184
9.1 沟通的定义和过程 ········ 185
9.1.1 沟通的定义 ········ 185
9.1.2 沟通的过程 ········ 185
9.1.3 沟通的重要性 ········ 187
9.2 人际沟通 ········ 187
9.2.1 沟通类型 ········ 187
9.2.2 影响有效沟通的障碍 ········ 189
9.2.3 提高沟通技巧 ········ 191
9.3 组织沟通 ········ 193
9.3.1 组织沟通类型和形式 ········ 193
9.3.2 组织沟通的主要障碍 ········ 196
9.3.3 改善组织沟通的方法 ········ 197
本章提要 ········ 198
在线资源 ········ 198

第10章 控制 ········ 202
10.1 控制的概念 ········ 204
10.1.1 一般控制论中的控制含义 ········ 204
10.1.2 管理控制的含义 ········ 205
10.1.3 控制的必要性 ········ 205
10.2 控制的类型 ········ 206
10.2.1 按控制主体划分 ········ 206
10.2.2 按控制时间划分 ········ 206
10.2.3 按控制对象划分 ········ 208
10.3 控制的过程 ········ 209
10.3.1 确立标准 ········ 209
10.3.2 绩效衡量 ········ 213
10.3.3 纠正偏差 ········ 214
10.4 有效控制的几个重要问题 ········ 216
10.4.1 关键控制点 ········ 216
10.4.2 实时信息与实时控制 ········ 217
10.4.3 控制的程度 ········ 217
10.4.4 管理者对控制程度的把握 ········ 217
10.4.5 控制权的分配 ········ 218
10.5 有效控制系统 ········ 218
本章提要 ········ 220
在线资源 ········ 220

第三部分 管理创新

第11章 管理创新 ········ 227
11.1 管理创新的概念 ········ 229
11.1.1 创新的概念 ········ 229
11.1.2 管理创新的概念 ········ 230
11.2 管理创新的类型 ········ 231
11.2.1 理念创新 ········ 231
11.2.2 战略创新 ········ 232
11.2.3 组织创新 ········ 232
11.2.4 技术创新 ········ 233
11.2.5 环境创新 ········ 233
11.3 管理创新的作用 ········ 233
11.4 激发并实施创新 ········ 234
11.4.1 创建能激发创新的组织环境 ········ 234
11.4.2 创新的实施过程 ········ 236
11.4.3 创新活动的组织 ········ 238
11.4.4 防范创新的风险 ········ 239
本章提要 ········ 240
在线资源 ········ 240

附录 管理理论的发展 ········ 242
参考文献 ········ 243

第一部分

管理的认知

第 1 章　管理与管理者
第 2 章　管理的环境
第 3 章　管理道德与企业社会责任

一个理解管理学科而并不具备各种管理技巧和管理工具的最低能力的管理人员仍不失为一个有效的管理者，甚至可能是第一流的管理者；而一个只知道管理技巧和管理手段但并不理解管理学基本原理的人却不是一个管理者，最多只能算是一个技术员。

——引自彼得·德鲁克《管理——任务、责任、实践》

第1章 管理与管理者

学习目标

1. 描述组织的特征。
2. 定义管理。
3. 解释效率和效果对管理的重要性。
4. 解释管理者与非管理者的差别。
5. 描述管理的四个职能。
6. 描述管理者在工作中需扮演哪些角色。

能力目标

1. 通过观察描述他人管理工作职责和角色。
2. 判断管理者的工作与技能要求是否匹配。

本章关键词

管理（management）
管理者（manager）
组织（organization）
效果（effectiveness）
效率（efficiency）
计划（planning）
组织（organizing）
领导（leading）
控制（controlling）
高层管理者（top managers）
中层管理者（middle managers）
基层管理者（first-line managers）
管理者角色（managerial roles）
概念技能（conceptual skills）
人际技能（interpersonal skills）
技术技能（technical skills）

开篇案例

被淘汰的销售冠军

某汽车代理销售企业成立较早，随着中国汽车市场的蓬勃发展，由最初代理一家汽车生产公司的几款车型发展到代理销售多家汽车公司的十几款车型。

在该公司上百名的员工中，有一名非常出色的销售员，他平均每月的销售业绩能占到某业务部门销售量的百分之六十左右。该员工突出的业绩表现也引起公司负责人的关注，为进一步开拓该业务部门的销售业绩，公司老总决定将他提拔为该部门的销售经理，赋予其更大的权责和管理更多的销售人员。公司老总满心期待该名新提拔的销售经理能带领部门员工为公司创造更大的销售业绩，但几个月以来该部门的业绩却徘徊不前，甚至有所下滑，员工士气也有所下降。

鉴于此，公司领导责成人事部对此状况进行调查，以找出原因并纠正。同时，在每月的公司例会上也对该部门及负责人给予批评，并责令其改进工作以提升销售业绩。但在三四个月之后，该销售经理没能在新的管理岗位上取得令人满意的业绩，于是，公司老总决定将此销售经理解聘。

人事部调查的结果是该名员工虽然被提拔为某业务的销售负责人，但是他依旧像提拔前的销售人员一样工作，单枪匹马地与客户交流获取订单，而不是统筹管理该部门的工作，并将其优秀的销售技能传授给下属，最后导致部门工作涣散，销售业绩受到影响。

该公司对优秀销售员工的提拔不仅使公司业绩受损，而且也损失了一名优秀的销售员，给公司和员工个人都造成损失。

资料来源：编者根据实际接触的某一企业案例整理。

思考：

1. 你认为该公司应该如何做会更好？
2. 作为一名合格的管理者应该具备怎样的管理技能？
3. 员工与管理者的工作有什么区别？
4. 与员工相比，管理者需要扮演哪些角色？

在上面的案例中，我们发现企业中有很多员工刚开始在自己的岗位上都做得很好，可是一旦被提拔到管理的岗位后，绩效常常滑坡，原因是被提拔的员工还没有理解管理者岗位工作的要义，不能区分管理工作与之前自己所负责的具体事务有何不同，更没有明确管理者更广泛的职责，还需要进一步拓展的技能。在本章中，我们将详细阐述组织、管理的内涵，探讨管理者的层次、角色和技能。

1.1　组织及其本质

1.1.1　组织的含义

组织（organization）是指两个或两个以上的个体为了实现某个共同目标而结合起来协同行动的集体。它是对人员的一种精心的安排，以实现单个人无法实现的目标。例如，学校这一组织是向社会提供教育服务，医院这一组织是为患者消除病痛这一目的而存在。

作为精心设计的组织一般具有三种共同的特征，如图1－1所示：首先，每个组织都有一个明确的目的；其次，每个组织都由两个或两个以上的个体构成，独自一个人工作是不能称为组织的；最后，所有的组织都发展出一些精细的结构，以使其中的人员能够从事他们的工作。例如，为了更好地服务顾客以及与竞争对手进行竞争，即便是一个小餐馆都会由几个人员构成，并将这些人员进行分工，让他们分别做炒菜、买菜、收银、上菜等工作，这样才能实现有效地为顾客提供饮食服务这一目标。

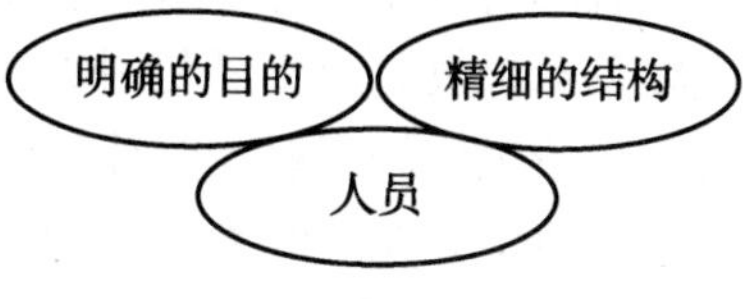

图1－1　组织的特征

组织成员间要进行分工协作，就要求组织成员志同道合、能力互补。因为只有能力互补，才能进行分工；只有志同道合，才能进行相互协作。因此，组织成员志同道合、能力互补是组织发挥其功能的前提，如图1－2所示。其中，组织成员志同道合是关键，在一个组织中，拥有一个共同的目标是组织存在的基础，只有组织中的每一个成员都能清楚地认识到这一点，组织成员之间才会相互忍让、相互协作。

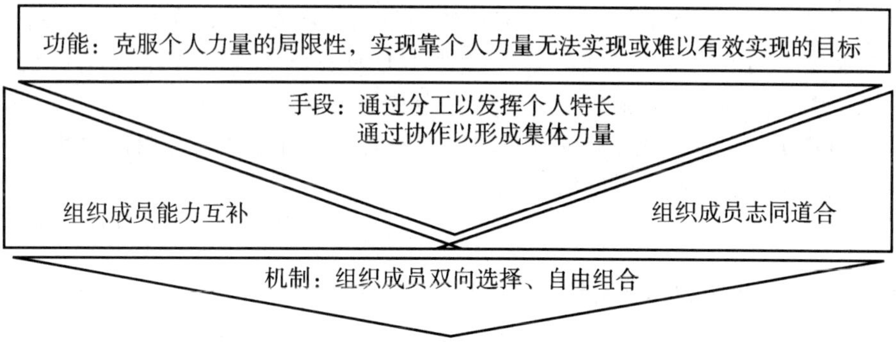

图1－2　组织的剖析

从本质上而言，组织是一个利益共同体。如图1－3所示，个体之所以愿意加入到一个组织中，是因为这个组织能够在一定程度上帮助个人实现自己的个人目标；而一个人要通过组织实现自己个人难以实现的目标，就必须借助于群体的力量，致力于共同目标的实现，只有通过群体的努力实现了共同目标之后，才有可能实现自己的个

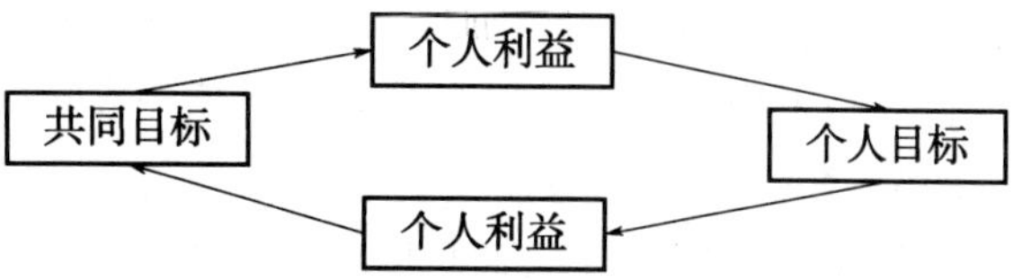

图1－3　组织的实质

人目标。由此可见，一个组织的共同目标从本质而言是实现组织中每一个人的个人目标的共同基础。

综上所述，组织管理的要点在于：确立一种机制，建设一支志同道合、能力互补的团队，构建一个分工合理、协作关系明确、能充分发挥每个成员的个人力量，从而形成强大的集体力量的组织环境，发挥组织的功能，有效实现组织目标；同时，使每一个成员的个人目标能够在一定程度上得以实现。

1.1.2 组织的竞争优势管理

管理的目的是为了帮助组织高效率地实现既定的目标，或者说能够比竞争对手更多地为顾客创造价值。由于可利用的资源和服务的市场是极为有限的，组织必须与其他组织竞争，具有竞争优势的组织才能够获得生存和发展。

竞争优势在组织参与竞争中取胜具有至关重要的作用。竞争优势（competitive advantages）是指向消费者提供具有某种价值的产品或服务的过程中，超过竞争对手且能创造超额利润的地位。组织可以通过独特性、成本竞争力、高质量产品、速度、创新来获得竞争优势。

1. 独特性

独特性是指企业向顾客提供的产品或服务与竞争对手的相比是别具一格的，更能满足多样化顾客独特的需求。如果企业提供的产品或服务与竞争对手的区别不大或容易被模仿，则企业之间的竞争会越来越激烈，企业很难保持其有利的市场地位和获利能力。

管理案例

高斯竞争性互斥原理

1934年，莫斯科大学的高斯教授，世称“数学生物学之父”，发表了一系列比较实验的结果：他将两个同属的非常小的动物（原生物）放在一个瓶子里并提供适量的食物供应，如果两个是不同类的，它们可以共同生存和持续；如果它们是同类的，则不可能共生和持续。从而产生了“高斯竞争性互斥原理”——两个生存方式完全相同的物种不可能同时共存。

资料来源：Hen-derson，1989：第2页.

思考：从这个故事中，你领悟到了什么?

2. 成本竞争力

成本竞争力是指企业在为顾客生产产品或提供服务时能够比竞争对手的成本更低，从而使顾客能够以较低的价格购买到所需要的产品（服务）。比如在淘宝上买东西，买家经常对价格排序，质量相同的产品价格低者更容易被选择。企业可以通过管理和削减成本（改变供应商、技术研发、生产工艺改进）等途径来降低成本。

3. 质量

质量是指产品（或服务）的卓越性，包括对顾客的吸引力、安全性和耐用性等。质量可以通过产品的性能、可靠性、达到行业标准、耐用和服务水平等衡量。例如，近几年中国游客到海外购买高质量产品的事件常见于媒体，说明随着经济的发展，顾客对产品质量有着更高的要求，不能满足社会和消费者更高质量需求的企业将面临被淘汰的危险。

4. 速度

速度通常是竞争领域中决定赢家和输家的因素，衡量了企业快捷的执行、反应和反馈结果的能力。如 Zara 服装品牌可以在两周之内实现设计、生产到铺货，远远快于其他企业，获得了巨大的竞争优势。

5. 创新

创新就是向市场提供新产品或服务，或者以更有效的方式来提供原有的产品或服务。社会变化与科技发展必然促使消费者的需求发生变化，也促使企业改变。企业若不能顺应变化，会陷入不利竞争地位。如苹果公司领衔的智能手机让曾经的手机老大诺基亚惨遭市场淘汰。

只要拥有上述五项中的一项，企业在竞争中就能在某些方面具有一定的优势，最好的管理者和规模大小不等的企业都竭尽所能地去追求拥有全部五项优势。在市场竞争中，许多小企业由于能够比大企业更出其不意、更快捷、更有效地构建、拥有上述五项优势，最终超越甚至消灭了许多曾经的行业巨头。例如，创立于 1999 年的电商企业阿里巴巴给有着上百年经营历史的实体零售行业带来巨大冲击，不能适应的传统百货公司将面临被淘汰的威胁。

1.2 管理与管理的职能

1.2.1 管理的定义

我国学者芮明杰认为：管理（management）是对组织的资源进行有效整合以达成组织既定目标与责任的动态创造性活动；管理的核心在于对现实资源的有效整合；管理不能脱离组织而单独存在；是伴随组织而存在的，管理的目的是帮助组织有效地实现目标。

为了实现组织的目标，管理者在开展管理活动时，既要考虑做事的效率，更要考虑做事的效果，如图 1－4 所示。效果（也有人称之为效益）（effectiveness）是指做正确的事，关注的是方向，通过完成这些任务而实现组织的预定目标。效率（efficiency）是指正确地做事，关注的是方法和手段，即能以最小的投入或成本完成任务。有人做事很快，指的是效率高；但没有按照要求做，是效果差。在错误的方向上做得越快，离目标越远，所以说方向比方法更重要。

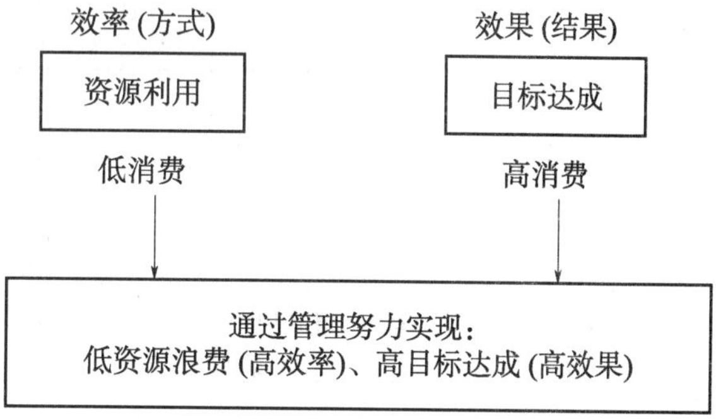

图 1－4 管理的效率和效果

管理案例

效果与效率

德鲁克认为，卓有成效的管理者追求的是“效能”标准，它主要应用于经纪人或者管理者身上，而经纪人、特别是高层管理者的效能就是组织的效能，他关注的是组织的而非个人的效率。卓有成效的管理者的任务是找出正确的事情并把它做好。通用汽车公司在总裁斯隆的带领下，每一位主管“彼此之间毫无共同之处，除了都具备找出正确的事情并能把它做好的能力（效能感好）”。

思考：效果与效率，哪个更重要？

1.2.2 管理的职能

管理的职能是指管理者在管理过程中所从事的活动或发挥的作用。通常被划分为四项基本职能：计划、组织、领导、控制（见图1－5）。研究表明，能有效履行这些职能的管理者更容易帮助组织实现目标；那些拥有更好的制订计划和决策技能的员工最有可能晋升到管理岗位。

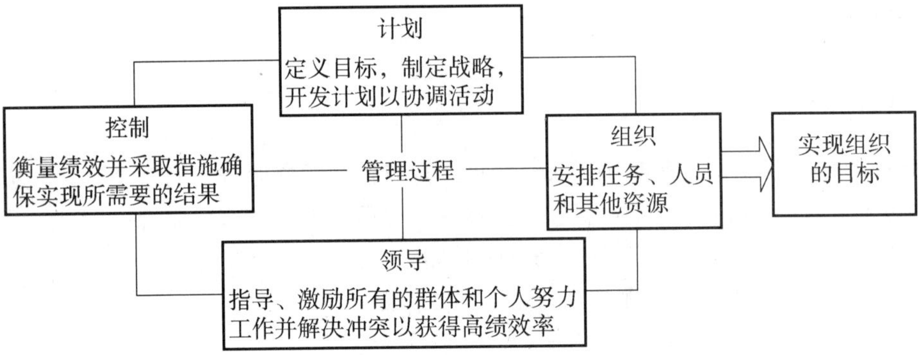

图1－5　管理的四项基本职能

1. 计划

“计”是预测和预计，“划”是筹划和安排。计划（planning）是指设定组织的目标并制定达到这一目标的方法。计划职能被认为是管理的中心职能，管理者要通过计划来设定需要实现的目标和实现途径。计划是提高工作绩效的最佳方法之一。

管理案例

孙正义如何制订人生计划

软件银行集团的创始人孙正义被美国《商业周刊》杂志称为“电子时代大帝”。他在短短33年成立了一个信息技术帝国。

1976年，孙正义在19岁时就设定了人生目标——要做一番大事；在1981年24岁时，孙正义就决定选择信息产业作为一生的追求事业。为了及早确定人生追求的目标，孙正义在大学毕业之前投入了大量的时间用于学习和阅读许多有关历史与社会发展的书籍，以及对社会和行业带来重要影响的人物传记，希望能够从中找到前人的智慧与启发。例如，在阅读有关人类技术发展的历程的书籍之后，孙正义获知，人类发展过程中经历了几次重大的技术发展并引起了社会变革浪潮：

第一次是以冶金技术的诞生为标志，人类掌握冶炼金属的技术并用于制造农具，大幅度提升了生产力，人类从游牧生活走向以农业为主的农业社会。

第二次是以蒸汽机的诞生为标志，人工小作坊生产方式转变成由动力机器为主的工厂化生产，生产力得到极大的提升，人类开始进入工业化生产时代。

上述二次技术革命都给人类社会带来了全面的巨大影响。因此，当20世纪80年代初的信息产业发展趋势初现时，孙正义经过分析后意识到信息产业将成为人类社会的第三次技术变革，在这个变革过程中将蕴含着巨大的机遇。为了找到真正的人生目标，孙正义在筛选时还列出了选择事业的25项标准，其中最重要的有：

该工作是否能使自己持续不厌倦地全身心投入，50年不变；

是不是有很大发展前途的领域；

10年内是否至少能成为全日本第一；

是不是别人可以模仿。

依照这些标准，他给自己制定了40个项目打分排队，计算机软件批发业务便从中脱颖而出。孙正义于是白手起家从软件批发业做起，并随着信息产业的发展而调整公司业务，最终成为一个专门投资互联网的“风险投资商”。

资料来源：百度百科“孙正义”.

思考：孙正义是如何制订他的人生计划的？这个案例对你有什么启发？

2. 组织

“组”是通过分工和部门化，组建部门和层次，“织”是将部门与层次构成一个有机的整体。组织（organizing）是分配任务、配置资源、安排和协调个人与群体的活动以实现计划的过程。通过组织，明确工作任务、安排人员，同时给予技术和其他资源以支持他们，管理者将计划转化为行动。

3. 领导

“领”是指身先士卒，带领他人去努力实现组织目标；“导”是指挥和指导。领导（leading）指管理者利用组织所赋予的职权和自身拥有的权力去指挥、影响和激励成员为实现目标而努力工作的一种有很强艺术性的管理活动过程，它主要包括激励、指导、说服其他人，以及规划公司的前景。例如，苹果公司的乔布斯非常有领导才能，在苹果每况愈下甚至濒临破产之时，他能给公司勾画愿景，不断创新，使苹果公司成为全球市值最高的高科技企业。

4. 控制

“控”是掌握，“制”对于失控的制止和处理。控制（controlling）是衡量工作绩效、对比成果与目标，并且在必要时采取纠正措施的过程。管理中控制职能的作用就像人的身体调节机能，当身体某一器官的功能受到损伤而使其调节机能不能充分发挥作用时，人们就会出现某些不舒服的症状，提醒人们应该采取相应的措施来消除这种不适。控制着力于纠正偏差。如果实际和要求的绩效之间差别很大，那么管理者就需要采取正确的行动；而且，还可根据实际情况决定是否需要修改原先的计划。

管理案例

有效实施控制成就褚时健的“励志橙”

74 岁从监狱保释出来开始创业的红塔集团原董事长褚时健，承包了 2400 亩“雷响地”，在 10 年内拥有 35 万株冰糖橙树，固定资产 8 000 万元，年利润 3 000 万元。如此高龄再次创业并获得巨大成功，他所种的橙子也被网民称为“励志橙”。在取得如此巨大财富的过程中，褚时健是如何实施控制以保证其目标的实现呢?

从 2001 年起，褚时健就经常穿行在这条道路上。他在哀牢山上承包了两个相邻的山头，开垦了一个 2400 亩的冰糖橙种植园。褚时健仍然保持着上山的频率，大概一周多会去果园一次。每次到果园，他都会先下地去转，查看果树的生长和农户对当年工序的执行情况。

虽然已经 84 岁，他仍然控制着这片山林运转的每个环节。就像当年在做烟厂的过程中，他突破性地把烟田设为企业的第一车间，并争取到了烟草专卖局局长的职位，亲身参与并掌控了产供销的每一个环节。刚从湖南进了一批树苗，是褚时健亲自去湖南参观，并亲自订下的。树苗到基地后，他一直盯在卡车旁，看着工人们下苗、搬苗，移栽进土里，一直盯到晚上 8 点。工人们说：“所有事情都要在他眼皮下实施，对我们一点也不放心。”

果园里共有 110 多家农户，大部分常年住在山上，每户负责 2 600 棵树苗，几乎与世隔绝地在山上劳作。褚时健为自己的冰糖橙种植制定了很多细致的工序，比如，要想橙子品质高，必须先前就摘除一部分果实；树长大了，空间不够，相互争夺阳光和养料，必须砍掉三分之一的树。这些措施会减少整体产量，但会提高单个橙子的质量，农户们总有些舍不得，但“在这里只有执行”。

冰糖橙是一种非常费人工的作物，年初要剪梢，保证果树能吸收足够的阳光；开花后要保花保果，结果后要控制果实的大小、外观。生产环环相扣，一年四季不得闲。褚时健凡事亲力亲为，重视技术，永不满足，力争第一，这些都是褚时健到 84 岁仍未丢弃的性格标签。从 2002 年开始种植自己并不熟悉的冰糖橙后，他依靠自己对细节的严格掌控，确保了二次创业的成功。

资料来源：根据新浪财经相关文章《红塔原董事长褚时健：85 岁种橙子成亿万富翁》整理.

思考：褚时健是如何控制冰糖橙质量的?

1.3 管理者的层次

组织中的成员，依据是否担负监督他人并对他人的工作承担最终责任而被划分为两种类型：管理者和非管理者。非管理者也被称为作业人员，他们直接从事某项工作或任务，不具有监督他人工作的权力和责任，也无需对其他员工的工作好坏承担责任。管理者，该类人员在一个组织中具有直接督导下属工作并承担下属工作绩效的权力与责任，通过协调他人的活动以实现组织目标。

组织中的管理者按照所处的管理层次可划分为高层管理者、中层管理者和基层管理者，在基层管理者下面的是作业人员，如图1－6所示。不同层次的管理者履行不同的职责，需要具备不一样的管理技能。

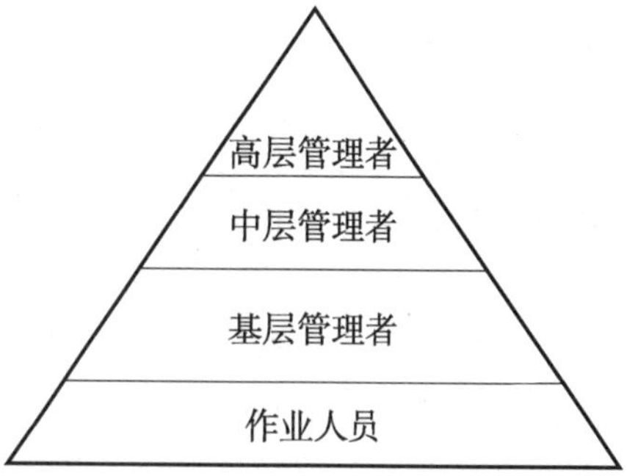

图1－6 组织的层级

1.3.1 高层管理者

高层管理者（top managers）是指负责制定与组织发展方向有关的决策的管理人员，如公司的总裁、首席执行官、学校的校长等。高层管理者对组织的绩效与生存会产生重要的影响。

高层管理者通常履行以下职责：

第一，要引导企业制定某种愿景或使命，营造有利于变革的环境。有研究表明，在欧美国家因未能实现企业的转变而最终被解雇的CEO（Chief Executive Officer，CEO，首席执行官）比例超过30%。

第二，高层管理者应能使员工为组织的绩效做出承诺并履行。

第三，高层管理者必须能言行一致地创建正面的组织文化，并能向企业内外部传递企业的价值观、战略以及训诫等。

第四，高层管理者还需时时关注外部环境，如密切关注客户需求、竞争者动态以及业务、经济和社会发展的长期趋势。

1.3.2 中层管理者

中层管理者（middle managers）是指负责设立与高层管理者总目标一致的具体目标，并且制定和实施达成这些具体目标的管理人员，像厂长、区域经理或者部门经理，一个学校的二级学院院长等。

中层管理者通常履行以下职责：

第一，制定具体目标和计划，分配资源。

第二，协调和联合企业内不同的群组、部门和分部。

第三，监督和管理隶属于他们的下属管理者及其业绩。

第四，负责实施由高层管理者们决定的变革或者战略。

1.3.3 基层管理者

基层管理者（first-line managers）是指负责由非管理类员工组成的一个较小工作单位的管理人员，如办公室经理、带班主管或者处室经理以及学校中的系主任等。基层管理者最基本的职责就是管理那些直接负责生产产品或者服务的基层员工的工作。

基层管理者通常履行以下职责：

第一，鼓励、监督员工的工作表现；

第二，指导基层员工如何工作；

第三，制订短期计划和活动安排。

管理案例

销售高手不愿升职

范女士是某公司的优秀销售人员，她所负责的该公司的主要业务A产品销售额经常占到公司该产品销售额的三分之一以上，其销售业绩甚至影响到该产品是否能够有更好的利润回报。

公司领导考虑到范女士经验丰富、业绩突出、人缘好，考虑提升她为该产品的销售经理，负责该产品的销售管理，希望在她的领导下能够提高其他销售人员的技巧和能力，以进一步提升公司的销售业绩。在提升之前，公司的人力资源部经理找她谈了几次，以表达公司对她工作的认可和提升其职位的考虑，同时也想了解范女士的个人意愿。

令人力资源部经理感到意外的是，范女士并不想被提升为销售经理。

范女士为什么不愿意被提升？

范女士的答复是，作为一名一线的销售人员，只要想办法完成销售任务，达成一个满意的销售额，她就可以去做自己喜欢做的事情，比如带着小孩去旅游、与朋友同学聚会聊天，而一旦升职做了经理，则需要不断地完成各种市场销售与预测报告、出席各种管理层的会议，还要培训和监督、管理下属员工的工作，并对其他员工的业绩负责，自己就不能有现在这种喜欢的工作与生活状态。

资料来源：刘飞燕，史丽华．管理学原理［M］．华南理工大学出版社，2014.

思考： 1．如果你是人力资源部经理，你将怎样对待范女士这样的优秀员工？

2．从该案例中你对管理者与非管理者的工作区别有何感受？

3．该案例对你有什么启示？

1.4 管理者的角色

不同层级的管理者虽然都在忙于计划、组织、领导和控制方面的工作，但我们会发现管理者们其实在扮演着不同的角色。管理者角色（managerial roles）是指处于组织中特定位置的管理者被期望完成的一系列特定任务。

亨利·明茨伯格（Henry Mintzberg）花了一周的时间用来跟踪5位美国CEO的工作，对他们的邮件、交谈以及行为进行记录和分析。通过研究，他发现管理者在工作中扮演着10种不同的但却高度相关的角色，并将它们总结为3种主要角色（见表1－1）：人际关系角色、信息角色、决策角色。

表1－1 明茨伯格发现的管理者角色

类别	角色	工作内容
人际关系类	挂名首脑	执行仪式或象征性的工作
	联络者	建立内部和外部的信息网络
	领导者	指挥协调群体的工作

续上表

类别	角色	工作内容
信息传递类	监听者	搜寻、接收和筛选信息
	传播者	传递信息给他人
	发言人	通过演讲、报告、电视、广播等向外部提供信息
决策类	企业家	制订计划，建立秩序
	障碍处理者	解决员工或部门中的各种冲突问题
	谈判者	在谈判中代表部门或公司
	资源分配者	决定资源分配的对象和数量等

1.4.1 人际关系角色

尽管不同层次的管理者表现不一，但大部分管理者要花费2/3 ～3/4 的时间用于面对面的沟通。在扮演人际关系角色的过程中，管理者要扮演3 种从属角色：

代表人角色（figurehead role）要履行一些礼仪性的职责，如接见来访的参观者，在新工厂的开工仪式上讲话，或者代表公司出席政府举办的重要活动。

领导者角色（leader role）要不断地激励员工实现组织目标。

联络者角色（liaison role）需要与所在部门的外部人打交道。

管理者花费在与外界打交道上的时间与他们跟自己的下属、老板打交道的时间差不多。

1.4.2 信息传递角色

管理者除需花费大量时间与人沟通外，还需花费足够的时间来获取和共享信息。明茨伯格发现他研究的管理者要花费40% 的时间用于获取和传递信息。明茨伯格描述了3 种信息从属角色：

监控者角色（monitor role）需要关注环境以获取信息，他们通过积极与他人接触、阅读重要的报纸杂志和利用网络技术等获取与组织相关的信息，以持续关注那些能影响到客户、竞争对手、技术变化的信息，并根据这些信息来对组织的运营状况进行监控。

传播者角色（disseminator role）通过面对面的信息交流与组织内的人员分享获取的信息。如管理者通过邮件、社交网络技术来传播信息。

发言人角色（spokesperson role）是要与部门和企业外部的人共享信息。例如CEO 要出席公司的年会或其他极其重要的场合；当公司出现重大事件时，CEO 也会在媒体面前扮演发言人角色。

1.4.3 决策角色

明茨伯格发现，管理者获取信息的最终目的是为了做出正确的决策。管理者扮演着4 种决策从属角色：

（1）扮演企业家角色（entrepreneur role）时，管理者需要决定启动哪些项目或计划，以及如何利用资源来提高组织的绩效，并能适时调整他们自己、下属以及组织以适应变化。

（2）扮演障碍排除者角色（disturbance handler role）时，管理者应能对那些关键并需要立即采取行动的紧急问题做出反应。如当福特公司的市场占有率从25%降至16%，在9个月内损失了70亿美元后，聘请波音公司的艾伦为CEO。艾伦马上安排融资235亿美元来填补损失，并计划通过削减汽车产量、标准化汽车共用的零件、解雇一半的员工来降低成本，拯救福特。

（3）扮演资源分配者角色（resource allocator role）时，管理者要决定不同的业务部门应得到哪些资源以及获得多少资源。例如，通用汽车的高层管理者为提高豪华轿车的销售，对凯迪拉克品牌增加40亿美元的长期投资，意味着通用的高管们将公司总资本预算的10%投入到一个只占公司销售收入4%的部门。

（4）扮演谈判者角色（negotiator role）时，管理者需要拟定谈判的内容，包括时间计划、项目、目标、成果、资源以及员工加薪等。如某公司高管们决定将公司资本预算总额的10%投入到一个仅占公司销售收入4%的部门，提出这一方案的管理者需要与其他高层管理者进行谈判，取得支持后，方案才能在公司高层获得通过，从而获得预算投入。

1.5 管理者应具备的技能

在实现组织目标的过程中，管理者常常需要在资源有限与不确定的环境中做出决策、采取行动。这种情境也是考验管理者是否具备足够的管理技能来创造令组织满意的绩效。那么一名有效的管理者需要具备哪些技能呢？在这里，技能是指将知识转化为行动以取得所需工作成果的能力。罗伯特·卡茨（Robert L. Katz）发现，管理者必须具备三类关键的管理技能：概念技能、人际技能、技术技能。

1.5.1 概念技能

概念技能（conceptual skills）是指分析判断复杂形势并能做出正确判断的能力，具体包括：系统性、整体性能力，识别能力，创新能力，抽象思维能力。管理者在完成任务的过程中常常会面临许多不确定的因素和困难，具备做出正确的判断的能力非常重要。

概念技能有助于管理者把组织看成一个整体，识别出相互依赖的各种职能，部分改变如何影响其他部分变化，同时能够将问题分解为较小部分，发现不同部分之间的关系，做到从任何一个问题联系到其他问题。

管理案例

马云的概念技能

马云1988年毕业于杭州师范学院外语系英语专业。有一次，马云为了帮助浙江某老板要回被客户拖欠的货款而去了美国。在美国停留期间，他偶然接触到电子商务。马云当时将美国一些知名的公司的名称输入计算机，与之相关的信息便立即显示出来，但当输入中国的公司或产品时，则未出现任何信息。马云对计算机技术虽然一窍不通，却意识到计算机网络技术能极大地帮助人们及时了解企业的产品与服务信息，将对中国市场带来巨大的影响。基于这一直觉，他的创业激情与人生的梦想“让天下没有难做的生意”被触发了。

为了把握这种难得的机遇，马云聚集了一群怀有同样梦想的年轻人，通过坚持不懈的奋斗和计算机技术的普及，电子商务的好处得到企业和消费者的接受和认可，马云最终获得成功，成为影响中国的企业家之一。

资料来源：刘飞燕，史丽华. 管理学原理［M］. 华南理工大学出版社，2014.

思考：你听过马云的演讲吗？为什么说他具有很强的概念能力？

1.5.2 人际技能

人际技能（interpersonal skills）是指管理者与其他个体或群体保持良好合作的能力。管理者需要与他人合作才能完成组织的目标，因此需要具备良好的人际关系才能进行沟通、激励、指导和委派任务。管理者的人际技能具体表现在能恰当地处理和协调组织内外的人际关系，并能与他人进行有效沟通，以及能不断地激励和诱导他人提高工作积极性与创造性。

管理案例

人际技能助艾森豪威尔成功

艾森豪威尔出生在美国堪萨斯州一个家境贫寒的家庭，家里的6个兄弟都没有受过高等教育，而他也只能进入免费的西点军校。但在二战中，艾森豪威尔能在人才济济的美国军队中被不断地晋升，从一名低级别的少尉军官直至被选为震惊世界的诺曼底登陆的盟军总司令，指挥包括当时许多著名的将军，如美国的四星将军巴顿，英国的蒙哥马利元帅等。288万军队，13 700余架飞机，9 000余艘舰艇参加了这场第二次世界大战中规模最大的登陆战役。这场战役使他名扬四海，载入史册。能取得如此辉煌的人生成就，能够从将星云集的美国与盟军中脱颖而出，除了必须具备卓越的军事才能之外，还必须具有优异的人际关系处理能力。当时已经身经百战并取得赫赫战功的巴顿将军和蒙哥马利元帅都因为他们容易与其他将军发生争执而难以取得共识，极可能导致将领们各自为政，可是情况发生了意想不到的变化。例如，在1942年底，凯塞林隘道之战失利，艾森豪威尔毫不动摇，及时采取措施，派巴顿将军接替了不称职的第2军军长费里登达。布鲁克、蒙哥马利等人曾看不起艾森豪威尔，甚至时而发出一些尖刻的批评，他仍然宽宏大量，努力使英美合作成为现实。在当时困难甚多的情况下，艾森豪威尔指挥若定，先是取得了北非的胜利，接着攻占西西里，推进到意大利本土。1944年，他晋升为五星上将。

艾森豪威尔所表现出的坚定、果断、宽宏大量、对部属充分信任的性格特点，使他能很好地协调各将军的不同意见，取得共识，从而能组织协调一致的登陆作战。最终，他被马歇尔提名为盟军总司令并获得通过，从而成就了他的辉煌人生。

资料来源：百度百科“艾森豪威尔”.

思考：为什么说人际技能对于管理者如此重要？

1.5.3 技术技能

技术技能（technical skills）是指管理者所具备的与工作相关的知识或技术来完成具体工

作任务的能力，即专业技能。管理人员的技术技能主要是指熟悉组织所处的领域，掌握该领域最主要、最基本的知识与技巧等，比如销售人员的谈判能力、会计人员的会计核算能力、工程人员的设计能力。

不同层次的管理者，对其技术技能的要求不同，要求的重要性也有差别（见图 1 – 7）。对于基层管理者，技术技能对他们有效履行其职责更为重要，而随着职位的上升，概念技能会变得越来越重要；人际技能对各层次的管理者都几乎具有相同的重要性。

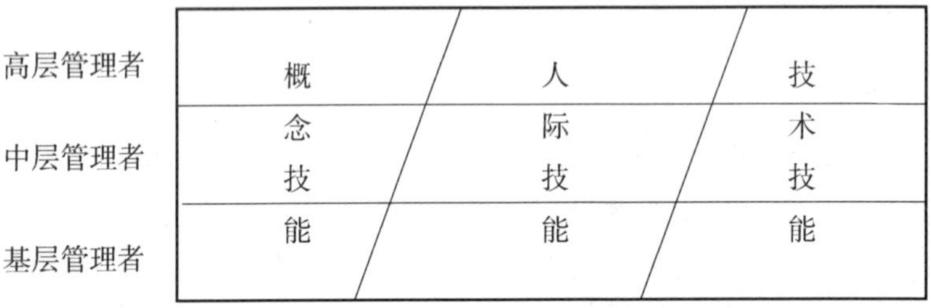

图 1 – 7　不同层次管理人员的技能要求示意图

本章提要

组织是指两个或两个以上的个体为了实现某个共同目标而结合起来协同行动的集体。组织存在的理由是通过对人员的精心安排以实现单个人无法实现的目标。

管理的目的是为了帮助组织有效地实现既定的目标。为了实现此目标，管理者需要能够有效地管理和构建组织的竞争优势。组织可以通过独特性、竞争性成本、高质量产品、速度、创新来获得竞争优势。

管理是对组织的资源进行有效整合以达成组织既定目标与责任的动态创造性活动。管理伴随组织而存在，其目的是帮助组织有效地实现目标。为实现组织目标，管理者需要履行计划、组织、领导和控制等管理职能。

组织中的管理者按照所处的管理层次被划分为高层管理者、中层管理者和基层管理者。工作的过程中，管理者还需要扮演三类共 10 种不同角色。为有效履行职责，管理者需要具备概念技能、人际技能和技术技能等管理技能。

在线资源

在线测试　拓展视频　拓展阅读　拓展案例　相关管理定律　相关管理大师

讨论问题

1. 通用电气的 CEO 杰夫 · 伊梅尔特说他在商学院学到的最有价值的东西就是，“一天有 24 小时而且你可以充分利用它们”。你同意吗？这种理论对管理者来说有什么益处？有什么缺点？

2. 为什么有的组织每一两年就会有一个新的CEO，而其他组织的最高领导又会待上很多年（例如，通用电气的杰克·韦尔奇做了20年CEO），是管理者本身或是组织的什么因素造成这种差异？

3. 你是一个聪明、勤奋、入门级的管理者，非常想要得到晋升。你的表现评估在技术技能方面能获得高分，但在人际技能方面却是低分。你认为人际技能可以通过学习获得吗？你是否需要重新思考职业道路？如果人际技能可以学习，你将会如何做？

4. 一位大学教授告诉学生："管理学课程的目的是教给学生有关管理方面的知识，而不是教他们如何去做管理者。"你赞成这种观点吗？

综合案例

新官上任遇到的问题

唐强最近被任命为天虹中学校长。尽管他才35岁，但从教已有12年，取得过许多教学成果，尤其他组织的学校数学竞赛班，每年在全市中学生数学竞赛中总能拿到几个好名次。他工作努力，认真负责，干起事来有一股不做好不罢休的劲，同事们都称其为"拼命三郎"。两年前上级部门还特地送他去国外进修中等教育，在中教系统中被选送出国进修是件十分稀罕和光荣的事。

唐强上任不久提出他的发展思路：①天虹中学在未来若干年中要发展成为全市最好的重点中学，再争取若干年后成为全国一流的重点中学；②最好的重点中学要有高的升学率，要培养优秀的高中毕业生，要有一流的教学设施；③一流的中学要有一流的师资，要引进特级教师，要引进优秀高级教师，要吸引博士、硕士来天虹任教；④要出一流的教学成果，不断地改革课程体系，改进教学方法，设立第二课堂；⑤提高教师待遇，增强凝聚力。

唐强的发展规划，使天虹中学的全体教职员工很为激动。因为尽管天虹中学原来的基础不错，但近年来也时不时发生教师流失、升学率下降、学生家长不满情绪增加的情况，据内部消息说天虹的市级重点中学的位置可能有问题，因为市里开始采取重点中学非终身制的改革措施，以激励学校间相互竞争积极向上。新校长提出这一宏伟目标确实道出了全体教职员工的心声。

时间过得很快，转眼一年已经过去。一年中，唐校长为推进他所提出的发展思路，茶不思饭不想，全身心扑在学校的工作上，人也瘦了不少，但学校的面貌变化不大。昨天副校长王怡亭向他提交了调离天虹的报告，使唐强颇为震惊和气愤，心想这不是存心拆我的台吗？现在学校创一流正进入关键时刻。

于是唐强决定与王副校长好好谈一谈："老王，是不是我的工作方法有问题，哪里得罪了你或哪里有所失误，所以你想离开天虹？如果是这样，我向你道歉!"

"没有，没有，唐校长，是我自己要走，新单位也是一所中学，我并不离开教育战线，不是为了待遇与工资。"王副校长急忙辩解。

"那么为什么呢？天虹创一流正需要你这样熟悉教学管理的老校长。"唐强不解地说。

“唐校长，说实话，你提出学校创一流的想法我一直很是佩服，也真想跟着你大干一场，”王怡亭喝了一口茶水继续说：“可是一年下来，我发现我已无用武之地了，我自己感觉我虽年纪比你大近15岁，但仍不属不能接受新观念的人。”

唐强觉得不可理解，王副校长所负责的教学、后勤方面正是创一流非常重要的领域，怎么说无用武之地呢？王怡亭看了唐强一眼，继续说：“我所说的无用武之地，是因为教学、后勤等工作实际上都是唐校长亲自在做，在推进，我可有可无。”

“是吗？我可没有任何排挤你的意思。我是着急，看着教学上不去，学校硬件设施上不去，创收上不去，心里急啊。”唐强感到很委屈，自己为学校努力，却有不少人不理解，创一流真难啊。

王副校长终于走了。唐强任命了一位新的副校长接替王副校长的职位。

资料来源：芮明杰．管理学：现代的观点［M］．2版．上海：上海人民出版社，2005：26.

讨论：

1．王副校长要离开天虹的原因是什么，说明了什么？

2．从此案例中，你认为唐校长的管理技能如何？请根据案例所给资料给以分析和评价。

3．唐校长的管理方式有什么不对？他应该做怎样的改进来避免人才流失和提高学校的教学水平？

实践练习

1．制订计划：采访两位不同的管理者，一个年轻的，一个年长的，最好是不同职业的。

2．问他们诸如以下的问题：

（1）你怎样获得现在这个工作的？你的职业规划是什么？

（2）你更年轻的时候曾想做什么？

（3）你工作中最让你满意的是什么？最苦恼的是什么呢？

（4）你选择这个职业以后最大的惊喜是什么？

（5）你的事业进步中最大的障碍是什么？

（6）你工作中典型的一天是怎么过的？

（7）你要给想进入这个行业的大学生一些什么建议？

3．描述：比较一下你采访的两个人，他们有什么相似的地方？有什么差异？年龄是差异的原因吗？如果他们是异性，性别会带来差异吗？你有什么感悟？

4．诊断：他们目前的工作与其认知的职责是否一致？他们的哪些角色做得好，哪些角色做得不够？不同的工作对他们技能有什么不同的要求？

“企业的本质在其外……”

“只要能影响组织绩效，就是管理的中心和责任，无论（这些因素）是在组织内部还是外部，无论是组织能控制的，还是不能控制的。”

—彼得·德鲁克

第2章

管理的环境

学习目标

1. 解释环境如何影响组织，组织如何影响环境。
2. 区分宏观环境和竞争环境。
3. 分析竞争环境以制定战略 。
4. 理解环境管理的重要性。

能力目标

1. 分析企业所处的外部环境和内部环境。
2. 针对环境变化提出应对策略。

本章关键词

管理环境（management environment）
一般环境因素（general environment）
任务环境因素（task environment）
组织文化（organizational culture）
政治环境（political conditions）
经济环境（economic conditions）
社会环境（social conditions）
技术环境（technological conditions）
资源供应者（suppliers）
服务对象（customers）
竞争者（competitors）
政府主管部门（government）
社会特殊利益代表组织（public pressure groups）
环境的不确定性（environmental uncertainty）
环境的复杂性（environmental complexity）
全球化（globalization）
社会责任（social responsibility）
管理伦理（management ethics）

开篇案例

组织绩效受什么因素影响?

小王同学正跟着研究生导师做一项调研，抽取本市几家典型企业，调查其组织业绩与增长情况。有几个表现不俗的企业吸引了他，经过深入企业访谈，他探听到了些重要信息。

A是一家以外贸集装箱码头装卸和堆场服务为主营业务的专业化物流服务公司，2008年，金融危机席卷全球，港口航运业也进入寒冬，但A公司作为其中一员，自身业务收入不仅未受影响，而且逆势增加。当谈及此事时，A公司业务经理李伟说："其实这个功绩应该记在总经理孙志海的身上，我们本来以外贸集装箱业务为主，内贸业务我们是不做的，一来不怎么赚钱，二来无仓储空间。但孙总却说，外贸业务我们已经占省内95%的份额了，内贸业务是新兴事务，我们得想办法提早进入，因此公司购进了大量的内贸集装箱堆场装卸的专业工具。没想到金融危机爆发，我们提早的准备派上用场，国家的刺激计划使得内贸业务蓬勃发展，而外贸业务萎靡又让我们拥有了充足的仓储空间，公司正是在威胁中找到机会才有当年财务绩效的良好表现。"

B是一个以西服出口业务为主的国际化大型服装企业，随着全球金融危机的爆发，特别是进入2009年后，国际服装市场需求出现明显下滑，出口业务风险急剧加大，公司业务遭到严峻考验。回顾当时的场景，董事长李晋语重心长地说："公司的变革创新才使我们有机会走出困境，它是我们获胜的法宝。自2004年开始，我就大力宣扬管理创新，公司也先后推出'锁定汇率措施'以规避汇率浮动的风险，'工厂9P建设'以提升产品质量和生产效率，'零浪费制度'以降低消耗，'出口信用保险'以规避出口收汇风险……变革创新措施不胜枚举。这些前瞻性的举措才使我们在困境中立于不败之地。"

C是一家国际航运船舶代理企业，当访谈问及为何矿石船舶代理业务在业内独占鳌头时，矿石船舶业务部经理章有为自豪地说："总经理王越'大胜勿计小算'的理念成就了我们今天的辉煌。"章经理回忆道："2007年以前公司的主营业务是集装箱船舶代理，规模虽然赶不上现在，但收益颇丰。2007年9月，一家国际船舶公司找到我们，希望代理无收益甚至可能亏损的矿石船舶，当时公司上下都是反对的声音，一方面是不熟悉此类业务，更重要的原因是风险大、不挣钱。而王总却说：'大胜勿计小算！要关注矿石船舶业务长期收益，不要看重眼前利益。'因为这我们才有了今天！"

D是一家主营电子零配件的制造公司，当问及公司成功的原因时，总经理徐敬业说："我坚信没有完美的质量，只有持续的改善。这种提法在行业内我是首创，是我个人前瞻性行为的体现，当然我们公司上下也在时刻践行着。"公司的客户也曾反馈道："D公司的产品我们只检验第一批，只要第一批合格，后面的一批比一批好。"

听完以上故事，小王再查看了这几个公司的业绩（表2-1），果然，这几个公司业绩的成长都很不错！这些企业能在逆境中成长，必定有着不平凡的基因，是企业内力修炼得好，还是外力借用得当？是把握企业发展方向的高层管理者有远见重要，还是企业人员执行到位重要？应该如何看待组织绩效与以上因素的关系呢？小王陷入了深思……

表 2-1 四个公司样本

公司名称	公司所处行业	2012 年地区行业排名	近 5 年年均业务增幅%
A	物流业	1	24
B	服装业	4	12
C	代理业	5	9
D	机械制造业	2	15

资料来源：张健东，肖洪钧，洪勇．高层管理者前瞻性行为与组织绩效关系的案例研究．管理案例研究与评论［J］．2012. 12：P438－446.

思考： 1. 你认为以上公司的绩效较好的主要原因是什么？
2. 一个公司的发展会受到哪些因素的影响？应该如何应对这些影响？
3. 高层领导应该更关注什么问题？

《孟子·公孙丑下》有句话："天时不如地利，地利不如人和。"还有一句："谋事在人，成事在天。"这两句话都说明了一个道理，任何事情若想成功不仅需要我们的智慧和努力，还要取决于周围环境的现状和变化。诸葛亮的草船借箭、火烧赤壁等能够大获成功，正是对环境变化敏锐观察的结果。

一个组织的绩效不仅取决于管理者的努力，而且受存在于组织内部和外部的各种条件因素的影响。只有在内外部环境允许的范围内，管理者才能有所作为；也正因为组织业绩受各种环境因素的影响，才需要管理者协调、控制。而管理者的工作成效通常取决于他们对环境的了解、认识和掌握的程度，取决于他们能否正确、及时和迅速地对内外部环境做出反应。本章将学习影响管理过程和效果的各种环境。

2.1 管理环境的构成

组织外部存在的一切因素都可称为环境。企业是一个开放的系统，他们影响着外部环境，反过来也被外部环境所影响。这些因素有可能帮助公司更好地竞争，也有可能会影响到公司的生存；有些是不可控的，比如说经济衰退、政府干预、人口变化、竞争对手冲击；有些是可控的，比如内部经营条件改善，组织文化构建。总之，要素环境的变化对管理者来说是敏感的和必须做出反应的，正确分析组织所面临的环境中的各种组成要素及其状况，这是任何一个管理者进行成功管理活动所不可缺少的前提条件。

对于组织来说，环境因素分为外部环境和内部环境。外部环境按影响组织运行绩效方式（间接和直接）分为两个层次，即：一般环境（general environment），也可以称作宏观环境；任务环境（task environment ）也可以称作竞争环境。环境因素类别判别方法如图 2－1 所示。

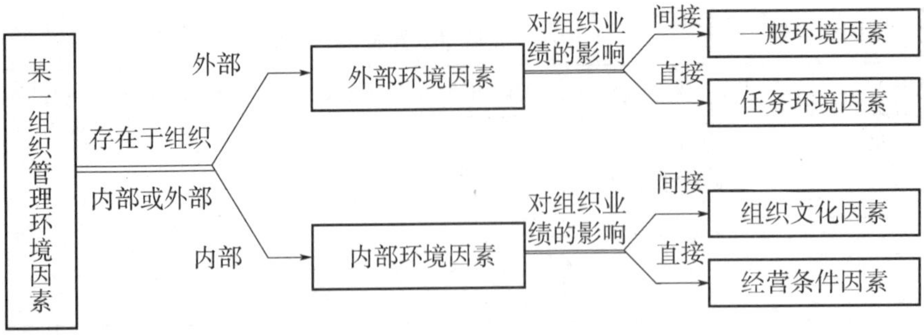

图 2-1 环境因素类别判别

一般环境包括经济环境、社会文化环境、政治法律环境、技术环境和全球环境等因素。一般环境因素对组织的影响是间接的、长远的，当外部环境发生剧烈变化时，会导致组织发生重大变革。比如：经济衰退导致企业产品销售困难；技术革新令智能手机盛行，固定电话业务逐渐下滑；数码相机的推出令胶卷企业没落倒闭。

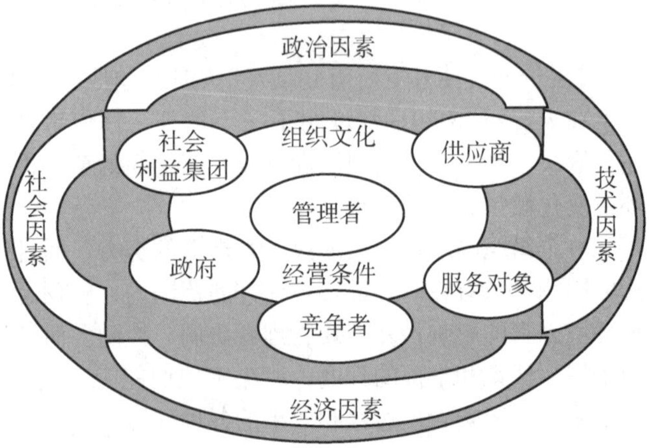

图 2-2 企业内外环境构成因素

任务环境包括顾客、竞争者、供应者、政府、金融机构等因素，任务环境对组织的影响是直接的、迅速的。与一般环境相比，任务环境对特定组织的影响更为明显，也更容易为组织管理者所识别、影响和控制。当然，不同的组织所面临的任务环境是各不相同的，而且会随着组织所提供产品或服务的范围及其所选择的细分市场的变化而发生改变。例如，私立学校和公立学校都从事教学活动，但私立学校要比公立学校更卖力地招收新生、维持校友关系及提供就业服务，而公立学校的管理者要花更多的时间去游说政府部门以获得更多的财政拨款。同样，瑞士劳力士公司和日本西铁城公司都制造手表，但它们的具体环境却因不同的细分市场而不同，面对不一样的顾客、供应商，任务环境是不同的。

企业内外环境构成因素如图 2-2 所示，组织的内部条件、外部环境和管理工作这三者共同决定了一个组织的总体绩效水平，决定了整个组织的生存发展能力。

2.1.1 外部：一般环境

通常而言，一般环境因素主要包括政治、经济、社会、技术等方面，这些环境因素对一个组织运转的影响尽管不是那么直接，但各个组织中的管理者仍必须考虑这些因素。

1. 政治环境因素

政治环境（political conditions）包括组织所在地区的政治制度、政治形势，执政党的路线、方针、政策和国家法令、政治力量的对比等因素。政府对各类组织和活动的态度则决定了各个组织可以做什么、不可以做什么。例如，政府如果认为金融保险业要由政府经营，民营企业就很难涉足。政治形势的状况及变动趋势关系到社会的稳定及社会组织的运行与管理，稳定的政治环境有助于企业持续经营，例如著名环球旅行投资家吉姆罗杰斯就是通过驱车旅行观察各个国家的局势，把投资对象从政局不稳的国家转移到政局稳定的国家和地区，以确保投资收益。

2. 经济环境因素

经济环境（economic conditions）与管理的关系是最为直接的，对管理的影响也是最大的。经济环境对组织管理的影响主要表现在以下几个方面：

（1）经济和资源。一个组织所在地的经济和资源状况对组织的生存与发展影响是巨大的，关系到资源取得的成本高低，利用资源进行生产与经营的方便条件、优势与效益等。

（2）国家的经济制度与经济体制。经济制度对整个管理产生重要影响；经济体制，如市场经济与计划经济对组织管理的要求和资源分配形式是明显不同的。

（3）社会的经济规模与发展水平。它直接决定着一些企业的经营状况，进而对管理提出不同的要求。例如，处在经济繁荣期与经济衰退期的企业，其管理思路、战略与方法有根本性的差异。

（4）市场供求与竞争。经济环境中最直接、最明显影响组织（主要指企业）的是市场。市场存在两种主要的力量，即供给与需求，并伴随着各种各样的竞争。代表市场需求一方的是顾客或客户，他们是决定企业经营管理的最重要力量。涉及供给一方的有本企业的供应商、合作者和竞争者，他们的实力、决策、行为都对本企业的经营管理有重要影响作用。同时，生产者竞争、消费者竞争也都对企业产生重要影响。

（5）国民收入与消费水平。国民收入与消费水平的高低，对企业的产品结构、质量要求和销售数量都产生直接的影响，是企业经营状况的重要决定因素。

管理案例

福特 Edsel 惨败之谜

Edsel 于 1957 年 9 月推出，是福特公司新年打进中价位市场的车种。它拥有众多的特点，机械基础也相当成功，前期准备和市场调查就持续 10 年之久。为了激起公众对新汽车的爱好，在 Edsel 实际问世前一年就大肆进行了广告宣传。福特公司计划在第一年生产 207 辆。但在两年后，也就是在实际生产了 11 万辆 Edsel 之后，福特公司无可奈何地宣布，它犯了一个代价昂贵的错误：在花了几乎 2.5 亿美元进入市场之后，却在 3 年不到的时间内全线亏损，造成了福特公司将近 3.5 亿美元的损失。造成 Edsel 失败的原因是多方面的，其中宏观环境的恶化是最重要的原因。

1957—1958 年是美国战后经济危机的第三个阶段，这次危机历时长、涉及面广、生产下降幅度大，给美国带来了深刻、沉重的打击。随着经济危机的恶化，美国汽车产业价格暴跌，1958 年 8 月所有中档车的销量都已经开始下降。可是 Edsel 作为福特公司打入中等价位汽车市场的唯一项目早在 1957 年 9 月就推出了，高端的价格遇到金融危机，其惨烈的结果便可想而知。据相关数据显示：美国经济危机下的国民收入从 3695 亿美元降至 3579 亿美元，下降了 2.6%，失业人数增加，物价也不断攀升。在这样一个宏观环境下，人们对中等价位汽车的购买能力降低，中等价位汽车消费量大大减少，Edsel 的销售无疑不容乐观。

当时旧金山的一位经销人员曾这样总结说："当他们最初构想 Edsel 汽车时，中档汽车还有很大市场，但是到这个婴儿呱呱坠地时，这个市场早已作鸟兽散。"

资料来源：琼斯（Jones，G. R.），乔治（George，J. M.）. 当代管理学［M］，3 版. 郑风田，赵淑芳，译. 北京：人民邮电出版社，2005：34.

思考：福特的案例说明了什么？一个企业在制定战略时应该关注哪些环境变化？

3. 社会环境因素

社会环境（social conditions）主要由组织所在国家或地区的人口、家庭文化教育水平、传统风俗习惯及人们的道德和价值观念、法律等因素构成。社会环境因素通过行为规范（风俗、道德、法律）、人口结构（人口数量、年龄结构、人口分布）和生活方式（家庭结构、教育水平、价值观念）的改变影响一国群体行为规范、劳动力的数量和质量、所需商品和服务的类型与数量等，并进而影响各组织的经营管理。

4. 技术环境因素

技术环境（technological conditions）通常由组织所在国家或地区的技术水平、技术政策、科研潜力和技术发展动向等方面因素构成。当今，新能源、信息化、云计算、大数据、可穿戴设备、人工智能等新技术层出不穷，在充满变化的世界里，任何企业欲求生存，都必须在产品、服务、经营方式等方面保持技术的先进性。技术环境已成为组织环境中的关键因素，技术水平、技术条件、技术过程的变化，必然引发管理思想、管理方式与方法的创新，这对管理者的素质提出了更高的要求。

2.1.2 外部：任务环境

不同的组织有不同的任务环境，与一般环境相比，任务环境对组织的影响更为直接和具体，因此，绝大多数组织管理者也都更为重视其任务环境因素。对大多数组织而言，其任务环境因素主要包括消费者、供应商、竞争对手、政府管理部门和社会特殊利益代表组织。

1. 消费者

任何组织都有自己的市场和服务对象——消费者（customers）。组织存在的目的是满足消费者的需求，因而，组织的活动必定受到消费者的影响。然而，消费者具有不确定性，同时也反射和检验着组织的产品和服务的价值。消费者对产品的总需求决定着组织的市场总量，从而影响组织的发展边界；不同消费者的讨价还价能力会诱发价格竞争，从而影响组织的获利能力；消费者的习俗、消费能力等是决定产品和服务消费市场的主要因素，也是决定组织经营战略、市场定位的主要因素。

2. 供应商

组织的运营就是在合适的时间与地点，拥有合适的资源，提供消费者需要的产品或服务。组织所需要的资源都需要从属于外部环境的原材料市场、能源市场、资金市场、劳动力市场等去获取。组织的产出是不断的，从环境中获取上述的投入也是不断的。供应商作为组织外部的资源提供者对组织的运转十分重要。这里的供应商（suppliers）包括一切为组织提供资源的机构，可以是土地、物资、人力、财政等。

3. 竞争对手

当组织与另一个或更多的其他组织具有相同或相似的经营目标、经营领域、市场范围、资源需求时，就不可避免地在资金、资源、人力资源、消费者等方面构成竞争关系。竞争者（competitors）通过价格、产品、服务等形式的竞争是一种重要的环境力量。作为组织的管理者，必须充分掌握竞争信息，密切关注竞争对手的经营动向，并时刻做出及时、准确、有效的反应。

4. 政府管理部门

政府管理部门（government）主要是指国务院、各部委及各级地方政府的相应机构，如市场和质量监督管理局、物价局、财政局等。政府管理部门拥有国家法律赋予的权力，可制定有关的政策法规、规定价格幅度、征税、对违反法律的组织采取必要的行动等，而这些对一个组织可以做什么和不可以做什么以及能取得多大的收益，都会产生直接的影响。

有的组织由于组织目标的特殊性，更是直接受制于某些政府部门，例如我国的电信业、军工企业、医药业和饮食业，就各自受到工信部、国防科工委、医药管理部门、卫生防疫管理部门的直接管理或监督。政策法规一方面会增加或减少组织的运行成本，另一方面则会扩大或限制管理者的决策空间。例如为了取得消防管理部门的认可，企业必须按规定装设消防设备；劳动法的颁布，则对组织的招工、用人、辞退决策带来了一定的限制。

5. 社会特殊利益代表组织

社会特殊利益代表组织（public pressure groups）是指代表着社会上某一部分人的特殊利益的群众组织，如工会、消费者协会、环境保护组织等。他们虽然没有像政府部门那么大的权力，但同样可以对各类组织施加相当大的直接影响。他们可以通过直接向政府主管部门反映情况，通过各种宣传工具制造舆论以引起人们的广泛注意。事实上，部分政策法规的颁布就是对某些社会特殊利益代表组织所提出的要求的回应。

由上可见，任何组织都不是孤立的。组织把环境作为自己输入的来源和输出的接受者，组织也必须遵守当地的法律，并对竞争做出反应。正因为如此，消费者、供应商、政府机构、社会特殊利益代表组织等可以对某一个组织施加压力，而管理者也必须对这些环境因素的影响做出适当的反应。

2.1.3　内部环境：经营条件

一般环境和任务环境合称组织环境，即管理的外部环境。管理环境除了外部环境外，还包括组织内部环境，内部环境主要包括经营条件和组织文化两方面。

组织经营条件是指组织所拥有的各种经营资源、能力和知识。任何组织的活动都离不开一定数量和质量的资源与能力的投入。

1. 资源

组织资源包括人力资源、资金资源、技术资源、物质资源、客户资源、关系资源等，组织中有些资源是有形的、显性的，如以现金、有价证券等反映的财务资源，以土地位置、厂房设备以及原材料的紧缺程度反映的物质资源；有些资源是无形的非实物资产，如组织的品牌、信誉、知识产权等。

2. 能力

能力是一组资源的有机组合，组织能力包括人力资源管理能力、财务管理能力、产品开发和技术研发能力、市场拓展能力、经营管理能力等。组织通过多种有形资源和无形资源的不断融合会形成自身独特的能力。其中，能为组织带来相对竞争对手更持久的优势和资源的能力，被称为核心竞争力。核心竞争力是组织中的一系列知识、技能、经验的结合体，其表现是多层次、多样化的，包括独特的技术、难以模仿的技术诀窍、合理的组织方式、良好的营销网络、与众不同的管理模式等。比如，索尼的战略管理能力、英特尔的研发能力、通用的组织管理能力、肯德基的企业文化凝聚力等。

2.1.4 内部环境：组织文化

组织文化（organizational culture）是组织在长期的发展过程中逐步形成和发展起来的日趋稳定的、独特的价值观（文化理念），以及以此为核心而形成的行为规范、道德准则、群体意识、风俗习惯等。从这个定义中可以看到，组织文化实际上是指组织的共同观念系统，是一种存在于组织成员中的共同理解。组织文化一旦形成，就会在很大程度上对管理者的思维和决策施加影响，并具体体现在组织的各种行为准则和组织的外在形象中，如图2-3所示。

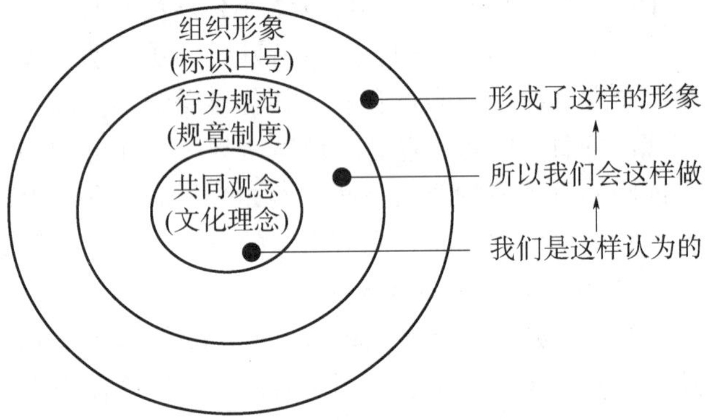

图2-3　组织文化

组织文化对管理者的行为有重大的影响，它会到处蔓延并通过左右管理者的知觉、思想和感觉来影响管理者所做的一切。表2-2列举了组织文化对管理四大职能方面的影响。组织文化之所以能对管理者产生重大影响，是因为它确立了这个组织中的管理者可以做什么和不可以做什么的规范。

表2-2　组织文化对管理职能的影响

计　划	组　织
确立什么样的目标 计划可以包含的风险程度 决策的重点是长期的还是短期的	授权给下级管理者的程度 设计工作时对员工自由度的考虑 规范化程度的大小
领　导	**控　制**
运用什么激励技术 采用怎么样的领导方式 是否要消除一切不一致	采用何种控制方式 业绩评估时注重什么标准 超过预算时应有怎样的反应

组织文化对管理者的约束很少是直截了当的，它们可能并不写下来，甚至在口头上也很少明确地说起，但它们确实存在着，并影响着管理者的决策。例如，在一个致力于利润的平稳增长，并认为利润的增加主要应通过降低成本来取得的公司里，管理者不太可能去接受那些创新的、风险大的、时间长的项目；在一个以“用户至上”为服务宗旨的组织中，不会允

许员工与用户发生争执。

管理案例

松下幸之助谈明确经营理念的重要性

日本经营之神松下幸之助在总结其60年的工作实践经验时指出："在企业经营中，技术力量、销售力量、资金力量以及人才等，虽然都是重要因素，但是最根本的还是正确的经营理念。只有在正确的经营理念的基础上，才能真正有效地使人员、技术和资金发挥作用。有了正确的经营理念，才有企业的健全发展。在时刻变化的社会形势中，对不断发生的形形色色的问题，采取无误的、恰当的对策，其基本依据仍然是企业的经营理念。还有，在拥有众多职工的公司，要使之同心协力、发挥干劲，其基础仍然是经营理念。"

资料来源：[日] 松下幸之助. 实践经营哲学 [M]. 腾颖，译. 北京：中国社会科学出版社，1989，P2、P4.

思考：为什么说经营理念对于公司经营具有重要影响？经营理念是如何发挥作用的？

由于组织文化理念的不明确会导致员工思想的混乱，并因而带来行为的不一致或与组织要求的背离，因此越来越多的组织已经意识到明确组织文化理念的重要性，并开始系统表述组织的使命、核心价值观、经营管理理念，通过明晰组织文化理念，使组织成员明确组织内判断是非的准则，有效地控制自己的行为，使自己的行为努力符合组织的价值观。有一个清楚的文化理念系统是一个组织开始走向成熟的标志，管理者应有意识地引导良好的组织文化的形成。

2.2 管理环境的分析

组织生存于环境中，与环境呈互动关系。与内部环境相比，外部环境更复杂、动荡，具有更高的不确定性。组织管理者要适应环境，就应该从认识、分析环境入手。当然，对环境的适应应当是主动而非被动的，另一方面，也应该看到，有时组织会反作用于环境。

2.2.1 识别环境的不确定性程度

美国学者邓肯提出从两个维度来确定组织环境的不确定性：变化程度（uncertainty）和复杂程度（complexity）。如果组织环境要素经常改变，称之为动态环境；如果变化很小，称为稳定环境。在稳定环境中，或许没有新的竞争者或现有竞争者没有新的技术突破，公众压力极少影响组织的活动等。复杂程度是指组织环境中的要素数量及组织所拥有的与这些要素相关的知识广度。一个组织与之打交道的供应商、顾客、竞争者及政府机构越少，组织环境中的不确定性就越少。

环境中的不确定因素可以用表2-3的二维矩阵模型表示。该矩阵分为四个单元：

单元1代表的是低不确定性，简单、稳定的环境。其特点是环境要素少，要素间有某些相似并基本保持不变。在这种环境下，管理者对内部可采用强有力的组织结构形式，通过计划、纪律、规章制度及标准化程序等来管理。一般的日用品生产企业大都处于此种环境。

单元2代表的较低不确定性，是复杂、稳定的环境。其特点是环境要素多，要素间彼此不相似（个别要素基本保持不变），但对复杂知识要求高。如唱片公司、玩具制造商和时装加工厂就处于这种环境中。

单元3代表的是较高不确定性，是简单、动荡的环境。其特点是环境要素少，要素有些相似，但处于连续的变化过程中，对要素的复杂知识的要求低。像汽车制造企业就基本上处于此种环境之中。

单元4代表的是高不确定性，是复杂、动荡的环境。其特点是环境要素多，要素间彼此不相似并处于连续的变化过程中，对要素的复杂知识的要求高。电子通信公司和航空公司常常处于此种环境之中。

组织要谋求生存和发展，就必须及时制定出对策和措施，将这种不确定性降到最低程度，以便积极地利用环境变化中提供的机会，避开或化解环境变化可能带来的威胁。

表2-3　环境的不确定性二维矩阵模型

		变化程度	
		稳　定	动　态
复杂程度	简单	单元1　简单、稳定环境 稳定的、可预测的环境，环境要素少，要素有些相似并基本上维持不变，对要素的复杂知识要求低	单元3　简单、动荡的环境 动态的、不可预测的环境，环境要素少，要素有些相似但处于连续变化过程中，对要素的复杂知识要求低
	复杂	单元2　复杂、稳定环境 稳定的、可预测的环境，环境要素多，要素间彼此不相似但单个要素维持不变，对要素的复杂知识的要求高	单元4　复杂、动荡的环境 动态的、不可预测的环境，环境要素多，要素间彼此不相似且处于连续的变化过程中，对要素知识要求高

2.2.2　时刻关注组织的任务环境

分析行业或任务环境采用迈克尔·波特提出的五力模型（见图2-4）。迈克尔·波特发现，在企业经营中，能够经常为企业提供机会或产生威胁的因素主要有五种，即本行业中现有的其他企业、供应商、顾客、其他行业之中的潜在进入者和替代产品及其生产企业组织。

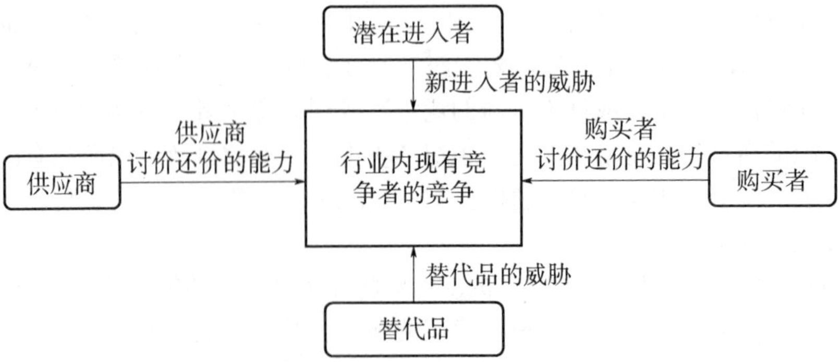

图2-4　波特五力分析模型

1. 供应商讨价还价的能力（suppliers bargaining power）

供应商主要通过提高企业的投入要素价格与降低其单位价值质量，来影响企业现有的盈利能力与产品竞争力。供应商讨价还价的力量强弱主要取决于所提供的要素是什么，当供应商所提供的投入要素价值占企业产品总成本的比重大，或对产品生产过程影响大，供应商的潜在讨价还价能力就强。

2. 购买者讨价还价的能力（buyer bargaining power）

购买者主要通过压价与要求提供较高的产品或服务质量，来影响企业现有行业的盈利能力。比如购买者总数较少，而每个购买者的购买量较大时，购买者就具有更大的讨价还价的能力。沃尔玛就是通过集中采购量大的优势，获取更低的价格优势。

3. 新进入者的威胁（potential new entrants）

新进入者在给行业带来新生产能力、新资源的同时，也希望在已被现有企业瓜分完毕的市场中赢得一席之地，这就有可能会与现有企业发生原材料与市场份额的竞争，最终导致行业中现有企业盈利水平降低，严重的还有可能危及这些企业的生存。

新竞争者威胁取决于两方面的因素：进入该领域的障碍大小与现有企业对新进入者的预期反应。进入障碍主要包括规模经济、产品差异、资本需要、转换成本、销售渠道开拓、政府行为与政策（如国家为综合平衡而统一建设的石化企业）、不受规模支配的成本劣势（如商业秘密、产供销关系、学习与经验曲线效应等）、自然资源（如冶金业对矿产的拥有）、地理环境（如造船厂只能建在海滨城市）等方面，这其中有些障碍是很难借助复制或仿造的方式来突破的。现有企业对进入者的预期反应，主要是采取报复行动的可能性大小，这取决于厂商的财力情况、报复记录、固定资产规模、行业增长速度等。总之，新企业进入一个行业的可能性大小，取决于进入者主观估计的进入潜在利益、所需代价、风险三者的相对大小情况。

4. 替代品的威胁（threat of substitute product）

两个处于不同行业中的企业，可能会由于所生产的产品是互为替代品，从而在它们之间产生相互竞争行为。替代品威胁的影响体现在：第一，限制现有企业产品售价以及获利潜力的提高；第二，逼迫现有企业提高产品质量，或者通过降低成本来降低售价，或者使其产品更具特色；第三，影响买主转换成本。总之，替代品价格越低、质量越好、用户转换成本越低，其产生的竞争压力就越强。

5. 行业内现有竞争者的竞争（thc rivalry among competing sellers）

大部分行业中的企业，相互之间的利益都是紧密联系在一起的。竞争战略是企业整体战略的一部分，其目标在于获得相对于竞争对手而言更多的优势，因此在实施中就必然会产生冲突与对抗现象，常常表现在价格、广告、产品介绍、售后服务等方面，其竞争强度与许多因素有关。

波特五力模型分析适用于企业，也适用于其他类型的组织。这一模型帮助我们深入分析行业竞争力的来源，使我们更清楚地认识组织的优势与劣势，以及组织所处的行业发展趋势中的机会和威胁。

2.2.3 内外部环境综合分析

组织在分析外部环境的同时，必须分析其内部环境，即分析组织自身的能力和限制，找出组织的优势和劣势。组织的经营过程是在内部环境、外部环境及其经营目标三者之间不断寻求动态平衡的过程。

对组织内外部环境分析通常采用SWOT分析法。SWOT分析是优势（strength）、劣势（weakness）、机会（opportunity）、威胁（threat）分析法的简称。优势是指企业较之竞争对手在某些方面所具有的相对独特的、难以模仿的能力和资源；劣势是指企业较之竞争对手在某些方面的缺点和错误；机会是指对企业营销活动富有利益空间和吸引力的领域；威胁是指环境中不利于企业经营的因素和发展趋势。表2－4提供了一个洗衣机厂经营环境分析的实例。

表2－4 某洗衣机厂经营环境分析实例

	威 胁	机 会
外部环境	城市市场饱和 原材料涨价 新进入者	家电下乡可领取政府13%补助 国外某些品牌进口受限 本厂有两款机型获得出口许可
	优 势	劣 势
内部环境	产品开发能力强 产品质量稳步提高 管理基础工作好，组织氛围好 协作、公众关系紧密	设备需要更新 资金严重不足 技术人员断层 无国际化经营经验

2.3 对环境的反应

面对环境不确定性的影响和制约，组织管理者应以开放的视野观察环境变化，获取足够的信息和资源。积极主动地使组织发展与环境形成互动。优秀的管理者是引导组织适应环境，争取组织更大发展空间的主要动力。那么，管理者如何管理组织环境？可以分为四步走：

第一步，当组织发生由于环境变化导致的目标偏离或效率降低时，判断究竟是哪些关键环境因素发生了变化，在多大程度上影响了组织利益关系。例如，星巴克咖啡公司发现近年来咖啡豆品质下降、价格攀升，是因为咖啡豆供应量减少？还是咖啡豆的采购商增加？管理者对这些环境因素要进行筛选和辨别。

第二步，确定组织应该针对哪些方面做出管理调整。要做哪些关键调整，是产品质量还是财务问题，或者是工作条件等。例如，任务环境中顾客流失的变化，如果是由于产品质量引起的，管理者就应针对组织内部造成产品质量下降的各个环节进行分析，梳理出影响产品质量的不合理问题及其环节。

第三步，管理者在实现计划、组织、领导、控制的管理职能时，考虑如何把握关键性的环境因素来实现组织目标。

第四步，采取行动管理组织环境。管理者这一行动取决于组织环境的不确定性程度，以及组织对环境的依赖性。管理者越是需要依赖环境因素，越是要与之建立明确的协作关系。

2.3.1 适应环境：改变自己

通常情况下，环境是占据主导地位的，组织则居于次要、被动的地位。组织的行为是被决定的、受制约的和只有适应性的，组织必须适应环境的需要，组织的成功与否取决于适应的效果如何。当然，组织也会主动地了解环境状况、获得环境信息，通过调整自己的目标，选择适合自己发展的环境。一些小型的公司以及处于产业链末端的企业都属于需要主动适应环境的组织。

2.3.2 改变所处环境

有些组织面对资源获取的不确定性，会不断改变自身的结构和行为模式，以便获取和维持来自环境的资源，并使对环境的依赖最小化。它们面对制度环境的要求时，会选择从默许、妥协、避免到抗拒、操纵等不同的应对战略，通过主动控制环境的状况和变化，使组织自身的利益最大化。例如，自由竞争行业的大型企业、部分垄断性行业组织以及在行业中具有独特竞争优势的组织等。

2.3.3 环境管理的挑战

我们经常听到这样的故事：一家公司昨天还是一颗明星，今天却发现自己停滞不前，并陷入困境，而且常常处于一种似乎是不可逆转的危机之中。这种现象并不仅仅局限于中国，在美国、日本、德国、英国等国家也普遍存在。而且这种现象还经常出现在非企业的组织之中——政府、医院、社团、学校等。

引起这些危机的主要原因，按照管理大师彼德·德鲁克的说法："并不是因为我们把事情弄糟了，也不是因为我们做了错事。在大多数情况下，我们做的事是正确的，只是没有效果。为什么会出现这种自相矛盾的情况呢？原因是时代改变了，组织一直赖以为基础的假设不再符合现实了。"这些假设涉及对市场、顾客的认识，涉及对自身优势和弱点的认识等。当我们对这些方面的假设不再符合现实时，由这些假设出发所做的决策和所采取的行为就会遭遇失败。例如，有时我们明明看到了眼前有一个极好的发展机遇，但当我们按照以前曾经取得成功的做法来利用这一机遇时，结果不是走向更大的成功，而是陷入困境或走向失败。究其原因，不是以前的做法不对，也不是我们不应该利用这一机遇，而在于我们所处的环境变了。由于环境的变化，以前成功的方法今天已不再适用，而当我们忽视环境的变化，仍以以前的做法来进行今天的事情时，结果就是失败。正因为如此，各个组织中的管理者要在21世纪取得良好的管理效果，首先必须正确认识21世纪环境的变化。

本章提要

管理环境是指存在于一个组织内部和外部的影响组织业绩的各种力量和条件因素的总和。管理环境因素根据其存在于组织内部还是外部，可分为组织内部环境因素和组织外部环境因素。组织内部环境由组织文化和组织经营条件两大部分组成；外部环境因素根据其对组织业绩影响方式的不同，可分为一般环境因素和任务环境因素。

一般环境因素通常包括政治、经济、社会和技术等因素。一个组织比较典型的任务环境因素包括资源供应者、服务对象、竞争者、政府管理部门及社会上的各种利益的代表组织。组织经营条件是指组织所拥有的各种经营资源、能力和知识，包括人员素质、资金实力、科研力量、专利技术和信誉等。组织文化是处于一定经济、社会、文化背景下的组织，在长期的发展过程中逐步发展起来的、日趋稳定的、独特的价值观，以及以此为核心而形成的行为规范、道德准则、群体意识、风俗习惯等。组织文化由价值观念、行为规范和组织形象三部分组成。

一个组织所处的环境可用环境的变化程度和环境的复杂程度来衡量，可形成四种典型的组织环境：相对稳定和简单的环境、相对稳定但极为复杂的环境、动荡而简单的环境、动荡而复杂的环境。

为了管理环境，管理者首先要了解环境因素的变化情况，然后运用分析工具（二维矩阵、波特五力模型和 SWOT 等）对其进行分析研究，确定各环境因素对组织有什么影响、有多大的影响等，最后对各种环境因素的影响做出相应的反应，使之朝着有助于组织的方向发展。

在线资源

在线测试　拓展视频　拓展阅读　拓展案例　相关管理定律　相关管理大师

讨论问题

1. 造成组织业绩不确定性的因素主要有哪些？这些因素主要是任务环境因素还是一般环境因素或者是其他因素？

2. 学校所在地社会风气差，对于该学校而言，是否属于环境因素？如果是，属于什么环境因素？

3. 作为一个政府部门，是否也有供应商、消费者和竞争对手？如有，请举例。

4. 谈谈全球环境对组织管理的影响？一个组织怎样才能对自身的环境做出正确的评估？

5. 你能否识别你所在组织的组织文化特点？具有什么特点？

6. 管理者、组织环境与组织业绩之间是什么关系？

综合案例

环境、生存与发展——TCL

任何企业都是在一定的环境下开展活动的，其生存环境的变化必然使其生存方式发生变化。

实际上，目前国内市场的竞争尽管表现激烈，但远不能说是充分竞争，与完全市场经济条件下的竞争是有根本区别的。首先，国内市场并不是充分开放的市场，外国产品进入我国市场的难度大，成本高；其次，不合理的投资限制降低了民营资本和境外资本的参与力度；第三，体制因素介入阻止了市场机制发挥作用，如政府通过税收减免、优惠贷款等各种手段保护本地企业免遭淘汰。所以，我们看到的是国外产品、国外企业没有平等、充分参与情况下的市场竞争。

我国将大幅度降低关税和非关税壁垒，电子产品是优先开放的领域，其中属于信息技术协议（ITA）范围内的多数产品在两三年内进口关税将降为零，进口计划、许可证取消，外贸经营权放开，国外产品竞争力将因此大大增强。随着全球范围内的产业结构调整，信息电子企业将加速向我国转移，摩托罗拉、索尼、松下、三星、LG、西门子、飞利浦、诺基亚等都有今后几年内在中国进行巨额投资的计划。我国在外商投资政策方面，也会放松甚至取消投资审批、股权比例、产品内销等的限制。加入世界贸易组织后，我国法律法规和投资贸易政策的调整，将为各类企业提供一种新的制度环境，那就是在市场经济基础上按照国际规则进行充分、平等的竞争，将导致原来制约市场竞争的体制因素弱化以至消失，从而对不同企业的竞争能力产生直接影响。

当环境发生变化后，我国企业的竞争力是否还存在？下面从我国家用电器企业 TCL 的生产、营销、管理、品牌方面做出分析。

（1）生产规模。TCL 彩电产销量占全球市场的5%，国内数一数二，但似乎仍不能与索尼、西门子等巨头比规模经济。2000 年 TCL 销售收入 205 亿元（25 亿美元），规模经济水平不算高。国际同类企业飞利浦年销售收入 300 亿美元，松下 600 亿美元，三星 400 多亿美元。由于一般家电制造业的利润越来越微薄，日本、欧盟的生产厂商正进行战略调整，把原来在其国内的生产能力转到中国来，加入世贸组织将使这种战略转移顺利进行。包括 TCL 在内的国内家电企业面对跨国巨头，其企业的总资本实力和规模经济水平都无法与之相比。

（2）产品系列。TCL 四大产业中，彩电、电话机、手机、电脑、高档开关等产品在国内同行业中名列前茅，但产品的系列化有欠缺，尤其缺乏高端产品。

（3）生产技术。这方面历来就不是中国家电企业的长项。TCL 拥有 5 个研发中心、700 名研发人员，具有较强研发能力，在适应中国市场需求方面具有独特的优势。

（4）管理体制。TCL 拥有精干高效的管理团队和相对成型的管理体制，但似乎仍不能与在长期市场竞争中探索出来的跨国公司的管理体系和形成的管理水平相比肩。

（5）营销网络。TCL 用了十多年时间、花了十多亿资金煞费苦心建立起来的国内营销网络，年销售额达 130 亿元。这是任何一个跨国公司目前都没有，今后短时期内也不容易建立的。但国外的营销网点却非常少，只有在越南、印度等少数几个国家有布点，在世界主流市场如欧盟、北美等几乎是空白。国外销售额 2000 年为 5.14 亿元，仅占 21%。市场布局如此失衡，将成为 TCL 及其他国内家电业与国外公司竞争的重大缺陷。若跨国公司以其全球市场为支撑在中国市场与我们竞争，我们将如何应对？

（6）品牌价值。TCL 已是国内名牌，品牌价值 106 亿元（12.8 亿美元），得到了中国消费者的广泛认同。但也得承认，与那些可能形成竞争的跨国公司相比，如 IBM（电脑，527.5 亿美元）、索尼（家电，150.1 亿美元）等，TCL 还远远不是一个国际著名品牌。

进行这样的对比分析，并非妄自菲薄，更不是不战而屈己之兵，而是要让我们更加清楚地认识到，构成企业的环境及要素多种多样且是动态性的。环境的变化必然给企业的生存带来影响，要扬长避短，充分发挥、挖掘现实及潜在的比较优势。TCL 应该在重新评估企业竞争要素优势的基础上，对企业资源进行战略性整合。建立我们自己的核心竞争力，应该包括 TCL 在内的国内企业的环境与生存方式的战略性问题。

资料来源：根据百度百科“TCL”整理.

讨论：

1. TCL 的国内生存环境发生了哪些重要变化？
2. 这些环境的变化哪些是有利的？哪些是不利的？
3. TCL 在生产、营销、管理、品牌方面有何优势？有何劣势？
4. TCL 应该采取何种策略，更好地适应环境，参与国际竞争？

实践练习

目的：通过应用环境搜索为公司建立环境威胁和机会检测（见表 2－6）。

步骤：

1. 在你选择的行业中挑选一个公司；

2. 在环境威胁和机会工作（表 2－6）每一环境类别下，列出相关的因素，包括简短描述它将如何影响公司；

3. 通过下列方法来计算环境威胁和机会分值：

A. 计算每一因素的影响度（从“很正面” ＋5 分到“中性”0 分到“很负面” －5 分）；

B. 排出每一因素的重要性（从“不重要”0 分到“非常重要”10 分）；

C. 用影响度乘以重要性把结果填在第三栏内；

D. 在分数旁，通过在分数前加“＋”或“－”显示是潜在的机会还是威胁；

E. 把分数加总，建立环境威胁和机会检测。

表 2－6 环境威胁和机会工作表

经济因素（例如：通货膨胀趋势、消费、就业、投资、货币和财政政策）：
政治因素（例如：政治力量、不同的意识形态、利益集团、社会稳定性、立法和管制）：
社会因素（例如：年龄分布、地理分布、收入分布、流动性、教育、家庭价值观、工作和商业观念）：
技术因素（例如，技术更新速度，未来原材料的可得性，原材料成本，在相关领域的技术发展）：
竞争因素（例如，主要竞争对手的进入和存在，竞争对手的主要战略转变）：

如果公司没有良知就糟透了。但如果公司拥有有良知的人，这个公司就拥有了良知。

——亨利·大卫·索罗

第3章
管理道德与企业社会责任

学习目标

1. 解释管理道德的含义，并了解不同类型的道德观。
2. 描述影响管理道德的因素。
3. 提出改善企业的道德行为的途径。
4. 描述什么是企业的社会责任。
5. 描述履行企业社会责任的行为。

能力目标

1. 通过观察判断员工及企业行为是否有道德。
2. 判断企业是否履行了社会责任。
3. 做一个有道德的员工。

本章关键词

道德（ethics）

道德的功利观（utilitarian view of ethics）

道德的权利观（right view of ethics）

道德公正观理论（theory of justice view of ethics）

社会契约整合观理论（integrative social contracts theory）

道德准则（code of ethics）

古典观点（classical view）

社会经济学观点（socioeconomic view）

企业社会责任（corporate social responsibility）

开篇案例

小王该怎么办?

初入职场的小王担任A食品有限公司的产品策划助理。最近公司新推出一款婴幼儿奶粉，小王所在的项目团队负责该产品的策划和宣传工作。小王惊讶地发现团队的策划方案存在虚假宣传的成分，比如“100%进口奶源”“3倍于其他奶粉的DHA含量”“未添加任何激素”等。更有甚者，团队竟然指使成员贿赂竞争对手B公司的内部人士以获取其产品策划方案，从而制订更有针对性和吸引力的方案。小王很不解，终于在一次私下的场合向项目负责人提及了此事。项目负责人语重心长地告诉小王，目前行业内都这样做，谁不做谁吃亏。

A公司的产品策划方案非常成功，市场反响也相当好。但没过半年，公司就收到了一起顾客投诉——广州某婴儿食用A公司奶粉导致泌尿系统结石症状，而同一批次的奶粉已累计售出108万罐。也许这只是一个小小的个案，现在的问题是A公司要不要召回问题产品？一旦信息发布，这将在很大程度上伤害公司的声誉。

资料来源：编者根据实际接触的某一企业案例整理.

思考：你认为小王应该怎样做?

在上述情境中，A公司凭借虚假宣传获得了良好的市场反应，他们强调这是行业的普遍行为。此外，还指使员工贿赂竞争对手，这种行为是道德的吗？这类企业具有社会责任感吗？一旦发生产品质量问题，在消费者利益与企业业绩之间，管理者如何进行取舍与抉择？在这一章中，我们将学习什么是管理道德与企业社会责任以及如何履行企业社会责任。

3.1 管理道德

虚假宣传是道德的吗？行贿是道德的吗？接受商业伙伴的礼品呢？如果送礼品是商业伙伴的个人行为，有什么区别？公车私用呢？用公司的电话打个人长途又如何？在企业实践中，类似小王在A公司遭遇的困惑和不解非常常见，此时如何进行道德判断和决策对个人和公司都非常重要。而这首先就涉及一个关键问题——判断行为道德的标准是什么。

道德（ethics）通常是指一套定义行为正确或错误的原则和价值观。无论是个人还是企业，都需要一套道德规范或准则，以帮助他来决定在不同的环境下应该采取什么样的行动。然而，有时候是很难确定某种行为到底是对还是错，大部分人认为违法的事情是不道德的，但是在有争议的合法领域或者严格的组织政策又该如何判断呢？例如，你手下的员工因为一项紧急任务而整个周末都在加班，你告诉他迟些时候再休两天“病假”来弥补，因为公司有明确的规定不论什么原因加班都没有报酬。这种行为对吗？作为一名管理者，你将如何处理呢？这时，管理者确实面临着管理道德问题和道德困境。

3.1.1　四种道德观

为了更好地理解管理道德涉及的内容，首先了解管理者制定道德决策的四种不同类型的观点。

（1）道德的功利观（utilitarian view of ethics），指仅仅按照结果制定道德决策。功利观的目的是为最大群体提供最大化的好处。某种决策如果能为绝大多数人提供最大的利益，那就是道德的。按照这种观点，一个工厂解雇20%的员工或许是合理的，因为这将增加工厂的利润，同时提高留下的80%的员工的工作保障并使股东获得最佳收益。道德的功利观强调效率和生产力，以利润最大化原则为目的。但它有可能导致资源的不合理配置，还忽视了一些利益相关者的诉求和权利。

（2）道德的权利观（right view of ethics），强调对个人自由和权利的尊重和保护，包括隐私权、言论自由、生命与安全以及法律规定的各项权利。权利观的目的是避免干涉可能受决策影响的那些人的权利。例如当员工举报上级违法时，应该保护员工言论自由的权利。权利观有助于保护个人的基本权利，但过于强调个人权利的保护也可能阻碍生产效率的提高。

管理案例

违反单位“恋爱禁令”职工被开除

因为违反单位内部规定——不允许职工之间谈恋爱，淮安某机械公司职工李丽（化名）被单位开除，李丽认为单位侵犯了她自由恋爱与婚姻自由权，于是将公司告上法庭，要求公司支付经济赔偿金5万余元。经过淮安市中级人民法院审理，法院最终判决该机械公司赔偿李丽5万元经济损失。

2013年1月，李丽应聘进入淮安某机械公司上班，该公司规章制度明确规定：在公司上班期间不得与本单位员工建立恋爱关系，否则构成违约，公司有权将其开除，且员工不得索要相应的经济赔偿金或者经济补偿金。李丽与单位签订的劳动合同中亦明确了禁止公司员工内部恋爱。然而，在上班期间，李丽与公司员工张强（化名）因工作接触产生好感，建立了恋爱关系。碍于公司规定，两人不敢公开恋情，只能偷偷交往，随着时间推移，两人的恋情被公司发现。

2016年3月7日，该机械公司以李丽违反单位规章制度为由，将其开除。被开除后的李丽心有不服，认为该机械公司“禁止公司员工内部恋爱”的规定，侵害了她婚姻自主的权利，认为该规定无效，于是将该机械公司告上法庭，要求公司因违法解除劳动合同应支付其经济赔偿金5万余元。机械公司则称，公司内部员工建立恋爱关系可能损害公司利益，单位规章制度明确规定“禁止公司员工内部恋爱”，且李丽与公司签订的劳动合同亦有该条款，李丽应当知晓该规定，公司依照单位规章制度做出的开除处理决定并无不当。

淮安市中院经审理认为，劳动者严重违反用人单位规章制度的，用人单位可以单方解除劳动合同；但该规定有一个前提条件，就是用人单位的规章制度不得违反国家强制性的法律规定。我国婚姻法赋予每个公民婚姻自由的权利，该机械公司“禁止公司员工内部恋爱”的规定侵害了李丽婚姻自由的合法权利，违反了我国法律关于公民婚姻自由的规定，应当无效。

资料来源：《扬子晚报》，2016.9.7赵大为、朱鼎兆.

思考：你如何看待公司规定的“恋爱禁令”？

（3）道德公正观理论（theory of justice view of ethics），指管理者要公平公正地贯彻规则，并在此过程中遵守所有的法律法规。公正观的目的是制定决策时能做到平等、公开、公正。按照这种观点，管理者应给那些相似技能、职责或绩效水平的员工支付同等级别的薪水。实行公正标准也会有得有失，它保护了那些可能缺乏话语权或代表的利益相关者的利益，但它也会降低员工的风险意识和生产效率。

网易公开课
哈佛大学：公正

（4）社会契约整合观理论（integrative social contracts theory），强调应该根据实证因素（是什么）和规范因素（应该是什么）来制定道德决策。尽管人们越来越重视权利和公正，但道德的权利观和公正观理论在实际运用中却寥寥无几。相对于个人的基本权利而言，不论是组织、管理者还是个人都把效率和生产力放在首位，因为这直接关乎利润的大小。管理者在面对特殊情境时，往往需要在普遍的道德原则与特殊情景的需要之间做一些取舍与平衡。社会契约整合理论综合了两种"契约"，一种是社会普遍接受的一般契约，另一种是存在于特定群体成员之间约定的更为具体的契约。这种道德观要求管理者考察各行业和公司现有的道德准则，以决定行为的对错，例如在确定东莞一家新建工厂的工人工资时，遵循社会契约整合理论的管理者可能根据东莞当前的工资水平来制定决策。它有助于降低企业的人力资源成本，但契约具有很强的情境特征，在很多场合往往是各利益相关者博弈的结果，缺乏一定的合理性。

从理论上讲，在判断某一决定或行为是否合乎道德的问题上，每一种理论都提供了各不相同但相互补充的方法，而且这类方法都能用来将某一特定行为中的道德问题进行归类。但管理者面临的道德决策情景是不断变化的，很多道德问题又往往表现得并不突出，不同利益相关者之间的需求和利益又总是互有冲突，如何采用更加全面和平衡的道德判定标准，这让管理者难以抉择。

3.1.2 影响管理道德的因素

无论你认为哪种道德观最恰当，管理者或员工的行为道德选择还取决于其他因素，比如个人的品德、价值观、个性与经验、公司文化以及所面临的道德问题。缺乏强烈道德感的人如果受到规则、政策和职位描述或者强大的文化规范约束，其犯错的可能性会降低。

例如：当看到班上有人偷了期末考卷在贩卖，有些人怕影响自己的排名就买了，有些人宁愿排名受影响也不愿意买，有些人会选择把实际情况告知老师，这些道德选择的差异是如何造成的呢？这是由影响我们道德选择的内外因素引起的。

以下将从内外部两个方面来阐述影响管理道德的因素：

1. 内在因素

影响管理道德的内在因素主要包括管理者自身的意志、能力、信念和自身责任感等因素。

（1）个人意志、能力和信念因素。个人意志坚强、个人能力较强、个人信念坚定的管理者对事物判断比较准确，无论身处顺境还是逆境，无论外部诱惑如何，大多数人会在道德准则判断与道德行为之间保持较强的一致性，不会因一时之事、一念之差而做出不正确的选择；反之则会在道德准则判断与道德行为之间做出不正确的选择。

（2）个人责任感因素。责任感是每个人对工作、企业、社会等的负责态度，有较强责任感的人，是一个能自觉承担社会责任、积极履行职责和正确行使职权的管理者，敢于对自己行为负责，很少出现违背道德准则的情况；反之，缺乏责任感的人对自己行为的后果不愿承担责任，甚至认为事不关己，推卸责任，缺乏最基本的道德素质。

上述几种因素基本上决定了一个人管理道德观的形成，不同的道德观导致了相应的管理行为，造成各种各样的管理道德问题。

2. 外部因素

影响管理道德的外部因素主要包括早期教育因素、企业的管理体制及制度因素、企业文化因素和社会大环境等因素。

（1）早期教育因素。个人早期受的教育、生活环境，尤其是在其幼、童年时期所处环境的熏陶、所受教育的程度对其今后观念的形成有至关重要的作用，通过早期感知、认知事物，其个人的道德观初步形成。如“孔融让梨”就是早期教育对道德影响的一个例子。

（2）企业的管理体制及制度因素。企业的管理体制是否有利于企业发展，企业领导者是否为管理者创造一个工作、发展的平台，企业组织结构是否科学合理、规章制度是否健全完善、人才培训培养机制是否激励有效等，都对管理道德的形成有较大影响。正如张瑞敏评价他在海尔充当的角色时，认为“第一是设计师，在企业发展中如何使组织结构适应企业发展；第二是牧师，不断地布道，使员工接受企业文化，把员工自身价值的体现和企业目标的实现结合起来”。

（3）企业文化因素。一个企业有较强的、积极向上的企业文化就可以抵御外来风险，化解内部冲突。在走上市场经济之路以来，许多企业注重实施企业文化建设，形成具有企业自身特色的文化，如海尔文化，不仅使海尔的知名度进一步提升，而且使企业的凝聚力进一步增强，增进员工的亲和力，从而形成海尔人良好的职业道德、行为准则。

（4）社会大环境因素。一定时期内社会上大多数人的世界观和价值观也会影响甚至改变个人的管理道德观。尤其在社会转型期，多种因素综合导致了一些人的道德观危机，如社会不同层次的管理道德问题、职业圈子中的管理道德问题、企业内部日常管理中面临的管理道德问题等。

3.1.3　改善企业的道德行为

现实经营中，不合乎道德规范的行为或丑闻时常出现。例如，三鹿奶粉因添加三聚氰胺以增加蛋白质含量而导致最终破产；华纳唱片公司因传播宣扬暴力的说唱乐歌而备受指责；博士伦公司被指控利用会计原则及通过处理上的舞弊行为来实现严格按数字考核的绩效目标。不道德的经营行为不仅会损害企业形象，也可能导致企业利润下滑，甚至使企业离开商业领域。管理者想切实减少组织中的不道德行为，鼓励道德行为，需要一系列的计划与行动，如雇佣高道德标准的人，制定道德准则和决策规则，通过模范来影响大家，将工作目标与绩效评估相联系，向那些面临道德困境的人提供支持等，具体如下。

1. 选拔有道德的领导

首先，有道德的领导必须以身作则，在言行举止方面都是员工的道德榜样。儒家所谓“正人先正己”“身教胜于言教”正在于此。例如，如果高层管理者将公司的资源占为己用，扩大他们的费用支出，给朋友优待，这等同于向全体员工暗示这些行为是可以接受的。

领导经常是作为角色楷模去决定哪些行为是可接受且恰当的，因此领导者如何以身作则地传达正确的道德规范非常关键。孔子曾指出，“君子之德风，小人之德草，草上之风，必偃”。实践证明，“上行则下效”“上有克让之风，下有不争之俗”“上清而无欲，则下正而民朴”“大臣不廉，小臣必污；小臣不廉，风俗必坏”。可见，领导者的道德素养对于组织道德氛围的好坏是非常重要的。例如，2007 年，德国西门子公司聘请彼得·罗旭德为公司 CEO（首席执行官）来负责处理一个全球的贿赂丑闻，该丑闻造成公司创纪录的 1.3 亿美元的罚款。他的做法是：“坚持你的原则，明确道德的指南，成为公司里被信任的楷模。”真正的领导人有一套核心的价值观，无论身处顺境还是逆境，他们都要公开承诺并依此行动。

其次，领导还可以通过奖惩机制来影响员工的道德行为。选择什么人或什么事作为加薪、晋升及奖罚的对象，会向员工传递强有力的信息。当某个员工以一种合乎组织道德的方式取得优秀业绩并因此获得组织奖励时，这就等于告诉其他员工这种行为是合乎道德且可接受的。当某个员工做某件不合乎道德规范的事情，管理者不仅施加惩罚还将事实公布于众时，这就告诉其他人，做错事要付出代价，不道德行为并不会带来最佳利益。成为一名道德领导人的几点建议：①成为一名道德和诚实的优秀典范；②始终讲真话；③不要隐藏和操纵信息；④愿意承认失败；⑤通过定期与员工沟通来分享你的个人价值观；⑥强调组织与团队重要的共同价值观；⑦运用奖励系统使每个人对价值观承担责任。

2. 甄选道德素质高的员工

一个组织的所有成员都会对组织的道德氛围有所影响。每个人由于自己的教育背景以及成长背景等因素的不同形成不同的价值观念和道德准则，这些观念和准则会带入到工作之中。一个正直诚实的员工可能不会将公司的办公用品拿回家，而一个习惯欺骗的员工可能会将公司的办公用品拿回家。如今，对人才的道德要求已普遍成为企业招聘的基本标准。正所谓“有德有才是正品，有德无才是次品，无德无才是废品，无德有才是毒品”。

3. 制定道德规范

回到 3.1.1 节的问题：虚假宣传是道德的吗？接受商业伙伴的礼品是道德的吗？如果送礼品是商业伙伴的个人行为，有什么区别吗？公车私用呢？用公司的电话打个人长途又如何？在企业实践中，员工对这些是非对错的判断标准其实是模糊的，只能凭着自己内心直觉和信念去做出判断，充满着不确定性。

道德规范（code of ethics）是一个组织对其员工必须遵守的价值观和道德规定的正式声明，是减少这种模糊和不确定性的一种普遍选择。美国本特莱学院伦理研究中心在 20 世纪 80 年代开展的一项调查显示，《幸福》杂志排名前 100 家的企业中，80% 的企业把伦理价值观融合到企业日常管理活动中，其中 93% 的企业有成文的伦理准则来规范员工的行为。美国企业界甚至出现了一种新职位“伦理主管”，其主要任务是训练员工遵守正确的行为准则，并处理员工对受贿和报假账等可能发生的不正当行为提出的质疑。目前，欧洲约有一半的大企业设有专门的企业伦理结构，专门从事企业伦理精神的教育工作。

道德规范在全球范围内越来越流行，道德规范应该是怎样的呢？在斯蒂芬·罗宾斯看来，“它应当是足够具体的，能够告诉员工应该怎样工作；然后，又应当是足够宽松的，允许员工有自由判断的空间”。全球道德研究所的研究表明，共同价值如诚实、公平、尊重、责任感和关心是被全世界普遍接受的。F. R. David 在 1988 年对企业道德准则的一项调查中发现，企业道德准则整体而言可以归为三大类，一是做一个可靠的组织公民，二是不做任何损害组织的非法或不当行为，三是善待顾客，见表 3-1。

表3-1 三类道德准则

类别	第一类 做一个可靠的组织公民	第二类 不做任何损害组织的非法或不当行为	第三类 善待顾客
特点	①遵守安全、健康和保障法规	①合法经营	①在产品广告中传达真实信息
	②表现出礼貌、尊重、诚实和公正	②禁止为非法目的提供款项	②尽最大能力完成任务
	③禁止在工作中使用毒品和酒精饮料	③禁止行贿	③提供最优质的产品和服务
	④管理好个人财务	④避免有损工作职责的外界活动	
	⑤出勤率高，准时	⑤保守商业机密	
	⑥遵循上级指示	⑥遵守所有的贸易和反垄断法规	
	⑦不说脏话粗话	⑦遵守所有的会计规定和管制措施	
	⑧遵守公司着装规定	⑧不使用公司财产谋取私利	
	⑨禁止上班携带武器	⑨员工对公司财产负有个人责任	
		⑩不发布虚假或误导性的信息	
		⑪决策时不谋私利	

资料来源：F. R. David. An empirical study of codes of business ethics: a strategic perspective. Paper presented at the 48th Annual Academy of Management Conference, Anaheim, California, August 1988.

当然，制定了道德准则并不意味着员工都能自觉遵守和执行，道德准则效果的发挥在很大程度上取决于公司领导层的态度以及领导如何对待那些遵守和违反道德准则的行为。当领导层反复强调这些道德准则，带头遵守和践行，并当众奖赏那些遵守道德准则的行为和员工，惩罚那些违反道德准则的行为和员工时，道德准则才会真正开始发挥作用。

4. 设计合适的工作目标和绩效评估体系

不切实际的工作目标和绩效评估体系常会导致员工面临道德决策的困境，员工很难在道德与目标之间做出取舍，甚至为了实现目标不得不采取某些违背道德准则的措施。如企业的研发人员为了支持新产品而篡改数据，营销人员为了提高他们的销售业绩而进行市场窜货，财务人员为了实现上市目标而篡改财务报表，这些不仅扰乱了市场秩序，也违背了职业道德。为了鼓励有道德的行为，企业应该设计合适的工作目标和绩效评估体系，保障员工能按照既定的道德准则来实现工作目标。

管理案例

优胜劣汰的绩效考核制度导致安然员工唯利是图

为自己利益而奋斗是人之常理，但奋斗中如果缺乏道德方面的自我约束，就会导致唯利是图。安然公司就是一个典型例子。其总裁斯基林主张放松对员工的约束，他在全公司范围内建立了旨在优胜劣汰的绩效考核制度，对那些快速建立业绩的员工予以高额奖励。这种过分看重金钱作用的考核制度，逐步引导个人主义占上风，团队精神遭摒弃，内部间的荒唐竞争造成了狂乱、谎言甚至偷窃。

正如《洛杉矶时报》指出的，安然公司是通过挑战可接受行为的极限而蓬勃发展起来的，但是该公司在不断进取的过程中丧失了道德。曾在安然公司工作过一年多的一位员工说，“有些经理说谎，篡改他们想开除员工的记录。经理们会把‘病假’改为‘缺勤’，他们保留着电脑里的出勤记录，随时进行修改”。一位留在该公司的交易商也说，“安然公司真是个令人不愉快的工作地方。这里的竞争激烈到了荒唐的地步，简直就是道德败坏。我每天晚上都要锁好我的办公桌，以免我的同事偷窃我的成果。”在公司内部开展的一次问卷调查中，有37%的员工认为公司已经不那么“可信”。

更为严重的是，优胜劣汰的竞争机制在安然公司的上层主管中也演变成了内战和相互倾轧。据披露，人们一直把安然公司相互倾轧的丑闻当作一场希腊悲剧甚至两性大战的故事来讲述。高级男主管斯基林和高级女主管马克钩心斗角，最后二人的斗争失去控制，并把拥有数十亿美元资产的一家公司及其员工和股东推入惨痛的深渊。

企业要发展，除了建立优胜劣汰的竞争机制外，还应该加强职业道德建设。“以德治企”是企业管理中的重要原则。

资料来源：梁伟业，企业文化：经营之本 基于安然公司的分析［J］. 华南农业大学学报（社会科学版），2003（增刊）：88.

5. 重视道德修养

如今，越来越多的企业都重视员工的道德修养，纷纷开展研修班、专题研讨会等道德培训专项计划，将道德准则落到实处，以鼓励有道德的行为。

在培训形式上，专题讲授、案例研讨等方式较为普遍。案例研讨通常选取那些与公司实际密切相关的道德案例场景，让员工进行分析和讨论，并且检查这些案例应用忽略了企业的哪些道德准则。为提升培训效果，一些企业还将员工参与道德培训的次数列入员工考核的内容。一些企业还悬挂了不同的“道德标语牌”，如在总部会议室悬挂“勿以恶小而为之，勿以善小而不为”的标语牌，在人力资源部悬挂“多点沟通，少点抱怨，多点理解，少点争执”的标语牌，在生产车间悬挂“爱岗敬业，追求卓越”的标语牌等，要求不同部门的员工自觉自律，不断提升道德修养。

6. 进行独立的社会审计

根据组织的道德准则对管理者进行独立的社会审计（social audit），可以提高不道德行为被发现的可能性；对社会审计威慑力的惧怕，可以降低不道德行为发生的可能性。

审计可以是定期的常规评估，如财务审计；也可以是没有预先通知的随机审查。为了保证审计的独立性、客观性和公正性，审计人员应该对被审计公司的董事会负责，并且将审计结果直接呈交给董事会。这种安排有助于保护审计人员，减少其受到被审计者报复的机会。

7. 建立正式的保护机制

面临道德困境的员工在做出抉择时常担心受到惩罚，正式的保护机制可以使这些面临道德困境的员工依照公司的道德准则做出正确的判断，而不必担心受到惩罚。如员工在举报上级违法时就拥有了实际的权利保护机制，就不用担心揭发会被惩罚。如今，越来越多的企业已经开始设立正式的保护机构，并雇用专职的道德官来建立和执行共同的道德标准。

改善企业的道德行为是一项长期的任务，绝非一朝一夕就能完成。上述七项措施中，单个措施所发挥的作用是极其有限的，一定要把它们中的多数或全部整合起来，才能达到预期的效果。

3.2 企业社会责任及其履行

3.2.1 企业社会责任的产生与演进

在经济学中，企业一直被视为有理性的、追求价值最大化的“经济人”。“经济人”思想释放出无穷的力量，极大地推动了社会和经济发展。但被释放的企业力量也导致了企业规模和权力的不断膨胀和扩张，并发生了一些偏离人们预期的异化行为。

在20世纪中期，令人震惊的公害事件接踵而至。如1952年12月，英国伦敦遭受了由空气污染所引起的有史以来最严重的灾难，空气中大量的SO_2氧化生成酸性液沫附在烟尘等上面进入人的呼吸系统，使人发病或加速慢性病患者的死亡，这场灾难最终因4000人的死亡代价而载入人类环保史册。

在20世纪70年代，全美最大的石棉生产公司——曼威尔公司明知石棉粉尘会引起生产工人的严重疾病，却把相关的研究报告隐藏起来，为获取更多的利润，公司放弃安装一些保护设备，即使安装了也总是延误这些设备的维护与修理，致使大量的工人因吸入石棉纤维患肺病而死亡。这些让人触目惊心的企业异化现象，引发了人们对企业社会责任问题的强烈关注，促使西方国家爆发了一系列与企业社会责任相关的运动。

在20世纪60—70年代，以保护自然环境、维护生态平衡为宗旨的环境保护运动波澜壮阔地开展起来。与此同时，消费者运动也得以广泛开展，从消费者受损事件、服务质量等问题扩展到环境损害、消费者自我保护意识的培养、定价垄断等众多方面。

20世纪70年代中期，企业兴起了道德起源和运动（moral genesis movement，MGM），倡导将经济责任与社会责任融为一体，建立企业与社会的相互信赖关系。

在经济全球化的背景下，又兴起了新一轮的企业社会责任运动浪潮。它的主要标志是：首先源于联合国等多边国际组织的努力，如联合国的全球契约（UNGC）、国际劳工组织的人权原则及标准（ILO Declaration）、经济合作与发展组织（OECD）的跨国公司行动指南（OECD Guidelines）等；其次是众多非政府组织的指导原则和标准，如国际标准化组织ISO制定的企业环境标准（ISO 14000系列）和ISO 26000社会责任指南、全球报告倡议组织（Global Reporting Initiative）的非财务事务披露规范GRI、社会责任国际标准的SA 8000、英国社会与道德责任研究院（Accountability）的AA 1000等；再次，各国政府也开始参与和引导相关活动，如在美国，尽管联邦政府还没有在全球企业社会责任运动中明确自己的正式角色，但已有12个政府组织的50多个项目与推动企业社会责任运动相关；最后是越来越多的诸如共同基金的机构投资者发起了社会责任投资基金，将投资选择与企业的社会责任表现相关联，要求接受投资的企业不断加大透明度和公信力，更好地承担企业社会责任。

由于受到上述国际组织、非政府机构以及环境保护运动、消费者运动、劳工运动等一系列企业社会责任活动带来的压力，越来越多的企业声明遵守 UNGC、GRI、AA1000、SA8000 等规范和标准，同时也着手制定本企业的行为规范并定期发布关于社会责任表现的报告。不仅如此，越来越多的媒体致力于监督企业的社会责任表现，一些权威商业媒体如《财富》和《福布斯》定期发布社会责任排行榜、慈善排行榜；越来越多的商学院也将企业社会责任纳入核心课程以培养管理者的社会责任意识。

3.2.2 什么是企业的社会责任

早在 1924 年，英国学者欧利文·谢尔顿（Oliver Sheldon）就提出了“企业社会责任（corporate social responsibility）”这一概念。但关于什么是企业的社会责任，一直以来争论不休。其中有两派代表性观点：古典观点和社会经济学观点。

（1）古典观点（classical view）主张企业唯一的社会责任就是股东利益最大化，典型代表是美国经济学家和诺贝尔奖获得者米尔顿·弗里德曼（Milton Friedman）。在弗里德曼看来，管理者的主要责任就是对股东负责，而股东只关心财务回报。企业只要以“经济人”的观念努力为股东赚取利润就可以了，不主张管理者将组织资源用于为社会服务，这只会增加经营成本。这种观点可解读为企业社会责任就是使企业利润最大化，经济责任是企业社会责任的全部内容。这也是 20 世纪初美国企业界的典型看法。

（2）社会经济学观点（socioeconomic view）认为时代发生了变化，社会对企业的预期也在变化。企业不仅仅是经济机构，企业的社会责任不只是创造利润，还包括保护和增进社会福利。企业应当成为负责任的社会公民，而不只是作为利润最大化的追求者，所有者有义务去做比赚取利润更多的事情。根据这种观点，雅芳公司发起乳腺癌防治运动，为那些难以获得医疗护理和治疗的妇女提供乳腺癌预防教育和早期检查服务，是有社会责任感的。江铃汽车股份有限公司联手中国扶贫基金会、中国汽车报社和中国汽车新闻工作者协会共同发起“溪桥工程”大型公益慈善项目，为我国欠发达地区提供资金援建便民桥，也是在承担社会责任。因为管理者通过这些计划保护和增进了社会福利。

如前所述，随着时代的改变，人们对企业的期望也发生了变化，传统的强调股东价值最大化的古典观点逐渐受到了挑战。随着利益相关者概念的出现，企业社会责任概念的界定越来越明确。利益相关者概念最早出现于斯坦福国际咨询研究所，这里的利益相关者被界定为这样一个群体，如果没有他们的支持，企业就无法生存。从广义来讲，企业的利益相关者就包括股东、员工、顾客、供应商、竞争对手、政府、金融集团等一系列和企业运营相关的群体和组织。

借鉴利益相关者的概念，我们认为企业社会责任的内涵指企业不仅要为股东创造利润，还要承担对员工、顾客、供应商、社区、自然环境等利益相关者的社会责任，包括保障员工的生产安全和职业健康、保护劳动者的合法权益、提供安全的产品和服务、遵守商业道德、支持社会公益和慈善事业、保护自然环境等。在经济全球化的背景下，企业社会责任的本质是一种新的企业治理结构，是企业应当追求的宗旨和经营理念。

3.2.3　企业要不要履行社会责任

关于企业到底要不要对利益相关者履行社会责任，一直存在争议，支持和反对企业履行社会责任的观点同时存在，见表3－2。

表3－2　赞成和反对履行社会责任的争论

赞成的观点	反对的观点
1. 公众期望： 公众支持企业同时追逐经济和社会目标	1. 违反利润最大化原则： 追求经济利益才是企业应承担的责任
2. 长期利润： 具有社会责任感的公司能取得更稳定的长期利润	2. 淡化使命： 追求社会目标淡化了企业的基本使命，即经济生产率
3. 道德义务： 社会责任是企业理应承担的正确事情	3. 成本： 许多社会责任活动无法补偿其成本，必须有人为此买单
4. 公众形象： 追求社会目标可以树立良好的公众形象	4. 权力过大： 参与社会事务将会扩大企业原有的权力
5. 更好的环境： 企业的参与有助于解决社会难题	5. 缺乏技能： 企业领导者缺乏处理社会问题的必要技能
6. 减少政府管制： 企业社会责任感的加强能减少政府管制	6. 缺乏明确的责任： 企业与社会性行动之间没有直接联系
7. 责任与权力的平衡： 拥有大量权力的企业应当承担相应的责任以实现平衡	
8. 资源占有： 企业拥有支持公共项目和慈善事业的资源	
9. 预防胜于治疗： 企业应在社会问题变得十分严重之前采取措施以避免付出更大的补救代价	

整体而言，反对企业承担社会责任的一个重要依据是承担社会责任会增加成本，降低企业的经济利润。诺贝尔经济学奖获得者米尔顿·弗里德曼认为，今天大部分的职业经理对股东负责，因此评价他们的经济绩效的主要标准就是财务收益率。从微观角度理解，企业承担社会责任的行为增加了经营成本，而这些成本最终要转嫁给消费者或者降低成本而转移到股东身上，这是一种传统的古典社会责任观点。

随着社会的发展，社会对企业的预期发生了变化，企业要获得长期的发展，应该考虑的是长期的资本收益率。企业对社会责任的承诺是不同的，很多的短期行为对企业来说可能会有巨大的经济效益，而社会责任更多地表现在长期利益的取得上，所以，对于企业来说就需要考虑牺牲短期利益来换取社会效益的尺度问题。社会责任和利润最大化本身并不矛盾，如果在承担社会责任的同时，又能获得自身的利润，这是最为理想的情况。实际上，企业更多的时候是在利益和社会责任之间找到平衡点来进行经济活动的。大量关于企业社会责任与经营绩效的研究显示，企业承担社会责任虽然在短期内会增加企业的经营成本，但从长期来看，并不会降低企业的财务绩效，相反还有助于提升企业形象和长期经营绩效。

3.2.4 企业如何履行社会责任

按照利益相关者的观点，企业应该对股东、消费者、员工等任何受组织决策和行动影响的群体即利益相关者负责。但社会责任的承担受到组织资源等诸多因素的影响，具有一定的阶段性，如图 3－1 所示。

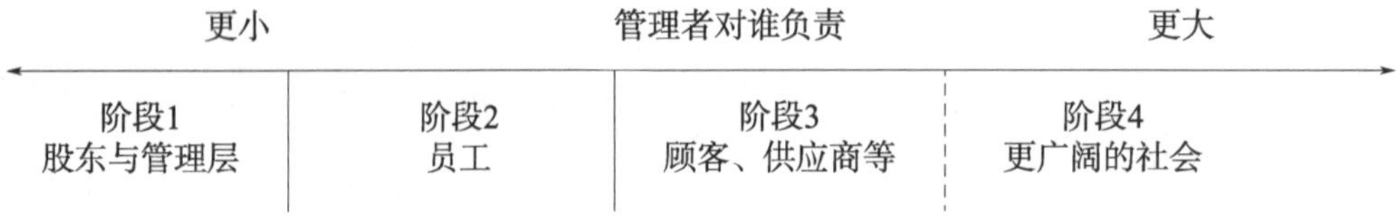

图 3－1　企业社会责任扩展四阶段模型

资料来源：斯蒂芬·P. 罗宾斯等. 管理学［M］. 7 版. 北京：中国人民大学出版社，2004：124.

图 3－1　描述了企业社会责任扩展的一个四阶段模型。

处于阶段 1 的管理者，将努力通过成本最小化和利润最大化来提高股东收益。该阶段，管理者必须遵守所有的法律法规，但除此之外，并没有义务满足其他的社会需要，与上述弗里德曼的古典观点基本一致。

在阶段 2，管理者不仅要对股东负责，还要承担对员工的责任，通过改善工作条件、增加工作保障、扩大员工权力等各种人力资源管理措施招聘、保留和激励优秀的员工。

在阶段 3，管理者将社会责任扩展到具体环境中的其他利益相关者，即顾客和供应商。此阶段，管理者致力于提供公平的价格、高质量的产品和服务、良好的供应商关系。

在阶段 4，社会责任的履行对象已扩展到整个社会，企业对提高公众利益负有责任。承担这样的责任要求管理者积极促进社会公正、保护环境、支持社会政治、经济、文化和教育活动等。

每前进一个阶段，都意味着企业社会责任履行程度的提高。沿着图 3－1 的连续谱向右端移动时，管理者不仅要承担遵守法律以及创造利润的基本责任，还要不断识别那些企业应当承担责任的利益相关者，通过关注利益相关者及其对组织的期望，开展相应的社会责任活动来表明企业的社会责任感。而企业在社会责任履行方面的成果也可以通过社会审计来衡量。

根据利益相关者理论，企业可以通过以下方式来履行对各利益相关者的社会责任。

1. 对顾客的责任

顾客就是上帝，是企业产品和服务的最终使用者。为切实履行对顾客的社会责任，企业首先应向顾客提供安全的产品和服务，保质保量保安全；其次，还要做好售前售中售后的服务工作，保障顾客拥有知情权，及时为顾客排忧解难，认真处理顾客投诉；再次，诚信营销，遵守营销伦理原则，注重企业与顾客的双赢。正所谓“顾客是水，企业是舟，水能载舟，亦能覆舟”。

2. 对员工的责任

员工是企业财富的创造者，也是企业最宝贵的财富。

首先，平等用工，杜绝歧视。经济全球化背景下企业的员工队伍越来越多元化，老中青、男和女、国内和国外，比比皆是。为了调动各方面的积极性，企业应平等对待所有员工，不歧视员工，不论资排辈。如麦当劳主张平等用工，创立了一个多样化的用工环境，旗下至少70%的快餐店管理人员和25%的公司高管是少数民族人员和女性。

其次，要保障员工的经济待遇。有社会责任感的企业不仅要严格遵守国家劳动法规，按时足额地发放员工工资；还应根据社会经济发展和公司经营状况，力争使员工收入和福利有一定幅度的增长。如京东CEO刘强东承诺：在京东工作五年以上的老员工，生病时医保之外的费用都由公司报销。他要求京东的员工宿舍每间最多只能住两人，工作满三年以上的员工可享受单间待遇。此外，京东还打算投资数亿元在公司写字楼旁建造一所好学校以保证员工子女的教育。

再次，保障员工的健康和安全，营造一个安全舒适的工作环境。企业应严格执行国家劳动安全卫生规程和标准，为员工营造一个安全舒适的工作环境。

最后，要注重员工培训，努力提高员工素质。员工能否在本企业内得到成长和锻炼的机会是其决定去留的一个关键因素。提供有针对性的培训，让每一个员工都能在企业中快速成长，是一个企业对员工职业生涯和个人规划负责的重要体现。

3. 对股东的责任

股东是企业的投资者，也是企业财产的拥有者。管理者作为企业经营的受托方，应当对股东负责。因此，管理者应及时与股东进行沟通，及时向股东披露和汇报财务等企业各项经营状况，不得虚假欺骗。

4. 对环境的责任

古人云：“皮之不存，毛将焉附。”环境是企业生存和发展的前提条件，有社会责任感的企业必须切实履行保护环境的责任。首先，遵守法律关于环境保护的各项要求，防止对环境构成污染和破坏。其次，不断开发和推广环保技术，发展清洁生产、可循环包装、绿色产品，努力减少从原料采购到产品生产到使用及回收处理过程中各项废气、废品、废弃物的排放，减少对资源和环境的破坏。最后，积极承担更大范围内的环保责任，自觉承担保护环境的责任。我国也逐步建立和完善环境经济政策，推动企业履行环境责任，如绿色信贷、绿色贸易、绿色保险、绿色税收等政策，规范各行业履行企业环境责任。

5. 对竞争对手的责任

市场经济中，竞争无处不在，无时不有。有社会责任感的企业在开展业务时应恪守公平竞争的原则，遵守与竞争相关的法规规定和法律精神，不得通过不正当的手段挤垮竞争对手。“我们没有永恒的敌人，也没有永恒的朋友，我的天职就是为我们的利益而奋斗”，这句话是英国首相丘吉尔在二战时期的一次精彩发言，后来成为了英国的外交准则。而在如今，对前一日还携手合作、后一刻便可能互黑的互联网科技市场而言，这仍是一条最基本的生存法则。从2015年初小米和乐视针对电视视频业务的互掐，到闹得沸沸扬扬的360酷派事件，在国内科技圈的互撕大战几乎成了营销战略里的必演桥段。但是回过头来我们在看海外科技圈，苹果和微软这对欢喜冤家，虽历经30多年多交手，仍然是在优雅地PK，并能在适当的时候，表现出互帮互助的风范。目前看来，苹果—微软大战出现了有趣的变化：它们都在努力使自己的产品更像对方产品，不过采取了不同路径。合作共赢是未来的大势所趋，恪守竞争道德是企业的重要社会责任。

6. 对社区的责任

作为企业生存和发展的小环境，社区与企业之间在经济、文化建设、基础设施以及治安维护等方面存在非常紧密的联系。企业的利润与发展也有赖于社区的支持和理解，有社会责任感的企业在同等条件下应首先做到不污染社区环境，不损害居民健康；其次要在同等条件下优先招聘所在社区的就业人员，积极主动地参与社区的各项建设，运用自己的人力、物力、财力为社区的全面发展贡献自己的力量；最后，企业应关注社会弱势群体，热心公益事业，扶贫济困，帮助失学儿童，为社区人民创造良好的生活环境等，这既是企业对社区的回报，也是企业对社区应尽的责任。

本章提要

四种道德观：道德的功利观强调完全按照结果制定道德决策；道德的权利观突出对个人自由和权利的尊重和保护；道德公正理论强调管理者要公平公正地贯彻规则和遵守法律；社会契约整合理论强调实证因素与规范因素的整合。

影响管理道德的因素：内在因素主要包括管理者自身的意志、能力、信念和自身责任感等因素。外部因素主要包括早期教育因素、企业的管理体制及制度因素、企业文化因素和社会大环境等因素。

改善企业道德行为：包括选拔有道德的领导、甄选道德素质高的员工、制定道德规范和准则、设计合适的工作目标和绩效评估体系、重视道德修养、进行独立的社会审计以及建立正式的保护机制。

企业社会责任的产生与演进：企业社会责任产生于工业化与经济全球化的背景下，产生于国际组织、非政府机构以及环境保护运动、消费者运动、劳工运动等一系列企业社会责任活动的压力下。整体而言，企业社会责任经历了一个从被动到主动、从被迫到自觉的演变过程，并日渐制度化、规范化和程序化的艰难过程。

什么是企业的社会责任：从利益相关者的概念出发，企业社会责任就是指企业不仅要为股东创造利润，还要承担对员工、顾客、供应商、社区、自然环境等利益相关者的社会责任，包括保障员工的生产安全和职业健康、保护劳动者的合法权益、提供安全的产品和服务、遵守商业道德、支持社会公益和慈善事业、保护自然环境等。

企业要不要履行社会责任：反对企业承担社会责任的一个重要依据是承担社会责任会增加成本，降低企业的经济利润。但大量研究显示，企业承担社会责任有助于提升企业形象和长期经营绩效。

企业如何履行社会责任：管理者应清楚识别企业所处的阶段，开展相应的社会责任活动来表明企业对顾客、员工、股东、环境、竞争对手以及社区的责任。

在线资源

在线测试 拓展视频 拓展阅读 拓展案例 相关管理定律 相关管理大师

讨论问题

1. 如何理解关于道德的四种观点？
2. 如何改善企业的道德行为？
3. “企业之所以存在就是为股东赚钱”，请你从古典观点和社会经济学观点来评论这句话。
4. 企业应该承担社会责任吗？为什么？
5. 企业的社会责任具体体现在哪些方面？
6. 管理道德与企业社会责任有什么样的关系？

综合案例

向科的困惑

苏北某市是江苏最贫困的城市之一。该市只有个别的具有高技术含量的企业，科创公司就是其中之一。它原是一家国有企业，主要生产变压器，但经营不佳，亏损严重。为了加快经济发展，市政府决定以比较低的价格让民营企业家向科买断科创公司产权，组建股份有限公司。买断的条件是在原有的四百多个工人中，只保留一百多人。向科是一位十分精明能干且素质很好的企业家，受过高等教育，在特区搞过经营。接收科创公司后，他进行两项改革：一是提高科技开发的投入比重；二是提高销售成本比例。前者由1%提高到5%，后者由3%提高到12%。两项措施都比较有力地推动了企业的经营。不过，这些高比例的销售费用中相当一部分被产品推销人员用来作为回扣或向有关人员送礼打开市场。向科认为，现在该企业的产品虽然在同行业中市场占有率不算最高，但前景很乐观。另外，在改制后的第二年，他解雇了原企业留下的部分工人。估计不需要多长时间，保留的一百多个工人中相当多的工人都要被解雇。

向科认为，他已陷入经济与道德、企业自身发展与履行社会责任的困境中。首先，作为本地的窗口企业，它的发展必将推动地域经济的发展，然而，提高销售成本会滋长企业经营中的一些不道德现象，形成不正当的竞争。其次，低价买断产权时，承诺接受一百多名工人，实践证明，相当一部分人难以达到他的管理要求。于是，要么花大量经费培训这些工人，要么解雇他们。这样做，一方面不能履行改制时的承诺，同时也会加重当地政府的社会负担，导致新的社会问题。特别是在经济不发达的苏北，在目前下岗工人众多的情况下，这一举措无异于雪上加霜。

资料来源：周三多. 管理学原理与方法［M］. 上海：复旦大学出版社，1999.06：179.

思考：

1. 识别这一困境涉及的主要利益相关者，每个利益相关者可能关心哪些问题？这些利益相关者关心的事情是否存在冲突？

2. 你认为，在这种困境中，向科应当如何抉择？

3. 能否存在两全其美的措施？如果不行，选择解决问题的侧重点应在哪里？

实践练习

1. 请关注“三鹿奶粉事件”的产生、发展和控制过程，结合本章所学内容，思考为什么人们总是要等到问题变得不可收拾时才采取行动？并结合有关企业在此次事件中的表现，从社会责任的角度进行比较分析。

2. 假定你是一家公司的总经理，公司将部分业务外包给了拉美的一家分包商。在一次实地视察中，你发现这家分包商雇用了一群 12 ～ 16 岁的童工，他们的工资很低，工作时间很长。请问这种情况是否符合道义责任？你该采取什么行动？如果那些孩子是为了养家糊口才工作的，丢掉工作可能会被迫乞讨、盗窃，你会怎么办？这是否会改变你的立场？你会采取什么行动来解决这个问题？

M

第二部分

管理的职能

第 4 章　决策
第 5 章　计划
第 6 章　组织
第 7 章　领导
第 8 章　激励
第 9 章　沟通
第 10 章　控制

管理的实践是决策，决策贯穿于管理的全过程，决定了整个管理活动的成败。如果决策失误，组织的资源再丰富，技术再先进，也是无济于事。

——赫伯特·西蒙（经济组织决策管理大师）

第4章 决 策

学习目标

1. 理解决策的含义，识别决策的要素。
2. 识别问题类型及其影响因素。
3. 理解决策制订过程的步骤。
4. 区分确定型、风险型和不确定型决策情况。
5. 解释常见的定性决策方法。
6. 应用定量决策方法解决特定问题。

能力目标

1. 根据情境识别出问题。
2. 根据问题类别使用不同的决策方法。
3. 能将决策问题步骤化，逐步解决。

本章关键词

决策（decision）
有限理性（bounded rationality）
程序化决策（programmed decision）
非程序化决策（nonprogrammed decision）
群体决策（group decision）
个体决策（individual decision）
确定型决策（certainty decision）
风险型决策（risk decision）
不确定型决策（uncertainty decision）
专家会议法（expert meeting method）
头脑风暴法（brain storming）
名义群体法（nominal group technique，NGT）
线性规划（linear programming）
盈亏平衡点（break-even point）
决策树（decision tree）

开篇案例

港珠澳大桥前期决策

港珠澳大桥不仅是一座连接香港、珠海和澳门的陆路通道，更是实现粤港澳经济一体化、深化港澳与内地政治经济文化融合的桥梁。港珠澳大桥建成后将成为全球独一无二横跨两种社会制度、三个地理界线的跨海通道，对粤港澳三地经济社会发展影响巨大，因此港珠澳大桥前期决策具有特殊的政治、经济、文化等背景。

为将工程打造成“世界级跨海通道、地标性建筑”，港珠澳大桥提出“就高不就低”的原则，大桥设计寿命120年、抗震设防烈度八度等高标准都是中国之最，这使港珠澳大桥成为迄今中国建筑史上技术最复杂、建筑标准最高的项目。同时，港珠澳大桥建设还涉及境内外三地的政治、经济、文化等差异，这就既要充分借鉴和发挥粤港澳三地在工程项目管理中的优势，也要吸收国内外大型工程建设管理经验，以广泛利用国内外智力资源，通过优势资源整合，形成群体决策合力。

港珠澳大桥项目的直接受益人及主要资源提供者为粤港澳三方，因此在法律允许范围内，粤、港、澳三地政府是港珠澳大桥前期决策核心主体。大桥建设还涉及三地不同法律制度等方面的协调以及如何利用“一国两制”优势推进项目进展，所以更需要中央政府及国家有关部门的决策支持。另外，港珠澳大桥前期决策由于涉及复杂的技术等问题，需要专家群体及咨询团队的论证研究与智力支持，由此形成了多元化、多层级结构的决策群体。

港珠澳大桥前期决策主体众多，决策事项复杂。为保证决策的科学有序，前期决策管理者根据决策问题属性对其进行层次划分，在对决策问题分类的基础上，根据每类问题的特点，明确决策主体及其职责，从而将决策问题与决策主体有机结合起来，形成了港珠澳大桥前期决策基于问题导向的柔性决策组织。

港珠澳大桥前期决策问题按其属性可分为五类：基本法律问题、工程方案与技术标准问题、经济财务政策问题、公共事务管理决策问题和有关项目公司决策问题。

第一类问题是指港珠澳大桥前期涉及三地不同法律方面问题的决策，主要包括粤港澳三地协议以及前期决策过程中涉及政府授权及司法管辖权等问题，例如工程建设过程中依据何种法律体系，在跨境实施管理中是否允许“跨境授权”以及“上下分别授权”等。这类问题往往需要中央政府及三地政府共同决策，达成共识。第二类问题是指工程方案技术标准的确立与粤港澳三地有关技术法规密切相关。该类问题的决策要根据三地政府的技术协调原则，由专业管理部门及专家意见决定。第三类问题是指直接影响项目收益的政府政策类决策问题，包括有关融资和涉及项目公司方案的选择及项目经济和资源政策问题，如大桥资产权属，有关土地、税收、政策融资、收费等政策方面的决策问题。这类问题属于三地重大关系处理及公共政策法规协调问题，需要由中央政府和三地政府联合决策。第四类问题是指决策受到三地法律、行政法规约束，例如出入境管理、海关、边防、治安、检查检疫等。这类问题涉及三地政府有关决策和承诺，需要三地政府协调以及中央政策。第五类问题是针对工程建设阶段的项目公司组织形式与运行方式等决策问题。该类问题与投资者关系密切，决策核心主体为投资主体。对于港珠澳大桥来说其投资主体即为粤港澳三地政府。

决策阶段按照决策问题属性确定决策主体，进一步表明大型工程决策组织需要具备一定的柔性和适应性。并应随着决策问题的变化而动态变化，这与大型工程组织主体的形成和演变过程是一致的。

资料来源：周晶，朱振涛，吴孝灵，雷丽彩. 大型工程的复杂性管理：组织、文化与决策 [M]. 南京：南京大学出版社，2015：253.

思考：

1. 港珠澳大桥前期决策的主体是谁？
2. 他们是如何做决策的？使用了哪些方法？
3. 你能从案例中概括出哪些有效决策的要领？

港珠澳大桥的前期决策是一项复杂的大型决策，而我们的生活中也充斥着各种小决策，双休日休息还是工作？看电影还是郊游？人们在实践活动之前，都要对做什么、如何做乃至做了后出现什么后果等问题进行思考、设计、选择，形成一个主意、打算、方案，然后才开始行动。这个过程就是决策的过程，人类离开决策将是不可思议的，大到国家，小到个人，都离不开决策。决策无处不在，特别是在企业，每一层次都需要决策活动。本章将阐述决策的基本知识，让你更进一步地了解决策的含义、要素、过程和有效决策的方法。

4.1　决策概述

4.1.1　决策的含义

管理是实践，决策则是实践中的实战。西蒙提出"决策是管理的核心，管理理论的术语应该来自人类决定的逻辑和心理"，可以通过决策和行为来分析管理问题。著名管理学家彼得·德鲁克指出，在一个组织系统中，管理人员最终做出有效的决策比什么都重要。决策活动贯穿于管理过程的始终，计划、组织、领导和控制等各项管理职能中有许多决策，如表 4-1 所示。

表 4-1　管理职能中的决策

管理职能	要做的决策	管理职能	要做的决策
计划	组织的长远目标是什么？ 什么战略能够最好地实现这些目标？ 组织的短期目标应该是什么？ 每个目标的困难程度是多大？	组织	直接向我报告的下属是多少人？ 组织中的集中程度应多大？ 职务如何设计？ 组织何时应实行改组？
领导	我应当如何对待缺乏积极性的雇员？ 在特定的环境中，哪一种领导方式最有效？ 一个具体的变化将如何影响工人的生产力？ 何时是激发冲突的最恰当时机？	控制	组织中的哪些活动需要控制？ 如何控制这些活动？ 绩效偏差达到什么程度才算严重？ 组织应建立哪种类型的管理信息系统？

本书采用的定义：决策是指在既定环境下，管理者从备选方案中选择一项行动方案并执行的过程，即人们对行动目标和手段的一种选择。决策的这一含义，具有以下四个方面的特征。

1. 问题性

决策始于问题（困局），决策为解决这种“困局”而来。困局指的是这样一种状态：①在组织现状与目标之间存在着一定的差距；②决策者已经清楚地认识到这种差距的重要性及其影响；③决策者希望缩小这种差距；④具备能缩小这种差距的行动所必需的资源。正是因为决策者希望“破局”，解决眼前的问题，才需要不断寻找可行方案。

2. 目标性

没有目标的决策是不存在的，决策的根本目的是为达到组织的目标。决策必须有明确的目标，没有目标就没有方向，没有目标就没有决策的标准与依据。决策的目的不仅是解决存在的问题，更重要的是利用机会，像电影《中国合伙人》中的成东青本来是要解决“被控盗窃 EES 教材”一事，最后乘此机会提出公司上市方案，一举两得。

3. 选择性

决策是指为了达到一定的目标，从两个以上的可行方案中选择一个合理方案的分析判断过程。决策就是在众多可行方案中做选择，如果只有一个方案存在的话，也就不存在决策。例如高二到高三，只有升学一种方案，没有选择，就没有决策；而高考后填志愿，学校和专业都有多种方案，必须选择，必须做决策。

4. 过程性

决策是一个多阶段、多步骤的分析判断过程，贯穿于管理活动的各个阶段、各个环节。任何决策的拟定和实施，都是与一定现实的管理过程紧密结合在一起的，并表现为认识和实践相统一的过程。再者，人们的认识不是一次完成的，总是要表现为一个在实践基础上的由浅入深、由片面到全面的认识过程。因此，决策是一个过程，是时期行为，并非时点行为。就像高考时报考大学的决策，影响的不是填志愿的一个时点，而是从选择到进入大学学习的一段时期。

4.1.2 影响决策的主要因素

管理案例

人是完全理性人吗？

选择越多越好，这几乎成了人们生活中的常识。但是最近由美国哥伦比亚大学、斯坦福大学共同进行的研究表明：选项越多反而可能会造成负面结果。科学家们做了一系列实验，其中一个实验让一组被测试者在 6 种巧克力中选择自己想买的，另外一组被测试者则在 30 种巧克力中选择。结果，后一组中有更多的人感到所选择的巧克力不太好吃，对自己的选择有点后悔。另一个实验是在加州斯坦福大学附近的一个以食品种类繁多而闻名的超市里进行的，工作人员在超市里设置了两个食品摊，一个摊位有 6 种口味，而另一个有 24 种口味，结果显示，有 24 种口味摊位吸引的顾客较多，路过的 242 位顾客中，60% 会停下试吃，而路过 6 种口味摊位的 260 位顾客中停下来试吃的只有 40%。不过最终的结果出乎意料：在有 6 种口味摊位试吃的顾客中 30% 的人至少都买了一瓶果酱，而在有 24 种口味摊位试吃的顾客中只有3%的人买东西。

决策失误的原因何在？许多情况下是由于决策方式不正确，如事先没有找到其他更好的选择，没有收集到准确的信息，计算有严重失误等，但有时决策失误的原因并不在于决策过程本身，而在于决策者本人的主观想法。这主要是由于人不是完全理性人，有时会做出非理性的和不合逻辑的决定。

资料来源：陈建先主编．现代领导博弈思维［M］．2013.

思考：你在做决策时，会意识到自己是否理性吗？

由于决策者是在“有限理性”的假设上做出各种分析和判断，这个过程会受到很多因素的影响，进而影响决策的结果。为了提高决策的有效性，必须先了解影响决策的主要影响因素。如，在众多影响因素中，问题的类型、所处的环境以及由谁来决定（见图4－1），这三个因素在很大程度上决定了最终的决策结果。

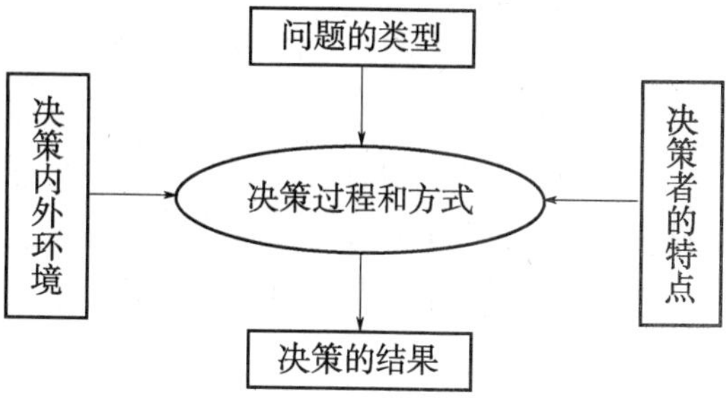

图4－1 影响决策的主要因素

4.1.2.1 问题的类型

决策的起点是问题，问题不同，决策的方法也不同。因此，决策的基础首先是能清楚地界定决策所面对问题的类型。

（1）“需改变”的问题和“需实现”的问题。根据问题性质可将问题分为“需改变”的问题和“需实现”的问题。

“需改变”的问题是指某种需要改变的情况。例如，这个月的投诉大幅度上升；员工流动率明显高于同行；上学期有两门功课不及格；不喜欢舍友的生活习惯；不知道如何获得对方的认可等。前面三个例子明显可以看到发生了不正常的情况，后面两个例子处于令人苦恼的状态，都是需要我们去改变它，使它符合我们的预期或消除烦恼。“需改变”的问题关注事情的现状，即要“改变”它，使问题得以解决。

“需实现”的问题是指需要改变事情的现状来达到预期的结果或更加令人满意。在这种情况下，我们面临的不是某个需要解决的问题，而是一个设定需要达到的目标，“需实现”的问题关注事情未来的状况。例如，公司财务部需要招聘5名研究生；需要在3个月内将销售额提高10%；希望有更多的学生在课堂上踊跃提问等。问题性质不同，决策过程中所关注的点就不同（见表4－2）。

表4－2 管理职能中的决策

比较项目	“需改变”的问题	“需实现”的问题
关注点	现状：存在什么问题，是什么导致了这一问题的产生	未来：希望事情达到怎样的状况以及为什么
最终目的	消除问题	实现希望达到的状况

(2)“结构良好”的问题和“结构不良”的问题。根据问题的明确程度分为“结构良好”的问题和“结构不良”的问题。

有些问题比较直观，决策者的目标明确，问题是熟悉的，与问题相关的信息也是完整、易确定的，被称为“结构良好”的问题（well-structured problems）。

管理者面临的许多问题往往是“结构不良”的问题（ill-structured problems），它们是新的或不同寻常的、有关问题的信息是含糊的或不完整的问题。比如：决定是否投资于一种新的、未经证实的技术；是否应该选择多元化作为公司发展的新战略。

(3)“经常性”问题和“例外”问题。根据问题是否一再发生，可将决策问题分为“经常性”问题和“例外”问题。

“经常性”问题指一再发生的问题。对于经常重复出现的问题，决策者可以把决策过程标准化、程序化，通过惯例、标准工作程序和业务常规予以解决。

“例外”问题是指以前未曾遇到过或处理过的新问题。由于是新问题，所以不能依据组织规章或业务常规来解决，而需要管理者进行专门的处理。

(4)“紧急的”问题和“重要的”问题。问题的紧急性和重要性也是影响决策的重要因素。

如果决策所涉及的问题对组织来说非常紧迫，急需处理，这一问题就是“紧急的”问题。紧急的问题会给决策者带来压力并要求其迅速做出决定。对于这类决策，快速行动非常重要，也就是说，这类问题对决策速度的要求高于对决策质量的要求。

“重要的”问题是指决策结果对决策者或组织的发展具有重大影响的问题。对决策者而言，为了争取足够的时间做出高质量的决策，应该尽可能在问题出现之前就将其列为决策的对象，而不要等到发展成为“紧急的”问题后才匆匆决策。

4.1.2.2 环境的制约

管理者的决策不可能脱离其现实所处的环境。任何一个决策方案都涉及资源的投入，组织能够和愿意为该问题的解决投入怎样的资源，在很大程度上决定了可行方案的范围。有时，因为资源和条件的限制，我们不得不放弃更好的方案。

从决策过程来看，内外部信息的可得性和组织文化是影响管理者决策的主要环境因素。

(1) 信息的可得性。信息是决策的依据，信息的数量和质量直接影响决策的正确性。为了理解问题、验证假设，我们需要收集和分析问题有关的各方面信息。在决策过程中涉及的信息包括：问题的症状、导致问题的原因、希望达成的目标、可以具备的条件或所受到的限制、可能的解决方案及其可能的结果等。在理想的情况下，决策者将拥有做出决策所需要的所有信息，但在实践工作中，由于各方面环境条件的限制，决策者不一定能够取得完全的信息。根据决策者在决策中可获取的信息量的不同，可将决策者所面对的决策情形分为确定型、风险型和不确定型。

(2) 组织文化。决策的另一个重要影响因素是组织文化。组织文化会影响决策者所能采取的决策准则和决策方式。因此，在决策过程中，要了解该组织主张什么、反对什么、什么是该组织可以接受的、什么是该组织不可能接受的：

①决策者要了解自己所在的组织是属于风险厌恶型的还是风险喜好型的，或是这两者的混合物——有时过于谨慎，有时过于自信。如果一个组织充满独裁者和奉承者，管理者很可

能会被束缚在官僚作风中而无法做出及时的决策。相反，一个富有创新精神的组织则希望管理者更加敢作敢为，并喜欢采纳有创意的方案。而在这两者之间飘摇不定的组织中，需要你努力地去感觉其中占主要地位的倾向，并因此确定你的工作方式。

②决策者还需要了解该组织对于所要决策的问题可能持有的价值取向，这种价值取向将影响到该组织是否会认为这是一个需要解决的问题，影响到决策的目标、决策的准则、愿意付出的代价，以及可能接受的方案。

③组织文化还将决定最终决策的方式。重大问题的决策最终是由最高领导人决策还是通过集体讨论决策，也取决于该组织的文化。与此同时，组织中不同利益群体的存在，使得决策难免会受到权力和政治的影响。

4.1.2.3 决策者的个性特点

决策者即决策主体，是决策系统中体现主观能动性的要素，在决策活动中占有特别重要的地位。西蒙等人认为，决策者在组织中起着核心和动力的作用，对组织的影响极大。

决策是决策者基于客观事实的主观分析判断过程。在分析判断时，参与决策人员的价值准则、经验、在组织中的角色、决策能力等会影响其对问题的感知和界定、决策目标的确定、备选方案的提出、方案优劣的判断及满意方案的抉择。因此，决策者的个性特点也是影响决策的主要因素之一。

（1）决策者的风险倾向

一般来说，根据决策者对待风险的态度和看法不同，决策者可分成三种类型：

保守型（pessimist）。这类决策者对于利益的反应比较迟钝，而对损失的反应比较敏感，不求大利、唯求无险，不求有功、但求无过。

进取型（optimist）。这类决策者对于损失的反应比较迟钝，而对利益的反应比较敏感，它们往往谋求大利、不怕风险、敢于进取、以求突破。

稳妥型（compromise）。这类决策者既不愿冒大风险，也不愿循规蹈矩，在决策时，注重均衡。

上述三类决策者由于各自的风险价值观不同，对同一个问题，在决策时就会依据不同的原则选取不同的决策方案。

（2）决策者的个人决策风格

决策者在处理问题和进行决策时，除了在风险价值观方面有较大差异外，其个人决策风格也大不相同。所谓个人决策风格（personal decision style）是指决策者在对问题的认知和解决问题的方式方面所呈现出来的个性特点。罗威[①]认为主要有四种决策风格：

①命令式（directive style）。倾向于采取简单、清晰的解决方案来解决问题的决策者通常会选择命令式决策风格。他们厌倦处理大量的信息，往往只考虑一两个方案，就利用现有的规则和程序做出决策。

②分析式（analytical style）。喜欢分析式决策风格的人倾向于收集尽可能多的信息，并在此基础上做出复杂的决策方案。

③概念式（conceptual style）。偏好概念式决策风格的人同样会考虑大量的信息，但他们

---

① Alan J. Rowe，美国南加利福尼亚马修商学院组织和管理学荣誉教授，有11本决策、战略、创新方面的著作。

比分析式决策风格的人更具有社会性，他们会将所要决策的问题和可能的解决方案与他人讨论，通常会制订较多的备选方案，依赖信息系统和群体所提供的信息，创造性地解决问题。

④行为式（behavioral style）。非常关心别人的管理者一般会采纳行为式决策风格。他们会与每个人讨论所要决策的问题，了解这些人对这个问题的看法以及做出这种决策会对这些人产生什么样的影响。这类决策者通常会关注他人的发展，从而制定有利于帮助别人实现目标的决策。

虽然大多数管理者都有一种占主导地位的决策风格，但在实际决策时，他们可能会采用不同的决策风格或综合运用这些决策风格。如在决定让哪家广告公司来印制公司业务简介时可能采用命令式决策风格，而在处理部门间矛盾时可能采用概念式决策风格。管理者要提高决策的有效性，就应善于根据不同的情境选用不同的决策风格。

4.2 决策的类型

实践中企业管理活动涉及的决策问题范围十分广泛，内容较多，且各有特点。为方便决策者从不同层次上把握各类决策的特点，在决策中达到预期目的，科学地划分决策类型，合理地采用不同的决策方法和手段是非常有必要的。

4.2.1 根据决策问题的明确性程度分类

正像问题能分成两类一样，决策也可分成程序化决策和非程序化决策两类：

（1）程序化决策（programmed decision）。程序化决策又称规范性决策或重复性决策，是指对常规的、经常重复发生的问题的决策。这种决策多属于业务决策，这类决策问题是重复出现的，涉及一些例行活动，因而可以规定出一定的程序，建立决策模式，按规定的程序、方法和标准进行处理，甚至可以由计算机处理。

（2）非程序化决策（nonprogrammed decisions）。非程序化决策又称一次性决策，是指对不经常重复发生的业务工作和管理工作所做的决策。这类决策不是经常反复进行的，多为偶然发生或首次出现而又非常重要的问题，缺乏准确可靠的统计数据和资料，没有先例，无章可循。解决这类问题很大程度上依赖于决策者的知识、经验、洞察力和逻辑思维。

图4－2描绘了问题类型、决策类型以及组织层次三者间的关系。结构良好问题是与程序化决策相对应的，结构不良问题需要非程序化决策。低层管理者主要处理熟悉的、重复发生的问题，因此，他们主要依靠像标准操作程序那样的程序化决策。越往上层的管理者，他们所面临的问题越可能是结构不良问题。

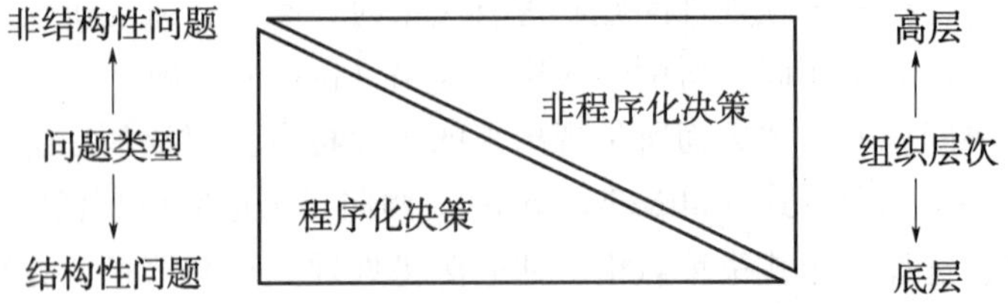

图4－2 问题类型、决策类型与组织层次

程序化决策和非程序化决策例子见表4－3。

表4-3 程序化决策和非程序化决策例子

决策种类	问 题	解决程序	例子
程序化决策	重复、例行	各种规则、标准的运行程序政策	企业：处理工资单 大学：处理入学申请 医院：准备诊治病人 政府：利用国产汽车
非程序化决策	复杂、新的	创造性问题的解决方式	企业：引入新的产品 大学：建立新的教学设施 医院：对地方性疾病采取措施 政府：解决通货膨胀问题

4.2.2 按决策的主体分类

按决策的主体，决策可分为群体决策和个体决策两类：群体决策是由一个或几个群体来完成的决策；个体决策是由一个决策者完成的决策。

组织中的许多决策，尤其是对组织的活动和人事有极大影响的重要决策，是由集体制定的，很少有哪个组织不采用委员会、工作队、审查组、研究小组或类似的组织作为制定决策的工具。研究表明，管理者40%或更多的时间是花费在各种会议上。毫无疑问，这些时间的大部分都用于确定问题，找寻解决问题的方案以及决定如何实施方案。事实上，将决策制定过程的八步骤（见4.3节）中的任一步分派给某个群体去完成都是可能的。

4.2.3 按决策问题的可控程度分类

按决策问题的可控程度可分为：确定型决策、风险型决策和不确定型决策。确定型决策是指决策执行后只有一种结果的决策。例如某人有笔余款，他有几个备选方案：①购买国债，年利率2.55%；②在银行存一年定期存款，利率为1.98%；③存银行活期存款，年利率0.72%。如果这个人的目标是想多获得利息，那么他的决策是一种确定型决策——利率明确情况下，选择购买国债。

一般来说，确定型决策很少见，大多数是风险型决策，这种决策存在着不确定的因素，一个方案可能会出现几种结果，但每种结果出现的概率可以预先客观估计。在不同的情况下，某个备选方案会有不同的执行后果，所以不管选择哪种备选方案都有风险。

不确定型决策也有几种不同的结果，且每种结果的概率不知道。实际上，大多数企业的决策属于不确定型决策。假如某公司想发展海外业务，想选择一种合适的进入海外市场的方法：间接出口、直接出口或直接投资。由于环境变化的高度不稳定性，目标国家可能存在政治风险（国有化、政变、法律条件的改变等），国际金融市场货币汇率波动造成的外汇风险，当地文化习惯不同造成的对产品的消费倾向不同等，使每个备选方案都有成功的机会和失败的可能，但都无从衡量其可能性的大小。这类型的决策就是不确定型决策。在这种情况下，关键是要掌握有关信息，根据决策者的直觉、经验和判断，果断行事。

管理案例

索尼公司董事长井深大的一系列风险决策

井深大是日本著名企业家、日本索尼公司名誉董事长。在第二次世界大战后动荡不安的年代里，井深大募集一批优秀技术人才创立了索尼公司。索尼公司仅用20年的时间就从街道小工厂发展成为闻名世界的企业，这同井深大不怕风险、果断决策很有关系。

从20世纪50年代初开始，井深大做出了一系列风险决策。第一次风险决策是研制磁带式录音机。当时，在没有录音带原材料和精通此项技术专家的情况下，试制是要冒大亏本的风险的，但井深大没有退缩，经过反复实验终于制成了较理想的录音带。第二次是研制晶体管收音机。当时鉴于美国电子工业厂家在这项研究中接连失败，不少同行都劝他放弃计划，然而井深大没有动摇，而是组织最优秀的技术人员成立半导体部，新产品一进入国际市场就大受欢迎。第三次是研制晶体管微型电视机。在极为保密的情况下，经过比前两次更为艰苦的努力，索尼公司在世界上首先研制成功晶体管微型电视机，该产品在美国市场上供不应求。因此，经过研究独创性新产品的几次风险决策，索尼公司迅速发展壮大起来。

资料来源：李家镐．企业成功案例集萃［M］．1992.

4.2.4 按决策活动涉及的范围分类

按决策活动涉及的范围分为战略决策和战术决策。

战略决策指企业适应时刻变化着的外部环境的一种决策，具有全局性、长期性、纲领性和方向性的特点。战略决策的实施是组织活动能力的形成与创造过程，是企业的根本性决策，一般由高层管理者做出。

战术决策是调整在既定方向和内容下的活动方式，解决的是组织的某个或某些具体部门在未来较短时间内的行动方案，战术决策是战略决策的落实，属于执行性决策。战术决策由组织中层和基层管理者做出。

4.2.5 根据决策时间的紧迫性分类

美国学者威廉·R和大卫·I. 克里兰根据决策时间的紧迫性把决策划分为时间敏感型决策和知识敏感型决策。

时间敏感型决策是指那些必须迅速做出的决策。战争中军事指挥官的决策多属于此类。这类决策对速度的要求甚于一切。

知识敏感型决策是指那些对时间要求不高，而对质量要求较高的决策，在做这类决策时，决策者通常有宽裕的时间来充分利用各种信息。组织中的战略决策大多属于知识敏感型决策。

管理案例

李嘉诚的投资决策

20世纪50年代后期，中国香港经济复苏，各国的投资者和生意人纷纷涌入香港，当时经营塑料花的李嘉诚看到其中潜在的机遇——房地产价格将大涨，他认为，经济复苏，不论是生产用房、办公用房还是居民住宅都将随之兴旺。他为此进行了深入细致的调查，及时做出了经营房地产的决策。他把经营塑料花的钱转移出来，并通过向银行贷款，赶在土地涨价之前买下了大片土地，兴建楼宇。由于香港地少人多和经济的迅速发展，他经营的长江实业公司所开发的楼盘十分抢手，几年光景，李嘉诚就成了亿万富翁。这个例子说明了决策受时间的影响很大。

资料来源：柳朔言著. 李嘉诚谈投资 [M]. 深圳：海天出版社，2010. 3.

4.2.6 按决策的起点分类

按决策的起点可分为初始决策和追踪决策。

初始决策是企业决策者对未从事的活动或新的活动所进行的决策，主要是确定未从事的活动或新的活动方向、目标、方针及方案。

追踪（改善）决策是企业决策者在初始决策的基础上对已从事的活动的方向、目标、方针及方案的重新调整。

如果说初始决策是在对内外环境的某种认识的基础上做出的话，追踪决策则是由于这种环境发生变化引起的或是由于企业对环境特点的认识发生变化引起的。

4.3 决策的制定过程

决策制定过程常被描述为“在不同方案中进行选择”，但这种观点显然过于简单，为什么？因为决策制定是一个过程而不是简单的选择方案的行为。

图4-3将决策制定过程（decision-making process）描述为八个步骤，从识别问题开始，到选择能解决问题的方案，结束于决策评价效果。这一过程既能用来描述个体决策，也能用来描述群体决策。让我们详细考查一下这个过程，以便对每一步的具体内容有所了解。

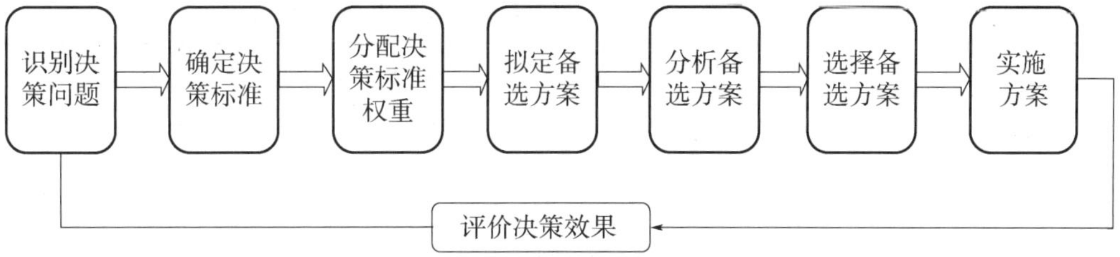

图4-3 决策制定过程

步骤1：识别决策问题

决策制定过程始于一个存在的问题（problem），或更具体一些，存在着现实与期望状态之间的差异。如买轿车的决策，以下各步骤就从这一简单的例子进行说明。

步骤2：确定决策标准

管理者一旦确定了需要注意的问题，则对于解决问题中起重要作用的决策标准（decision criteria）也必须加以确定。就是说，管理者必须确定什么因素与决策相关。

某工厂经理买车，必须评价什么因素与她的决策相关。这些标准可能是价格、型号（双门还是四门）、体积（小型的还是中型的）、制造厂家（国外的还是国内的）、备选装置（自动换挡、空调等）以及维修记录。这些标准反映出某工厂经理的想法，这与她的决策是相关的。

步骤3：分配决策因素权重

上一步所列的标准并非是同等重要的。决策者如何衡量标准的重要性？一个简单的办法就是给最重要的标准打10分，然后依重要性分数依次逐渐下降。这样，打10分的项目将比打5分的项目重要1倍。当然，你也可以从100分或1 000分打起，以分数之间的相对差别（而不是绝对差别）来衡量它们的重要程度。表4－4列出了某工厂经理更换轿车决策的标准及权重。在她的决策中，起价是最重要的，而性能及操纵性的重要性要小得多。

表4－4　换车决策的因素及权重

因素	权重
起价	10*
车内舒适性	8
耐用性	5
维修记录	5
性能	3
操纵性	1

*此例中因素的最高分为10分。

步骤4：拟定备选方案

要求决策制定者列出能成功地解决问题的可行方案。这一步无需对可行方案进行评价，仅列出这些方案即可。假设某工厂经理已经确定了13种车作为可行的选择，如表4－5车型栏所示。

表4－5　按决策标准对13个方案的评分（未考虑权重）

车 型	价格	车内舒适性	耐用性	维修记录	性能	操纵性	合计
讴歌 Acura	5	6	10	10	7	10	48
雪佛兰 Chevrolet	7	8	5	6	4	7	37
Eagle Premier LX	5	8	4	5	8	7	37
福特 Ford	6	8	6	7	7	7	41
本田雅阁 LX	5	8	10	10	7	7	47
现代索纳塔 GLS	7	7	5	4	7	7	37
马自达626 LX	7	5	7	7	4	7	37

续上表

车 型	价格	车内舒适性	耐用性	维修记录	性能	操纵性	合计
尼桑 Nissan	8	5	7	9	7	7	43
普利茅斯 Acclaim	10	7	3	3	3	5	31
庞蒂亚克 Bonneville SE	4	10	5	5	10	10	44
丰田凯美瑞 DLX	6	7	10	10	7	7	47
大众帕萨特	4	7	5	4	10	8	38
沃尔沃 240	2	7	10	9	4	5	37

步骤 5：分析备选方案

备选方案一旦拟定后，决策者必须批评性地分析每一方案。这些方案经过与步骤 2、3 所述的标准及权重的比较后，每一方案的优缺点就变得明显了。

依据之前设定的标准评价每一方案。表 4－5 右边各栏给出了某工厂经理在对每一种车的驾驶测试后，对 13 种车的评分值（以 10 分制评价）。

表 4－5 仅给出了 13 个方案相对于决策标准的评价，它并没有表示出步骤 3 所述的权重。如果重要性都相同，你只需将表 4－5 的每一行分别加总来评价方案。例如：讴歌 Acura 为 48 分，福特 Ford 为 41 分……沃尔沃 240 为 37 分。如果将每一方案的评价值和其对应的权重相乘，就得到表 4－6。例如，本田雅阁 LX 的耐用性评价值为 50，是由耐用性权重评价得分 5 和经理依标准对本田轿车的评价得分 10 相乘而得的。这些得分表明了依据前述标准和权重对每一方案进行的评价。我们注意到，标准的权重极大地改变了本例中方案的排序。

步骤 6：选择备选方案

步骤 6 是从所列的和评价的方案中选择最优方案的关键步骤。既然我们已经确定了所有与决策相关的因素，恰如其分地权衡了它们的重要性，并确认了可行方案，那么我们仅须选择步骤 5 中得分最高的方案。在买轿车的例子中，决策者将选择丰田凯美瑞 DLX 作为最终的方案。

表 4－6 轿车方案的综合评价

车型	起价	车内舒适性	耐用性	维修记录	性能	操纵性	合计
讴歌 Acura	50	48	50	50	21	10	229
雪佛兰 Chevrolet	70	64	25	30	12	7	208
Eagle Premier LX	50	64	20	25	24	7	190
福特 Ford	60	64	30	35	21	7	217
本田雅阁 LX	50	64	50	50	21	7	242
现代索纳塔 GLS	70	56	25	20	21	7	199
马自达 626 LX	70	40	35	35	12	7	199
尼桑 Nissan	80	40	35	35	21	7	218
普利茅斯 Acclaim	100	56	15	15	9	5	200

续上表

车型	起价	车内舒适性	耐用性	维修记录	性能	操纵性	合计
庞蒂亚克 Bonneville SE	40	80	25	25	30	10	210
丰田凯美瑞 DLX	60	56	50	50	21	7	244
大众帕萨特	40	56	25	20	30	8	179
沃尔沃 240	20	56	50	45	12	5	188

步骤 7：实施方案

尽管步骤 6 已完成了选择的过程，但如果方案得不到恰当的实施，仍可能是失败的。所以，步骤 7 涉及将方案付诸行动。实施（implementation）是指将决策传递给有关人员并得到他们行动的承诺。本章稍后将谈到集体或委员会能帮助一个管理者实现承诺。如果必须执行决策的人参与了决策制定过程，那么他们可能更热情，也更容易干出成绩来。

步骤 8：评价决策效果

决策制订过程的最后一步就是评价决策效果，看它是否已解决了问题。步骤 6 选择的和步骤 7 实施的方案，取得理想的结果了吗？如何评价结果将在控制职能章节详述。

评价的结果如发现问题依然存在会怎样呢？管理者需要仔细分析什么地方出了错，是没有正确认识问题吗？是在方案评价中出错了吗？是方案选对了但实施不当吗？对此类问题的回答将驱使管理者追溯前面的步骤，甚至可能需要重新开始整个决策过程。

4.4 有效决策的要义

不同的问题、不同的决策者会采取不同的决策方法，从而得到不同的决策结果。如图 4－4 所示，为了有效地进行决策，需要从准确收集信息、明确决策者、选择合理的决策方法三个方面入手。

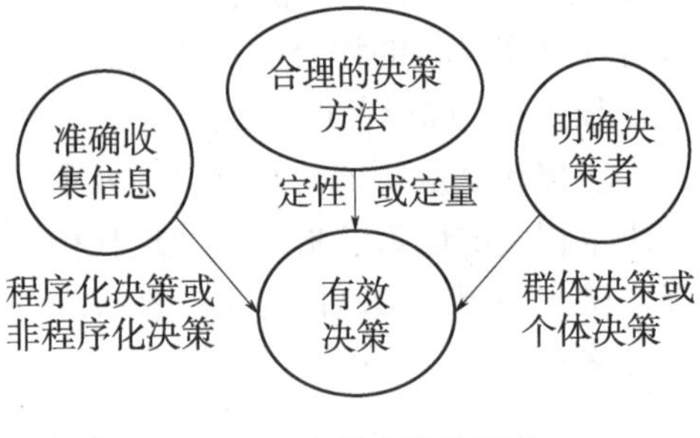

图 4－4　有效决策的要义

4.4.1 准确收集信息

信息是决策的基础，决策的正确性在很大程度上取决于决策时所依据的信息量大小。收集信息时首先要对解决问题进行分类：程序化问题、非程序化问题。

（1）程序化决策。例如餐厅里的一位女服务员将饮料溅到了一位顾客的衣服上，顾客此时非常恼火，餐厅经理面对这样的情况该怎样做呢？由于这种情况时有发生，或许有一些处理这类问题的标准程序。例如，如果这是女服务员的错，而且溅得厉害，或如果顾客要求赔偿，那么经理就要从餐厅的开支中拿出一笔开销来让人洗净衣服。这就是一个程序化决策，这是能够运用例行方法解决的重复性决策。

决策可以程序化到重复和例行的程度，能用确定的方法解决问题。这样的好处是，管理者不必陷入困境，费尽心机去建立一个复杂的决策过程。程序化决策是相对简单的，故省去了决策过程的“制订方案”阶段，并且在很大程度上依赖以前的解决方法。程序化决策变成了依据先例的决策，管理者仅须按别人在相同情况下所做的那样做。饮料溅到顾客的衣服上，按程序应该向顾客先致歉后补偿。这并不需要餐厅经理确定决策标准及其权重，也不需要列出一系列可能的解决方案，经理只需求助于一个系统化的程序、规则或政策就可以了。

（2）非程序化决策。例如，决定是否与另一组织合并，如何重组以提高效率，或是否关闭一个亏损的分厂，一种新产品的营销战略制定，这些都是非程序化决策的例子。这些决策是独一无二的，是不重复发生的。当管理者面临结构不良问题或新出现的问题时，比如组织的最高层所做的决策，大多是没有事先准备好的解决方法可循的，需要管理人员倾注全部精力，进行创造性思维，依靠决策者的经验、直觉、判断以及将问题分解为若干具体小问题逐一解决。随着管理者地位的提高，所面临的非程序化决策的数量和重要性都逐步提高，面临的不确定性增大，决策难度加大，进行非程序化决策的能力变得越来越重要，进行决策所需的时间也会相对延长。因此，许多组织都一方面设法提高决策者的非程序化决策能力，另一方面尽量使非程序化决策向程序化决策方向转化。

4.4.2 明确决策者

管理者，与其说是问题解决者还不如说是问题发现者。对于现实中发生的很多问题，并不需要管理者亲自去解决。在面对问题时，管理者更多的时候不是直接决策，而是问一些简单的问题：这是问题吗？这个问题需要解决吗？在这个组织中，谁最适合来解决这个问题？我可不可以只做适当的指示，然后把整个问题都交给下属解决？

首先，决策者面临的内外部环境日益复杂多变，许多问题的复杂性不断提高。相应地要求综合许多领域的专门知识才能解决问题，这些跨领域的知识往往超出个人所能掌握的限度。

其次，决策者个人的价值观、态度、信仰、背景有一定的局限性。例如，如果决策者注重经济价值，他们往往倾向于对包括市场营销、生产和利润等问题在内的实质情况进行决策；如果他们格外关注自然环境，就会用生态平衡的观点来考虑问题。

最后，决策相互关联的特性客观上也要求不同领域的人积极参与，积极提供相关信息，从不同角度认识问题进行决策。

4.4.2.1 群体决策的优缺点

1. 群体决策的优点

（1）提供更完整的信息。“两人的智慧胜于一人”是一句常用的格言。一个群体将带来个人单独行动所不具备的多种经验和不同的决策观点。

（2）产生更多的方案。因为群体拥有更多数量和种类的信息，他们能比个人制订出更多的方案。当群体成员来自不同专业领域时，这一点就更为明显。例如，一个由工程、会计、生产、营销和人事代表组成的群体，将制订出反映他们不同背景的方案。故多样化的“世界观”常产生更多的方案。

（3）增加对某个解决方案的接受性。许多决策在做出最终选择后却以失败告终，这是因为人们没有接受解决方案。但是如果让受到决策的影响或实施决策的人们参与了决策制定，他们将更可能接受决策，并更可能鼓励他人也接受它。群体成员不愿违背他们自己参与制定的决策。

（4）提高合法性。群体决策制定过程是与民主思想相一致的，因此人们觉得群体制定的决策比个人制定的决策更合法。拥有全权的个体决策者不与他人磋商，这会使人感到决策是出自独裁和武断。

2. 群体决策的缺点

既然集体决策如此之好，那怎么解释“把赛马聚拢在委员会里就成了骆驼”这句话呢？这显然是群体决策并非完美无缺之故。其主要缺点如下：

（1）消耗时间。组成一个群体显然要花时间。此外，一旦群体形成，其成员之间的相互影响常导致低效，结果造成群体决策总要比个体决策花更多的时间。

（2）少数人统治。一个群体的成员永远不会是完全平等的。他们可能会因组织职位、经验、有关问题的知识、易受他人影响的程度、语言技巧、自信心等因素而不同。这就为单个或少数成员创造了发挥其优势、驾驭群体中其他人的机会。支配群体的少数人，经常对最终的决策有过分的影响。

（3）屈从压力。在群体中要屈从社会压力，从而导致所谓的群体思维（group-think）。这是一种屈从的形式，它抑制不同观点、少数派和标新立异以取得表面的一致。群体思维削弱了群体中的批判精神，损害了最后决策的质量。

（4）责任不清。群体成员分担责任，但实际上谁对最后的结果负责却不清楚。在个体决策中，谁负责任是明确具体的。而在群体决策中，任何一个成员的责任都被冲淡了。

4.4.2.2 群体决策的效果

群体决策是否比个体决策更有效，取决于你如何定义决策的效果。有证据表明，一般而言，群体能比个人做出更好的决策。当然这不是说所有的群体决策都优于每一个个体决策，而是群体决策优于群体中平均的个人所做的决策，但它们绝不比杰出的个人所做的决策好。

如果决策的效果是以速度来定义的话，那么个体决策更为优越。以反复交换意见为特点的群体决策过程是耗费时间的过程。效果也可以指一种方案所表明的创造性程度。如果创造性是重要的，那么群体决策比个体决策更为有效。效果的最后一个标准是最终决策的接受程度。如前所述，因为群体决策参加的人多，所以他们有可能制定出更广为人接受的方案。

群体决策的效果还受群体大小的影响。群体越大，异质性的可能性就越大。另一方面，一个更大的群体需要更多的协调和更多的时间促使所有的成员做出贡献。因此，群体不宜过大，小到5人、大到15人即可。有证据表明，5或7个人的群体在一定程度上是最有效的，因为5和7都是奇数，可避免不愉快的僵局。这样的群体大得足以使成员变换角色和退出尴尬的状态，却又小得足以使不善辞令者积极参与讨论。

4.4.2.3 群体决策的效率评价

离开了效率的评价，效果就无从谈起，群体决策者和个体决策者相比，其效率总是稍逊一筹，几乎毫无例外，群体决策比个体决策消耗的工作时间更多。在决定是否采用群体决策时，主要的考虑是效果的提高是否足以抵消效率的损失。表4－7分别就群体决策和个体决策在时效性、质量性、稳定性、责任性、可执行性、民主性、效益性和冒险性八个方面进行对比。

表 4-7 群体决策与个体决策的特性比较

特 性	群体决策	个体决策
时效性	较差	较强
质量性	较强	较差
稳定性	较强	较差
责任性	较差	较强
可执行性	较强	较差
民主性	较强	较差
效益性	较差	较强
冒险性	较强	较差

4.4.3 选择合理的决策方法

4.4.3.1 定性决策方法

定性决策方法也称决策的软技术，指在决策过程中发挥专家集体的智慧、能力和经验，在系统调查分析的基础上，根据掌握的情况和资料进行决策的方法。定性决策的目标只能做成抽象的描述和表达，主要依赖于决策者的分析判断，难以用数学方法来解决，例如组织结构的设置变化、干部的选拔配备等决策。定性决策方法较多应用于综合抽象程度较高的高层次战略问题的决策。本章主要介绍其中的专家会议法、头脑风暴法、名义群体法、德尔菲法和电子会议法。

1. 专家会议法

专家会议法是指根据规定的原则选定一定数量的专家，按照一定的方式组织专家会议，发挥专家集体的智能结构效应，对预测对象未来的发展趋势及状况做出判断的方法。专家会议有助于专家们交换意见，通过互相启发，可以弥补个人意见的不足；通过内外信息的交流与反馈，产生“思维共振”，进而将产生的创造性思维活动集中于预测对象，在较短时间内得到富有成效的创造性成果，为决策提供预测依据。但是，专家会议也有不足之处，如有时心理因素影响较大，易屈服于权威或大多数人意见，易受劝说性意见的影响，不愿意轻易改变自己已经发表过的意见，等等。运用专家会议法，必须确定专家会议的最佳人数和会议进行的时间。专家小组规模以 10 ～ 15 人为宜，会议时间一般以进行 20 ～ 60 分钟效果最佳。会议提出的设想由分析组进行系统化处理，以便在后续阶段对提出的所有设想进行评估。

2. 头脑风暴法

头脑风暴法（brain storming）是为了克服阻碍产生创造性方案的遵从压力的一种相对简单的方法。它利用一种思想产生过程，鼓励提出任何种类的方案设计思想，同时禁止对各种方案的任何批评。在典型的头脑风暴会议中，一些人围桌而坐，群体领导者以一种明确的方式向所有参与者阐明问题。然后成员在一定的时间内“自由”提出尽可能多的方案，不允许任何批评，并且所有的方案都当场记录下来，留待稍后再讨论和分析。但是头脑风暴法仅是一个产生思想的过程，而后续两种方法则进一步提供了取得期望决策的途径。

3. 名义群体法

名义群体法（nominal group technique）又称 NGT 法。名义群体法是指在决策过程中对群体成员的讨论或人际沟通加以限制，但群体成员是独立思考的。像召开传统会议一样，群体成员都出席会议，但群体成员首先进行个体决策。名义群体法的主要优点在于，群体成员正式开会但不限制每个人的独立思考，不限制个体的思维，而传统的会议方式往往做不到这一点。

4. 德尔菲法

德尔菲法（Delphi technique）是一种更复杂、更耗时的方法，除了不需要群体成员出席外，它类似于名义群体法。德尔菲法不允许群体成员面对面在一起开会，像名义群体法那样。德尔菲法隔绝了群体成员间过度的相互影响，无须参与者到场。比如美能达公司（Minolta）可以用此方法询问它在东京、中国香港、巴黎、纽约、多伦多、墨西哥城和墨尔本的销售经理，有关本公司一种新相机的最合理的价格情况。这样做避免了召集主管人的花费，又获得了来自美能达公司主要市场的信息。当然，德尔菲法也有其缺点，它太耗费时间了。当需要进行一个快速决策时，这种方法通常行不通。而且，这种方法不能像相互作用的群体或名义群体那样，提出丰富的设想和方案。

5. 电子会议法

最新的群体决策方法是将名义群体法与尖端的计算机技术相结合的电子会议（electronic meeting）法。电子会议法的主要优点是匿名、诚实和快速，决策参与者能不透露姓名地打出自己所要表达的任何信息，一敲键盘即显示在屏幕上，使所有人都能看到。它还使人们可充分地表达他们的想法而不会受到惩罚，它消除了闲聊和讨论偏题，且不必担心打断别人的“讲话”。专家们声称电子会议比传统的面对面会议快一半以上。例如，菲尔普斯—道奇矿业公司（Phelps Dodge Mining）用此方法将原来需要几天的年计划会议缩短到 12 小时。但是电子会议也有缺点，那些打字快的人使得那些口才虽好但打字慢的人相形见绌；再有，这一过程缺乏面对面的口头交流所传递的丰富信息。不过，由于此项技术尚处于起步阶段，可以预计，未来的群体决策很可能会广泛地使用电子会议技术。

4.4.3.2 定量决策方法

定量决策是指决策的目标本身表现为数量指标的决策，其核心是把决策的变量与变量、变量与目标之间的关系用数学式表示出来，建立数学模型。定量决策方法主要应用于对组织在既定方向下从事一定活动的不同方案做出选择。该方法由于借助量化分析和精确计算，可以大大提高决策的客观性和准确性。决策中包含的变量不同、决策面临的环境不确定程度不同，需要在决策中运用不同的数学工具。本章主要介绍三种常见类型的定量决策方法。

1. 确定型决策方法

制定决策的理想状态是具有确定性（certainty）的，即由于每一个方案的结果是已知的，所以管理者能做出理想而精确的决策。在此只介绍其中主要的线性规划法和盈亏平衡分析法：

①线性规划法。线性规划法用于企业经营决策，实际上是在满足一组已知的约束条件下，使决策目标达到最优。它是一种为寻求单位资源最佳效用的数学方法，常用于组织（企业）内部有限资源的调配问题。如在有限资源条件下，确定生产产品的品种、数量，使产值或利润最大；在物资调配时，如何决定产地和销地之间的运输量，既满足需求又使得运费最

少；在一定库存条件下，确定库存物资的品种、数量、期限，使库存效益最高；在食品、化工、冶炼等企业，常常用几种原料制成达到一定成分的产品，确定各种原料的选购量，使得成本最小，等等。

【例4－1】 某公司同时生产A、B两种产品，设备能力的有效台时为180台时/月，钢材消耗每月不超过360千克，其基本参数见表4－8。应如何安排这两种产品的月产量，使企业利润最大？

表4－8 A产品和B产品的基本参数值

投入要素	资源	单位产品需要量	
		A产品	B产品
设备工时/台时	180	6	3
钢材/千克	360	3	9
单位利润（元）		150	200

解：设 X_1 为产品A的月产量，X_2 为产品B的月产量，则该决策问题的目标函数与约束条件分别如下：

目标函数：

$$\text{Max } Z_{\max} = 150X_1 + 200X_2$$

约束条件：

$$6X_1 + 3X_2 \leqslant 180$$

$$3X_1 + 9X_2 \leqslant 360$$

$$X_1 \geqslant 0，X_2 \geqslant 0$$

利用代数法进行求解，得

$$X_1 = 12（件），X_2 = 36（件），Z_{\max} = 9000（元）$$

即该公司每月应生产A产品12件，B产品36件，使利润达到最大值9000元。

②盈亏平衡分析法。众所周知，追求营利性目标的企业在决定行动方案时必须考虑利润的实现情况。为了研究企业的盈亏状况，必须分析产销量、成本和利润之间的变化关系，故又称为盈亏平衡分析法或量本利分析法。盈亏平衡分析法中的一个重要概念就是盈亏平衡点，在盈亏平衡点上，企业生产经营活动正好处于不盈不亏的状态，即收入等于成本，这种状态也称为保本点。其计算公式为

利润＝产销量×单价－产销量×单位变动成本－固定成本

$$= QP - QC_F - F$$

$$= Q(P - C_F) - F$$

式中 $(P - C_F)$ 为单位贡献毛利，即产品销售单价超过单位变动成本的部分，如果要计算保本销量（通称盈亏平衡点的产销量），只要取利润等于零（不盈不亏），上式即变为

$$Q(P - C_F) - F = 0$$

推导求得

$$Q = F/(P - C_F)$$

即

盈亏平衡点产销量＝固定成本/(单价－单位变动成本)

企业的生产经营规模必须达到保本产销量水平，才不至于发生亏损。之后增扩的生产只

要能确保产品单位贡献毛利大于零，即可为企业带来利润的增加。

【例 4－2】 某企业生产甲产品，年固定成本为 150 万元，产品单位售价为 100 元，单位变动成本为 50 元，若目标利润为 50 万元，问该企业应完成的销售量为多少？

解：设企业应完成的销售量为 Q，则：

$$500\,000 = 100Q - (1\,500\,000 + 50Q)$$

得出 $Q = 40\,000$ 件。

2. 风险型决策方法

处于风险情况下，管理者拥有的历史数据能指导他估计不同方案的概率。让我们看一个例子：

假设你在科罗拉多州落基山脉一带经营一处滑雪胜地。你正考虑是否在现有设施的基础上增加一辆缆车。显然，你的决策将受新缆车未来可能带来的收益的影响，而这又取决于降雪量。当你想起你手上有比较可靠的有关这一地带降雪量的历史数据时，你所做的决策会更明确。数据表明，在过去 10 年中有 3 年是大雪，5 年是中雪，2 年是小雪。如果要增设缆车，你能运用这些信息决定未来期望的年收益吗？

如果你有关于每一降雪量水平的收入数据的话，你是能够做到这一点的。你可以建立一个期望值公式，即通过将期望收入与其概率相乘，就可算出每种可能结果的条件收益。如果所给概率恒定，那么结果就是一定时期的期望平均收入。如表 4－9 所示，增设一辆缆车的期望收入是 687 500 美元。当然，评价一个方案是正作用还是负作用，取决于取得收入所付出的代价，如安装新缆车的资本支出，新缆车的年运营费用，以及借款的利率等。

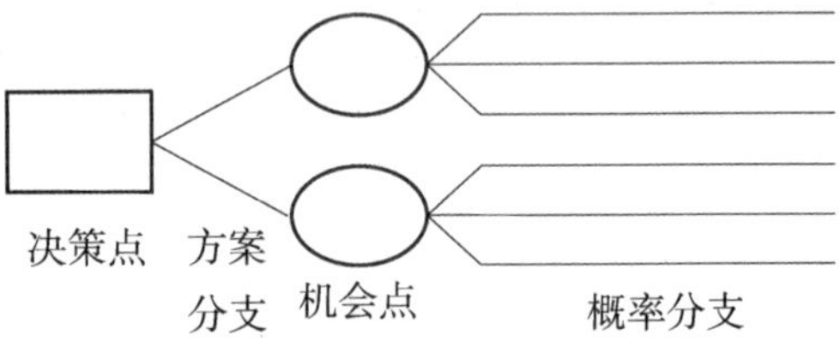

图 4－5 决策树的模型

风险型决策方案的评价方法有很多，这里主要介绍决策树这种方法。决策树：又称“决策图”，是在风险型决策中常用的决策方法。它是以方框和圆圈为结点、并由直线连接而成的一种像树枝形状的结构，如图 4－5 所示。

表 4－9 增设一架滑雪缆车的收入期望值

单位：美元

事件	期望收入	概率	每个方案的期望值
大雪	850 000	0.3	255 000
中雪	725 000	0.5	362 500
小雪	350 000	0.2	70 000
			合计：687 500

注：期望收入 × 概率 = 每个方案的期望值。

【例 4－3】 设某企业为了扩大某产品的生产，拟建设新厂。根据市场预测，产品销路好的概率为 0.7，销路差的概率为 0.3。有三种方案可供企业选择：

方案 1：新建大厂，需投资 300 万元。据初步估计，销路好时，每年可获利 100 万元；

销路差时，每年亏损20万元。服务期为10年。

方案2：新建小厂，需投资140万元。销路好时，每年可获利40万元；销路差时，每年仍可获利30万元。服务期为10年。

方案3：先建小厂，三年后销路好时再扩建，需追加投资200万元。服务期为7年，估计每年获利95万元。

请问哪种方案最好?

解：决策树的基本形状如图4-6所示：

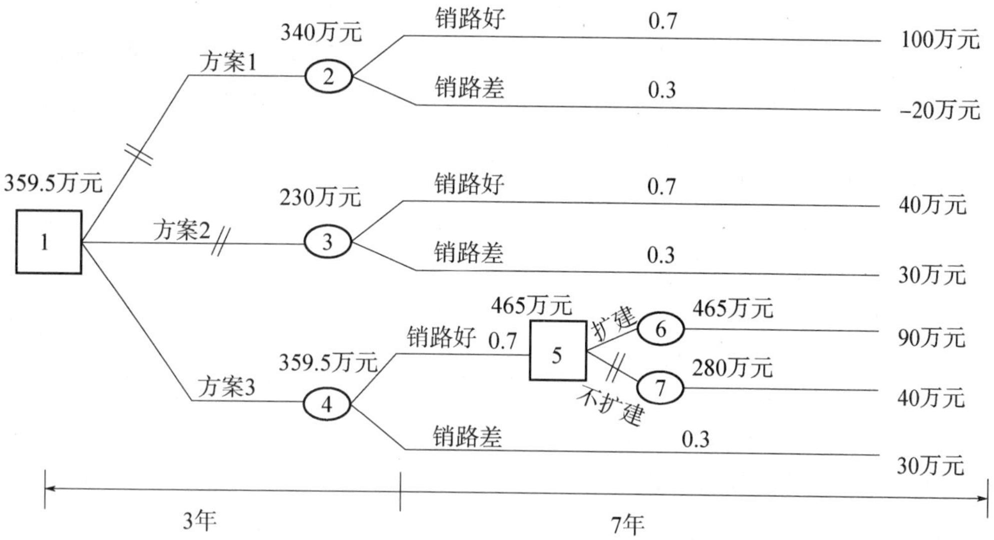

图4-6 决策树的基本形状

用决策树的方法比较和评价不同方案的经济效果，需要进行以下几个步骤的工作：

(1) 根据决策备选方案的数目和对未来环境状态的了解，绘出决策树图形。

(2) 计算各个方案的期望收益值。首先是计算方案各状态枝的期望值，即用方案在各种自然状态下的损益值分别乘以各自然状态出现的概率（P_1，P_2，…，P_n），然后将各状态枝的期望收益累加，求出每个方案的期望收益值。在上例中：

方案一的期望收益 $=100\times0.7\times10+(-20)\times0.3\times10=640$（万元）

方案二的期望收益 $=40\times0.7\times10+30\times0.3\times10=370$（万元）

方案三中的扩建方案净收益 $=95\times7-200=465$（万元）

方案三中的不扩建方案净收益 $=40\times7=280$（万元）

由此可见，方案三中在前3年销路好的情况下应选择扩建。

方案三的期望收益 $=465\times0.7+40\times0.7\times3+30\times0.3\times10=499.5$（万元）

(3) 每个方案的净收益等于每个方案的期望收益值减去该方案实施所需要的投资额（可将该数值标记在相应方案的圆形节点上方），比较利润后可以选出经济效果最佳的方案。在上例中，方案一的净收益 $=640-300=340$（万元）；方案二的净收益 $=370-140=230$（万元）；方案三的净收益 $=499.5-140=359.5$（万元）。比较三个方案的净收益，可看出应选择方案三（在决策图中，未被选中的方案就以表示“剪断”的符号“//”来表示）。

3. 不确定型决策方法

在既不属于确定型情况也无法估计概率的情况下，如果我们必须做决策，会发生什么情况呢？这时的选择将受决策者心理导向的影响。常用的不确定型决策方法有小中取大法、大中取大法、折中法和最小最大后悔值法等。

①大中取大法。也称为“乐观法”，采用这种方法的决策者对未来持乐观的看法，认为未来会出现最好的自然状态，因此不论采取哪种方案，都能获取该方案的最大收益。采用大中取大法进行决策时，选择在最好自然状态下收益最大的方案作为所要的方案。

②小中取大法。也称为“悲观法”，采用这种方法的决策者对未来持悲观的看法，认为未来会出现最差的自然状态，因此不论采取哪种方案，都只能获取该方案的最小收益。采用小中取大法进行决策时，选择在最差自然状态下收益最大或损失最小的方案作为所要的方案。

③折中法。折中法也称“乐观系数法”，采用这种方法的决策者对客观事物的估计，既不是完全乐观，也不是完全悲观，主张做折中的考虑。常用一个乐观系数 α 表示。α 取值期间为［0，1］，$(1-\alpha)$ 则为悲观系数。用乐观系数法进行决策时，选择各方案乐观期望值最大者作为决策方案。乐观期望值按下式计算：

$$乐观期望值 = 最大收益 \times \alpha + 最小收益 \times (1-\alpha)。$$

④最小最大后悔值法。也称“后悔值法”，就是使后悔值最小的方法。采用这种方法进行决策时，选择最大后悔值最小的方案作为所要的方案。其中，

$$后悔值 = 该方案在自然状态下的最大收益 - 该方案在该自然状态下的收益。$$

【例4-4】纽约花旗银行（Citibank）的营销经理。他已经为在东北部推广花旗银行的MasterCard信用卡而制定了四种可能的战略。但这位营销经理还注意到他的主要竞争者——大通曼哈顿银行已在同样的地区，为推广其Visa信用卡采取了三种竞争性行动。在此情况下，我们假设花旗银行的经理没有指导自己确定四种战略成功概率的经验，于是，花旗银行的营销经理列出了一个如表4-10所示的模型，表明花旗银行的各种战略，以及在大通曼哈顿银行采取竞争行动下花旗银行的最终利润。

表4-10 收益矩阵

单位：百万美元

花旗银行营销战略	大通曼哈顿银行的反应		
	CA_1	CA_2	CA_3
S_1	13	14	11
S_2	9	15	18
S_3	24	21	15
S_4	18	14	28

在本例中，假如花旗银行的营销经理是一位乐观主义者，每一战略的最好结果如下：$S_1=14$；$S_2=18$；$S_3=24$；$S_4=28$。他将选择 S_4，因为这一方案能产生最大可能的收益是2 800万美元。这一方案是最大可能收益。

如果花旗银行的营销经理是一位悲观主义者，那么他将只想到可能会发生的最坏情况。每一战略的最坏结果如下：$S_1=11$；$S_2=9$；$S_3=15$；$S_4=14$。这些是每一战略最悲观的结

果。依据最大化选择，他将选择最大化最小收益，即选择 S_3。

在第三种方法中，取乐观系数为0.6，则 S_1 的乐观期望值 = 14 ×0.6 + 11 × （1 − 0.6） = 12.8（百万美元）；S_2 的乐观期望值 = 18 ×0.6 + 9（1 − 0.6） = 14.4（百万美元）；S_3 的乐观期望值 = 24 ×0.6 + 15 × （1 − 0.6） = 20.4（百万美元）；S_4 的乐观期望值 = 28 ×0.6 + 14 × （1 − 0.6） = 22.4（百万美元）。选择各战略乐观期望值最大者作为决策方案，他将选择 S_4。

在第四种方法中，管理者认识到一旦做出一个决策，并不一定产生最有利可图的收益。这表明存在着放弃利润的遗憾，这里所谓的遗憾指的是，如果你选择了其他战略可能增加的收益。管理者以竞争对手每一种行动下四种战略的最大可能收益，减去相应的可能收益所得的值来衡量遗憾。对花旗银行的营销经理而言，与大通曼哈顿银行的 CA_1、CA_2、CA_3 行动相对应的最大收益分别为2 400万美元、2 100万美元和2 800万美元（表4 − 10中每一列的最大值）。用这几个值减去表4 − 10中相应列的各个收益值，就得到表4 − 11的结果。

表4 − 11 遗憾矩阵 单位：百万美元

花旗银行营销战略	大通曼哈顿银行的反应			
	CA_1	CA_2	CA_3	最大后悔值
S_1	11	7	17	17
S_2	15	6	10	15
S_3	0	0	13	13
S_4	6	7	0	7

最大遗憾值是：S_1 = 17；S_2 = 15；S_3 = 13；S_4 = 7。由于极小极大选择是最小化最大遗憾，所以营销经理应选择 S_4。作此选择，他将无须担心利润的机会损失会多于700万美元。相比之下，如果他选择了 S_2，而大通曼哈顿银行采取的是CA1行动，那么他就会少获得1 500万美元的利润。

本章提要

决策是指在既定环境下，管理者从备选方案中选择一项行动方案的过程，即人们对行动目标和手段的一种选择。

决策要素是从事决策活动的必备条件，影响决策的三个主要因素：①问题的类型；②决策的内外部环境；③决策者的特点。

决策的分类：①根据决策问题的重复程度分为程序化决策和非程序化决策；②按决策的主体分为群体决策和个体决策；③按决策问题的可控程度分为确定型决策、风险型决策和不确定型决策；④按决策活动所涉及的范围分为战略决策和战术决策；⑤根据决策时间的紧迫性分为知识敏感型决策和时间敏感型决策；⑥按决策的起点分为初始决策和追踪决策。

决策一般分为八个步骤：①识别决策问题；②确定决策标准；③分配决策因素权重；④拟定备选方案；⑤分析备选方案；⑥选择备选方案；⑦实施方案；⑧评价决策效果。

有效决策的要义有三个方面：准确收集信息、明确决策者和选择合理的决策方法。本书介绍的常见定性决策方法有：专家会议法、头脑风暴法、名义群体法、德尔菲法和电子会议法。定量决策方法：①确定型决策方法有线性规划法和盈亏平衡分析法；②风险型决策方法有决策树法；③不确定型决策方法有：小中取大法、大中取大法、折中法和最小最大后悔值法。

在线资源

在线测试 拓展视频 拓展阅读 拓展案例 相关管理定律 相关管理大师

讨论问题

1. 为什么决策被描述为“管理者工作的本质”？

2. 组织文化如何影响管理者决策的方式？

3. 描述你在完全理性假设下做过的一个决策。将它与你选择大学相比较，二者有差别吗？试说明之。

4. 在过去的20年中，组织越来越多地采用群体来决策，你认为这是为什么？什么情况下你建议采用群体决策？

5. 你认为在决策制定过程中哪一步最重要？说明理由。

6. 学完本章之后，回想你报考大学时，选择学校和专业的依据是什么？就读之后你后悔吗？如果让你重新选择一次，你决策的依据会是什么？你还有可能后悔吗？决策依据是什么？你是何种决策类型？

课后练习

1. 某企业计划生产某新产品，有三种方案可供选择，有关资料见表4－12，该产品单价为200元/件。试用盈亏平衡分析法确定该企业应选择哪种方案。

表4－12　某企业的三种方案

方案＼费用	年固定成本/元	单位产品材料及人工费（变动成本）/元
1	50 000	100
2	80 000	40
3	120 000	30

2. 某厂研制出一种新产品（预期销售生命为7年），并拟定了三种备选生产方案，见表4－13。第一种方案大规模生产，第二种方案小规模生产，所需一次性投资额以及以后每年盈利如下表所示。估计该产品前两年销路好的概率是0.6；若前两年销路好，则后五年销路

好的概率为0.9，否则后五年销路好的概率为0.2。第三种方案是前两年先小规模生产，然后再决定后五年是否追加投资30万元，以便大规模生产。用决策树法分析该厂如何决策？

表4－13 某厂的三种方案

方案 状态	销路好/万元	销路差/万元	一次性投资/万元
大规模生产	30	－5	50
小规模生产	10	4	20

3. 民用电器厂拟生产一种新型电器，为使其具有较强的吸引力和竞争力，该厂决定以每件10元的低价出售。为此提出三种生产方案：方案1需一次性投资10万元，投产后每件产品成本5万元；方案2需一次性投资16万元，投产后每件产品成本4元；方案3需一次性投资25万元，投产后每件产品成本3元。据市场预测，这种电器的需求量可能为3万件、12万件或20万件。试分别用乐观法、悲观法、折中法（$\alpha=0.8$）和最小最大后悔值法进行决策。

实践练习

滚动竞争：美元拍卖

目的：发现决策中竞争的影响

指示：

步骤1：指导老师扮演拍卖者角色（5分钟）。在拍卖中，拍卖者每次要拍卖出一美元（指导老师通知你钱是真的还是想像的）。课堂上的所有学生在同一时间内都可以参与竞买。

拍卖的规则与正常的拍卖稍有不同。虽然美元要给最高的出价者，但是最高出价者和次高出价者两人都要按照他们的最后叫价付钱。例如，竞买者A为这一个美元叫价到15分，竞买者B叫价到10分，A付15分得到这一美元，而B付10美分却什么也不能得到，指导老师会损失75美分。

叫价必须是5美分的倍数。在没有其他的竞买者时美元要卖掉。如果有两个人在同一时间叫出同样价钱而出现平局时，解决方案是谁距离指导老师最近谁获胜，在每一轮中除了竞叫不能说话。

步骤2：指导老师需要拍卖总共5美元给全班（15分钟）。每位学生都要参与竞叫以赢得这个美元。竞买过程将记录在拍卖表上，赢者将记录在拍卖表上。单元拍卖工作表见表4－14。

讨论问题：

1. 在这个练习中是指导老师还是竞叫者会赢得更多的钱？为什么？
2. 在拍卖过程中，竞叫者会变得更加竞争还是更加合作？为什么？
3. 两个竞叫者会付出比美元价值更高的钱吗？解释如何和为什么会发生？
4. 你是否会加入竞叫中呢？为什么？

A. 如果你加入，你的动机是什么？如何完成你的目标？

B. 如果你不加入，原因是什么？你认为加入者的目标和目的是什么？

5. 人们在竞叫中互相交谈是否会影响他们的行为？会说什么？如何影响？

表 4－14　美元拍卖工作表

	中标者付出的钱	次高者付出的钱	合计
第一个美元			
第二个美元			
第三个美元			
第四个美元			
第五个美元			

综合案例

阿迪达斯与耐克

如果你是一名长跑爱好者，那么在20世纪60年代或70年代初，你只有一种合适的鞋可供选择：阿迪达斯（Adidas）。阿迪达斯是德国的一家公司，是为竞技运动员生产轻型跑鞋的先驱。在1976年的蒙特利尔奥运会上，田径赛中有82%的获奖者穿的是阿迪达斯牌运动鞋。

阿迪达斯的优势在于试验，它试用新的材料和技术来生产更结实和更轻便的鞋，采用袋鼠皮绷紧鞋边，四钉跑鞋和径赛鞋采用的是尼龙鞋底和可更换鞋钉。高质量、创新性和产品多性化，使阿迪达斯在20世纪70年代中支配了这一领域的国际竞争。20世纪70年代，蓬勃兴起的健康运动使阿迪达斯公司感到吃惊。一瞬间，成百万以前不爱好运动的人们对体育锻炼产生了兴趣。成长最快的健康运动细分市场是慢跑。当时估计，到1980年有2 500万～3 000万美国人加入了慢跑运动，还有1 000万人是为了休闲而穿跑鞋。尽管如此，为了保护其在竞技市场中的统治地位，阿迪达斯并没有大规模地进入慢跑鞋市场。20世纪70年代出现了一大批竞争者，如美洲狮（Puma）、布鲁克斯（Brooks）、新布兰斯（New Ballance）和虎牌（Tiger）。有一家公司比其余公司更富有进取性和创新性，那就是耐克（Nike）。由曾是俄勒冈大学的一位长跑运动员创办的耐克公司，在1972年俄勒冈的尤金举行的奥林匹克选拔赛中首次亮相。穿着耐克鞋的马拉松运动员获得了第四至第七名，而穿阿迪达斯鞋的参赛者在那次比赛中占据了前三名。

耐克的大突破出自1975年的“夹心饼干鞋底”方案。它的鞋底上的橡胶钉使之比市场上出售的其他鞋更富有弹性，夹心饼干式鞋底的流行及旅游鞋市场的快速膨胀，使耐克公司1976年的销售额达到1 400万美元，而在1972年仅为200万美元，自此耐克公司的销售额飞速上升。今天，耐克公司的年销售额超过了35亿美元，并成为行业的领导者，占有运动鞋市场26%的份额。

耐克公司的成功源于它强调的两点：①研究和技术改进；②样式的多样化。公司有将近100名雇员从事研究和开发工作，其研究和开发活动包括人体运动高速摄影分析，对300个运动员进行的试穿测验，以及对新改进的鞋和材料不断试验和研究。在营销中，耐克公司为消费者提供了最大范围的选择，吸引了各种各样的运动员，并向消费者传递出最完美的旅游鞋制造商形象。

到20世纪80年代初，慢跑运动达到高峰时，阿迪达斯已成了市场中的“落伍者”。竞争对手推出了更多的创新产品，更多的品种，并且成功地扩展到了其他运动市场。例如，耐克公司的产品已经统治了篮球和年轻人市场，运动鞋已进入了时装时代。到20世纪90年代初，阿迪达斯的市场份额降到了可怜的4%。

资料来源：胡宁，韦丽丽．管理学［M］．武汉：武汉理工大学出版社，2009.8.

问题：

1. 到20世纪90年代初，阿迪达斯的不良决策制定如何导致了市场份额的极大减少？这些决策为什么会使得阿迪达斯的市场份额在20世纪90年代初降到了可怜的地步？是否是不确定性在其中扮演了某种角色？
2. 在20世纪70年代，阿迪达斯的决策并不是围绕群体制定的。对于阿迪达斯来说，决策制定采用委员会结构会导致不同的结果吗？
3. 耐克公司的管理当局制定了什么决策使它如此成功？
4. 你认为阿迪达斯的管理当局今天能采取什么措施纠正它以前的错误？

任何新事物都需要许多前期工作。你需要别人的理解，建立共识。

——彼得·德鲁克（美国当代著名管理学家）

第5章

计 划

学习目标

1. 定义目标和计划。
2. 解释计划的作用。
3. 区分不同类型的计划及其内容重点。
4. 描述计划制订的方法。
5. 应用计划工具和技术有效制订计划。

能力目标

1. 读懂他人做的计划。
2. 会设定目标，并制订计划。

本章关键词

计划（plan）
计划（planning）
具体计划（specific plans）
方向性计划（directional plans）
运营计划（operational plans）
目标（goals）
外部环境（external environment）
预算（budget）
排程（scheduling）
G 甘特图 Gantt chart）
负荷图（load chart）
PERT 网络（PERT network）
盈亏平衡分析
（break-even analysis）
线性规划（linear programing）

开篇案例

计划这么重要吗？

小王今年上大二了，由于大一的时候参加了三个社团，这学期社团都要开展活动，小王忙得不可开交。从早上忙到晚上，回到宿舍才发现，还有小组作业没讨论，两门课作业压根儿不记得了，班级选举任务还没有落实，宿舍饮用水没了又刚好轮到他值日，他的手机响个不停。

小王正要请教一位师兄，却听这位大四的师兄说，临近毕业了，白天他在一家公司实习，晚上回学校做论文，还时不时出去面试、笔试，更有几门课的重修未通过要复习，真是忙得焦头烂额。令他更郁闷的是，公司的安排和学校的安排都改来改去，很难提前计划好时间，只能疲于奔命、穷于应付。看着可怜的师兄和自己现在的处境，小王害怕了，难道自己的大四也得这样过？

小王决定请教老师，发现老师正在安排明年实习的时间表和毕业论文组织安排，老师说，环境变化很快，提前计划可以降低不确定性，提前计划也可以提前预备好执行任务所需的资源，有了协调好了的资源才能保证实现目标。毕业论文和实习涉及大四的1464个学生和136名指导老师，事项很多，如果不提前计划，靠临时通知肯定会乱了阵脚。今年的中期答辩时间变动了两次，害得大家怨声载道……

只是小王还是不解，为什么提前一年计划，还有这么多状况出现？既然计划赶不上变化，为何还要做计划？

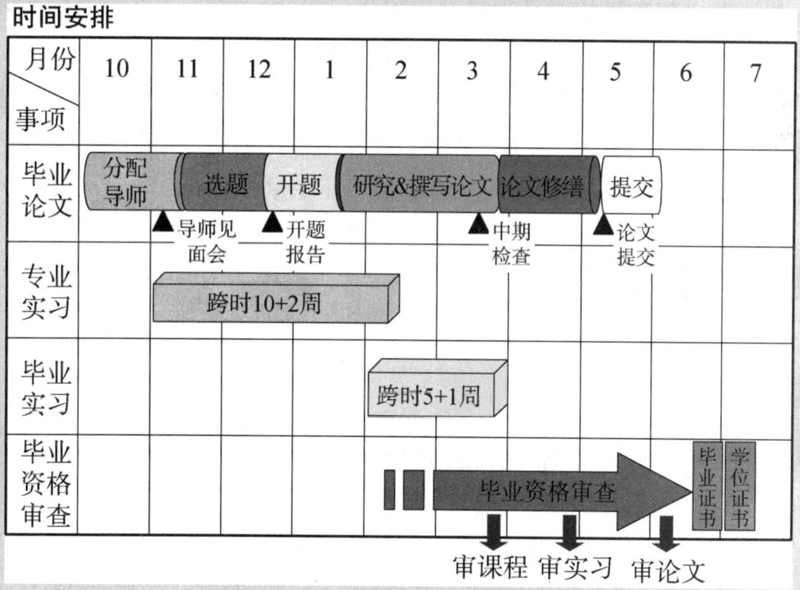

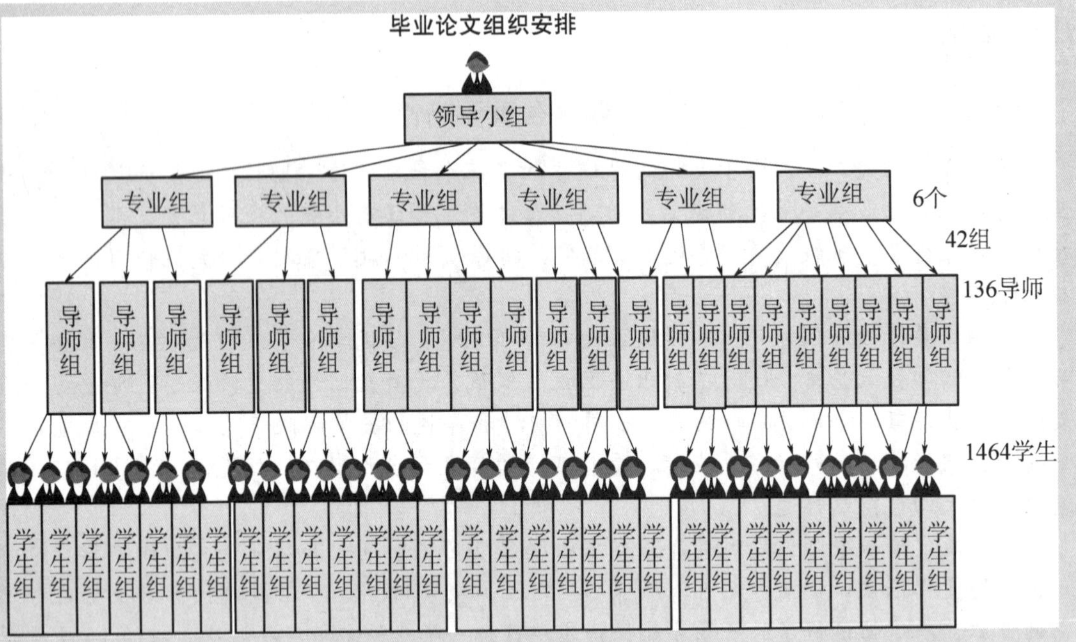

资料来源：根据编者实际接触的案例整理.

思考：你是如何看待计划的？

计划是寻找资源实现目标的一系列活动，工作要顺利开展就必须有工作计划，学习要想卓有成效就必须有学习计划，总之，所有的管理者都需要计划。

在这一章中，我们将学习计划工作的基础，学习计划工作的任务（确定目标、分配资源、组织业务活动、提高效益）。随后，你将会了解什么是计划，为什么管理者要制订计划，他们怎么制订计划，以及有关计划工作的一些工具和方法。

5.1 计划的基础概念

5.1.1 计划的定义

计划（plan）是未来行动的蓝图，是为实现组织目标而对未来行动所做的综合统筹安排。它是未来组织活动的指导性文件，提供从目前通向未来目标的路径。计划包括：定义组织的目标；制定全局战略以实现这些目标；开发一个全面的分层计划体系以综合和协调各种活动。因此，计划既涉及目标（做什么），也涉及达到目标的方法（怎么做）。

计划工作的任务可概括为5W1H。

What to do——做什么？要明确计划工作的具体任务和要求，明确每一个时期的中心任务和工作重点。

Why to do——为什么做？要明确计划工作的宗旨、目标和战略，并论证其可行性。

When to do——何时做？规定计划中各项工作的开始到完成的进度，以便进行有效的控制和对能力及资源进行平衡。

Where to do——何地做？明确计划的实施地点或场所，了解计划实施的环境条件和限制，以便合理安排计划实施的空间和布局。

Who to do——谁去做？计划不仅要明确规定目标、任务、地点和进度，还应规定由哪个主管部门负责。

How to do——怎么做？制定实现计划的措施，以及相应的政策和规则，对资源进行合理分配和集中使用，对人力、生产能力进行平衡，对各种派生计划进行综合平衡等。实际上，一个完整的计划还应包括控制标准和考核指标的制定，也就是告诉实施计划的部门或人员，做成什么样，达到什么标准才算是完成了计划。

计划可以被分为正式的计划（formal plan）和非正式的计划（informal plan）。所有的管理者都制订计划，但许多只是一种非正式计划，没有正式写出来。比如在小企业中，只有所有者兼管理者本人考虑过企业想要达到什么目标，以及怎么实现目标，但都没有写出来，很少或没有与组织中其他人共享。当然，非正式计划也存在于某些大型企业中，一些小企业也有制订非常详细的正式计划。

将正式的目标以书面形式表达出来，并且为组织的成员所共享，其目的是降低模糊性并就需要的工作达成共识。管理者以书面形式明确规定了通过什么途径使组织的各个单元实现它们希望达到的目标。

5.1.2 计划的类型

计划是对未来行动的事先安排。计划的种类很多，可以按不同的标志进行分类。最普遍的划分方法是根据计划的形式、职能、广度、时间跨度和明确性对其进行分类，如图5-1所示。

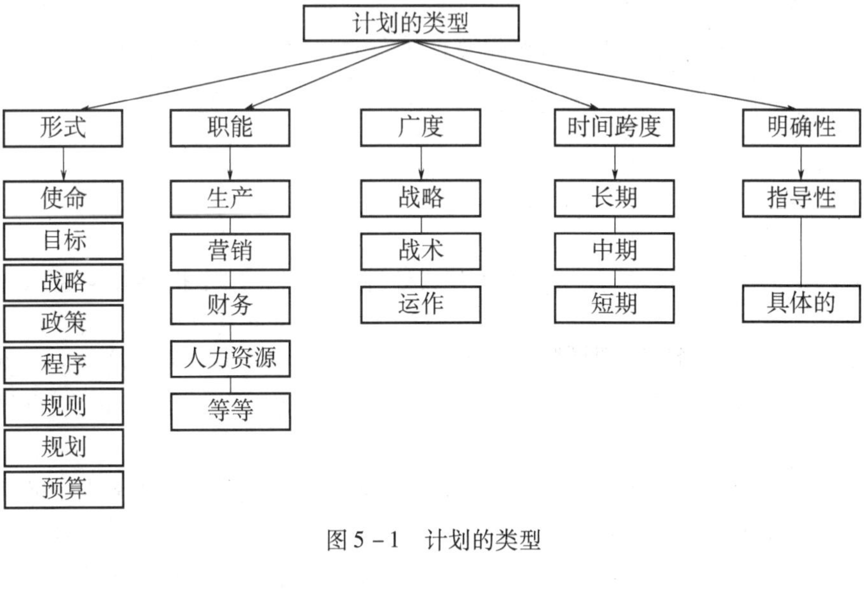

图5-1 计划的类型

1. 按计划的形式分类

哈罗德·孔茨和海因茨·韦里克按不同的表现形式，从抽象到具体，将计划分为一个层次体系：使命、目标、战略、政策、程序、规则、规划和预算等。从计划的分类，可以理解计划是多种多样的。这几类计划的关系可以描述为一个等级层次，如图5－2所示，各种计划从抽象到具体，从上到下，所处的位置不同，解决的问题不同。

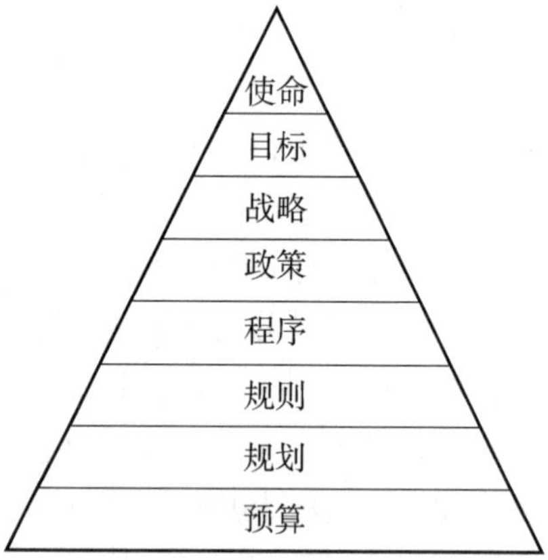

图5－2 计划的等级层次

（1）使命。使命（mission）即社会对该组织的基本要求。表明组织是干什么的，应该干什么。如日本索尼（SONY）公司称其使命是“体验发展技术造福大众的快乐”，表示索尼公司致力于以优秀的产品和服务，帮助人们实现享受更高品质娱乐生活的梦想。

（2）目标。目标（objective）具体规定了组织及其各个部门的经营管理活动在一定时期要达到的具体成果。目标不仅是计划工作的终点，而且也是组织工作、人员配备、指导与领导工作和控制活动所要达到的结果。经济组织常用利润、产量、产值、成本及利润率等来表示。

（3）战略。战略（strategy）是为实现组织或企业长远目标所选择的发展方向、所确定的行动方针，以及资源分配方针和资源分配方案的一个总纲。战略是要指明方向、重点和资源分配的优先顺序的。

管理概念

战 略

“战略”这个词来自军事用语，是指通过对交战双方进行分析判断而做出对战争全局的筹划和指导，它具有对抗和竞争的含义，总是针对竞争对手的优势和劣势，以及对方正在和可能采取的行动来做出反应。只要存在竞争，要在竞争中获得优势地位，就要做长期的准备和持续的努力，因此需要制定战略。对于一个企业来说，制定战略的根本目的是使企业尽可能有效地比竞争对手占有持久的优势，使企业持续、稳健地发展。一个城市要有城市的发展战略，一个国家要有国家的发展战略。除了长期竞争需要战略以外，那些涉及长远发展、全局部署的管理活动也需要制定战略。

思考：为何企业经营需要战略计划？

（4）政策。政策（policy）是组织在决策或处理问题时，用于指导和沟通思想与行动方针的明文规定。政策有助于将一些问题事先确定下来，避免重复分析，并给其他派生的计划以一个全局性的概貌，从而使主管人员能够控制住全局，有助于主管人员授权。例如，上级主管部门对企业一些立项审批权规定一个限额，把凡低于规定限额项目的立项审批权下放给企业，只有那些超过限额的项目才报上级主管部门审批。

（5）程序。程序（procedure）是一种计划，规定了如何处理那些重复发生的例行问题的标准方法；程序也是一种工作步骤，目的是减轻主管人员的负担，提高工作效率。程序通常还是一种经过优化的计划，多种多样。程序是指导如何采取行动，而不是指导如何去思考问题。例如，采购部门采购材料应由使用材料的部门申请购买，经有关部门和领导审批，再实施采购活动；会计部门记载往来业务的程序；制造企业处理订单的程序；公司董事会应当有进行重大决策的程序。管理的程序化水平是管理水平的重要标志，制定和贯彻各项管理工作的程序是组织的一项基础工作。

（6）规则。规则（rule）是在具体场合和具体情况下，允许或不允许采取某种特定行动的规定。规则与政策的区别在于规则在应用中不具有自由处置权；规则与程序的区别在于规则不规定时间顺序。如在防火要求很高的企业中，“禁止吸烟”就是规则。

（7）规划。规划（program）是为了实施既定方针所必需的目标、政策、程序、规则、任务分配、执行步骤、使用的资源等而制订的综合性计划。规划有大有小，有长远的和近期的。规划一般是粗线条的、纲要性的。大的规划往往派生出许多小的规划，而每个小的派生规划都会给总规划带来影响。如国家的“十二五”规划、企业的发展战略规划。

（8）预算。预算（budget）作为一种计划，是以数字表示预期结果的一种报告书。预算也可称为“数字化”的计划。预算也是一种控制方法。预算工作的主要优点是它促使人们去详细制订计划，去平衡各种计划。由于预算总要用数字来表现，所以它能使计划工作做得更细致、更精确。

2. 按职能分类

这里的职能是指企业的职能（运作、营销、财务等），而不是管理的五项职能（计划、组织、领导、控制、创新）。这些职能计划通常就是企业相应的职能部门编制和执行的计划，从而按职能分类的计划体系一般是与组织中按职能划分管理部门的组织结构体系并行的。在这里，可以按职能将企业的经营计划分为销售计划、生产计划、采购计划、供应计划、新产品开发计划、财务计划、人事计划、后勤保障计划等。按职能进行分类，有助于人们更加精确地确定主要作业领域之间的相互依赖和相互影响的关系，有助于估计某个职能计划在执行过程中可能出现的变化，以及对全部计划的影响，并有助于将有限的资源更合理地在各职能计划之间分配。

3. 按广度分类

按广度可以将计划分为战略计划（strategic plan）、战术计划（tactical plans）和作业计划（operation plan）。其中，战略计划应用于整个企业，为整个企业设立长远发展目标和确定实现目标的方针、步骤、措施；规定总体目标如何实现的细节性计划称为作业计划。战略计划和作业计划在时间框架、范围和内容上都有不同。战略计划倾向于覆盖较长的时间间隔，通常为5年甚至更长时间；作业计划倾向于覆盖较短的时间间隔，如年计划、季度计划、月计划等。战略计划以企业全局为对象，由企业高层管理人员根据企业总体发展的需要制订，并通过确定使命、目标、方针等来协调企业各部门的关系。换句话说，战略计划具有纲领性，它不纠缠于细枝末节，也不包罗万象，而是明确整体行动的方向。战术计划是为实现战略计划，由组织的各部门制订的局部性计划。它是根据战略计划制订的落实性计划，是实现战略计划的手段和方法。战术计划是由中层管理者制订的，它对作业计划具有指导作用。作业计划以某项职能或活动为对象，由中低层管理者制订。

4. 按时间跨度分类

按时间跨度可将计划分为短期计划（short-term plan）、长期计划（long-term plan）和中期计划（medium-term plan）。长期计划通常指5年以上，短期计划一般指1年以内，中期计划则介于两者之间。长期计划描述了组织在较长时期（通常为5年以上）的发展方向和方针，规定了组织的各个部门在较长时期内从事某种活动应达到的目标和要求，绘制了组织长期发展的蓝图。短期计划具体规定了组织的各个部门在目前到未来的各个较短的时期阶段，特别是最近的时段中，应该从事何种活动，从事该种活动应达到何种要求，因而为各组织成员在近期内的行动提供了依据。

5. 按明确性分类

按计划内容的详尽程度和明确性可将计划分为具体计划（specific plan）和指导性计划（directional plan）。具体计划具有明确规定的目标，不存在模棱两可和容易引起误解之处；而指导性计划具有内在灵活性的优点，但这一优点必须与具体计划的明确性优点进行权衡。直观地看，似乎具体计划比指导性计划更可取。管理工作包括计划工作在内，都必须随机应变、因地制宜，而不能够僵化、教条化。在某些情况下，制订明确性的具体计划可能更适宜，而在其他情况下也许正好相反，仅给行动施以宽松指导的指导性计划可能会比具体计划更为有效。

从上面可以看出，计划具有多样性，不同的计划解决不同层次的问题。在实践中，管理者如果没有认识到这点，就会在编制计划时忽视某些计划的关键点，因而降低计划的有效性。

5.1.3 计划的作用

设立目标，制定战略以实现目标，开发一系列的计划整合和协调活动，这一切看上去相当复杂。尽管如此，为什么管理者还要从事这些复杂的工作呢？计划工作对组织的绩效有哪些影响呢？

1. 使组织集中全力于目标

计划就是为实现目标而寻找资源的一系列活动。管理者依据组织的目标需要，将需要的资源层层分解、落实到各部门，直至基层单位。计划确保了组织中的全体成员的行动和资源保持同一方向，共同努力实现组织的目标。

2. 应对变化和不确定性

计划作为对组织未来活动的安排，由于未来的情况是不断变化的，必然促使管理者对未来的各种情况进行预测，考虑各种可能的机会或威胁，制订适应其变化的方案。计划不能降低未来变故的概率，但是可以通过制订备用方案来降低组织未来活动的风险。比如：开学典礼放在室内还是室外由天气决定，但事先准备两套方案以方便切换就能从容应对环境的改变。

管理案例

计划不周，命丧沙漠

2006年5月4日凌晨2点左右，一名女驴友在穿越库布齐沙漠过程中发病，经过多方努力后未果，不幸遇难。据悉，这位遇难的女驴友今年27岁，系IBM的一名职员，“五一”期间参加了由绿野网站的一名老驴友发起的穿越沙漠自助游。这支不足二十人的队伍在5月3日下午3点左右行进在由响沙湾到七星湖的途中，该女驴友突然出现中暑的症状，而周边当时没有具有医疗经验的人员，只能临时采取人工呼吸维持其生命。在接到求救信息后，内蒙古起动户外的可乐瓶子（网名）和一名有一定医疗经验的驴友及一名摩托车司机迅速驾驶沙地摩托赶赴事发地进行了友情救援，在3日下午17：30赶到了现场，由于当时未带相应救治药品，只能返回取。3日晚上22：30，他们带了常规药品快到事发地后发现还需要强心针，即刻返回再取。在回去的路上，沙地摩托翻车2次，把司机压伤。在距离事发地还有5千米的时候，电瓶没电了，由于天很黑，只能原地等待七星湖景区工作人员送来电瓶。景区工作人员到达的时候已经凌晨4点多。此时，该女驴友已经死亡了2个多小时。

专家总结，发生这起悲剧的主要原因是准备不足，计划不周。第一，对沙漠了解不足，一般在沙漠行走是昼伏夜行比较好，但是他们在白天气温最高的时候行走；第二，高估自己的内在条件，这名女驴友平时缺乏运动，并不适合在这样恶劣的环境下长时间行走；第三，计划中不善于借用外力，本来有雇当地导游，但到中午后为了节省费用自己背水和行李，女生也负重20斤。

启示：探险组织者和参与者能够在行动之前对沙漠的限制条件做更多的了解，搜集更多的信息对整个事件有一个周密的计划。对要做什么、如何做、会出现什么情况、出现情况如何应对等应该了然在胸，这样悲剧就可以避免。

这个真实的例子告诉我们，旅游途中有一个合理的计划也是很重要的。

资料来源：张七七. 2006年五一单飞队库布齐沙漠事件. [EB/OL] https://www.douban.com/group/topic/1097061/? type = like

思考：经常听人说“计划跟不上变化”，那还要不要做计划呢？

3. 使组织的活动经济合理

计划能从多条实现目标的途径中，通过技术经济论证和可行性分析，选择最佳方案，避免无计划的重复性、浪费性活动，使组织的各项资源得以充分利用，从而降低成本，提高经济效益，实现组织的目标。计划是合理配置资源、减少浪费、提高效益的方法，如生产管理中的物料需求计划，按需生产按需采购可以减少存货数量，节约被占用的资金量。

4. 为控制奠定基础

控制就是使事情按计划进行，没有计划的活动是无法控制的。管理人员如果没有既定的目标和计划作为衡量尺度，就无法了解工作的进展情况，也就无法考核下级任务完成的好坏。所以说，计划是控制的基础，为控制提供标准。图5-3说明高层管理者更多通过战略计划来控制组织的发展方向；底层管理者通过具体的运作计划控制作业过程；中层管理者则将战略计划的落实与运作计划的统筹结合起来。

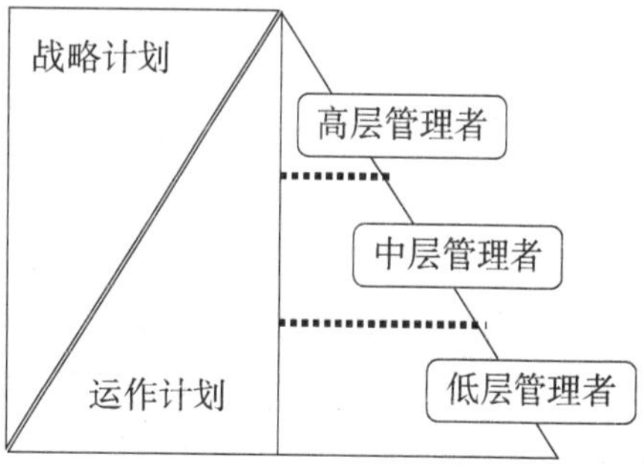

图5-3 计划工作与组织层次

5.2 目标

明确目标，是计划的基础。目标（goals）是个体、群体和整个组织期望的产出。它为所有的管理决策指明了方向，并且可以作为标准用来衡量实际的绩效，正是由于这些原因，目标成为计划的基础。所以，在制订计划、达成目标之前，你必须知道所期望的目标或结果是什么。例如：高校致力于推广大众化教育时会有相应的扩招计划；而要提升办学水平时，会有教学质量考核指标、人才引进计划和学生考核淘汰计划。

5.2.1 目标的属性

目标是目的或宗旨的具体化，是一个组织努力奋斗争取达到所希望的未来的状况。换句话说，目标是根据企业的宗旨而提出的企业在一定时期内要达到的预期成果。

从管理学的角度看，企业目标具有独特的属性。因此，在制定目标时，必须注意下面这些特性。

1. 目标的层次性

目标的层次性是指从组织结构的角度来看，组织目标是分层次、分等级的。组织目标形成一个有层次的体系，范围从广泛的组织战略性目标到特定的个人目标。图5－4说明了目标的结构是分层的，从企业外到企业内，从企业整体到部分，从组织到个人，层层落实。

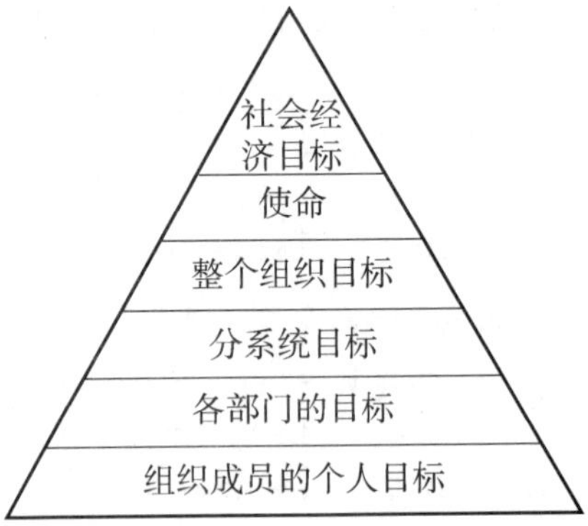

图5－4 目标的层次结构

在组织的层次体系中，不同层次的管理人员参与不同类型目标的建立。如公司董事会和最高层主管人员主要参与确定企业的使命和任务目标，并且也参与到关键领域中更多的总目标；中层管理人员主要是参与建立关键成果领域的目标、分公司和部门的目标；基层管理者关心的是部门和单位的目标以及他们的下级人员目标的制定。对于组织任何层次的人员来说，都应该有个人目标，包括业绩和个人发展目标。

2. 目标的网络化

目标体系是从整个组织的整体观来考察组织目标的，其内涵体现在四个方面：

（1）目标和计划很少是线性的，即并非一个目标实现后接着去实现另一个目标，目标和规划形成一个互相联系着的网络。

（2）管理人员必须确保目标网络中的每一个部分相互协调，不仅要执行各种规划还要协调完成，这些规划在时间上也要协调。

（3）组织中的各个部门在制定目标时，必须与其他部门相协调，否则，一个部门单独制定的目标很可能使经营商与另一个部门的目标相矛盾。

（4）组织制定各种目标时，不仅要注意目标之间的协调，还要注意制约各个目标的其他因素的协调。

3. 目标的多样性

一个组织可能同时追求多种多样的目标，目标群可以看作企业追求的总目标在不同侧面、借助不同指标的反映。比如：一定的利润率（包含销售利润率、资金利润率和投资报酬率等更细的目标）；继续开发专利产品；发展和实行股份制；通过企业留利和银行贷款来扩大再投资；把产品销往国外市场；确保优质产品的竞争价格；在同行业中取得主导地位等。

著名的管理学家彼得·德鲁克曾经指出，如果把盈利目标确定为企业的唯一目标是很危险的，过分强调单一的目标会过多地考虑眼前的行动而忽视了长远的利益。例如，只强调利

润就会错误地将管理人员引导到可能危及企业生存的地步（如垄断市场价格或专业技术）

4. 目标的可考核性

目标考核的途径是将目标量化，目标量化往往也降低组织运行的一些效率，但是对组织活动的控制成员奖惩会带来很多方便。

目标的量化主要体现在目标设计中应该遵循SMART原则，即：

S（specific）：目标要清晰明确，让考核者与被考核者能够准确地理解目标。

M（measurable）：目标要量化，考核时可以采用相同的标准准确衡量。

A（attainble）：目标要通过努力可以实现，也就是目标不能过低或过高，过低了，无意义；过高了，实现不了。

R（relevant）：目标要和工作有相关性，不是被考核者的工作就别设定目标。

T（time bound）：目标要有时限性，要在限定的时间内完成，时间一到就要看结果。

5. 目标的可接受性

根据美国管理心理学家维克多·弗鲁姆的期望理论，人们在工作中的积极性或努力程度（激发力量）是效价和期望值的乘积。因此，如果一个目标对其接受者要产生激发作用的话，这个目标必须是可接受的、可以完成的。对一个目标完成者来说，如果目标超过其力所能及的范围，则该目标对其没有激励作用。

6. 目标的挑战性

根据维克多·弗鲁姆的期望理论，如果一项工作完成所达到的目的对接受者没有多大意义的话，接受者也没有动力去完成该项工作；如果一项工作很容易完成，对接受者来说是件轻而易举的事件，那么接受者也没有动力去完成该项工作。因此，目标的设置应当具有一定的挑战性，需要付出努力才可以达到。

目标的可接受性和挑战性是对立统一的关系，但在实际工作中，必须把它们统一起来。要使目标具有激励作用，必须使目标能符合员工的需要，并具有挑战性。

7. 目标的伴随信息反馈性

信息反馈是把目标管理过程中目标的设置、目标的实施情况不断地反馈给目标设置和实施的参与者，让员工及时知道组织对自己的要求、自己的贡献情况。如果建立了目标再加上反馈，就能更进一步改善员工的工作表现。

综上所述，设置目标的数量不宜太大，应包括工作的主要特征，并尽可能地说明必须完成什么及何时完成，如有可能也应明示所期望的质量和为实现目标的计划成本。此外，目标应能促进个人和职业上的成长和发展，对员工具有挑战性，并适时地向员工反馈目标完成情况。

5.2.2 目标的设定

组织总目标确定后，组织内部各单位的目标应该如何确定，由谁来确定？这里介绍两种方法。

5.2.2.1 传统的目标设定方法（自上而下）

传统的目标设定方法，即采用自上而下的方式进行目标的层层分解落实。在高层管理者确定了组织的总目标后，专职负责计划工作的职能人员可能会辅助较高层次的主管者将本单位的目标分解落实到下属的一级或几级部门。

组织内部目标的设定基本上是一个单向的过程，缺乏执行者的参与，这是传统目标设定法的一个特点，也是造成员工工作主动性和积极性受到影响的一个问题。另一个特点是，执行者的目标是由他人来确定的，但因为上层的目标往往是比较抽象和模糊化的，在逐层分解而将总括性目标转化为具体目标的过程中，就可能产生下层目标的扭曲和缺乏一致性问题。比如（见图 5－5），某企业最高管理层制定了“未来一年内公司要获取足够的利润”的总目标。这一组织目标逐级分解为事业部及其下属目标的利润增长目标。这些是书面规定的目标。在目标执行过程中，执行者对其所分解到目标的理解可能会出现如下现象：最高管理者向事业部经理宣布“要改善公司绩效”，事业部将此目标定为“这一年内公司希望看到我们事业部的利润有显著的增长”，于是事业部给下一级部门管理者的目标是“想尽办法增加利润”，结果该目标被理解为“增加利润，不管用什么办法”，逐级落实到员工个人以后的目标则成为“不必担心质量，只管快干”。由上级给下级单方面分派目标，难免会出现目标扭曲问题。

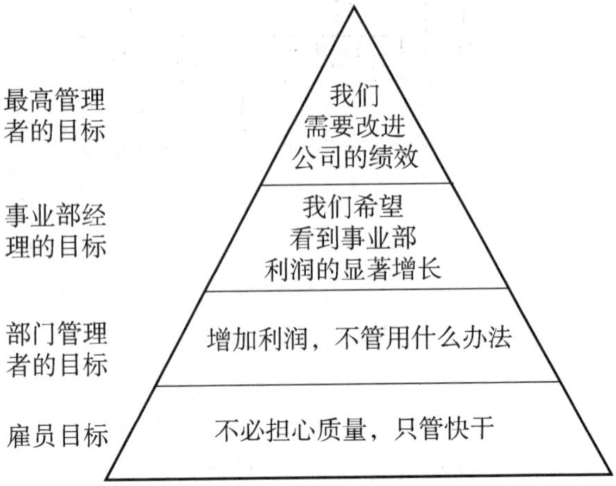

图 5－5　传统的目标设定方法

5.2.2.2　目标管理

为了克服目标传统设定方法，美国著名管理学家彼得·德鲁克在 20 世纪 50 年代提出了目标管理法。彼得·德鲁克 1954 年在其著作《管理实践》中提出：“并不是有了工作才有目标，恰恰相反，正因为有了目标才能确定每个人的工作。”其实质是员工参与制定目标，实行自我管理和自我控制。

1. 目标管理的特点

目标管理（management by objectives，MBO）是参与管理的一种形式，目标的实现者同时也是目标的制定者，即由上级与下级一起共同确定目标；采取“自上而下”“自下而上”相结合的方式，首先确定出总目标，然后对总目标进行分解，逐级展开，通过上下协商，制定出企业各部门、各车间直至每个员工的目标；用总目标指导分目标，用分目标保证总目标，形成一个“目标—手段”链（见图 5－6）。

目标管理的主旨在于，用“自我控制的管理”代替“压制性的管理”，促使权力适度下放，使管理人员能够控制他们自己的绩效，并以“注重成果第一”的方针来评价员工的表现。

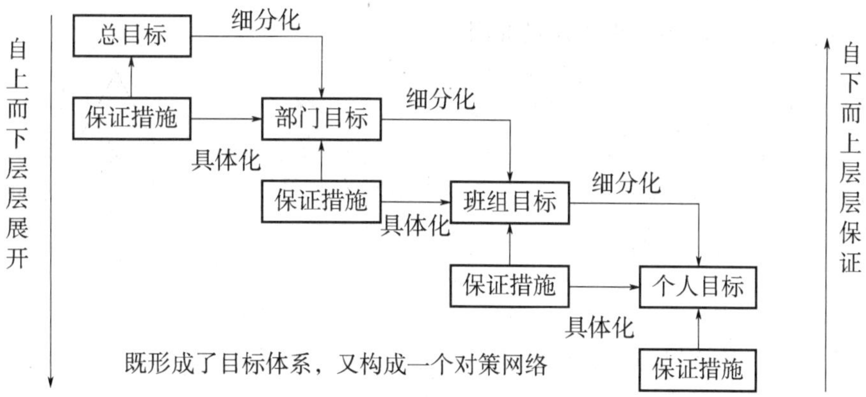

图5-6 目标管理系统图法

2. 目标管理的要素

（1）明确目标。明确的目标比起只要求人们尽力去做来说能够产生更高的业绩，高水平的业绩是和高目标相连的，人们注意到在企业中目标技能的改善，会继续提高生产率。

（2）参与决策。“参与感”使员工产生认同感，是促进工作热忱的有力手段，这是不容置疑的。然而，并非部属都可以根据自己的意见来制定目标，而是要克服企业目标与个人行动上的矛盾，统一及协调双方的关注点。经验表明，在目标管理的推动下，双方能否协调成功，主管与部属的沟通很重要。

（3）规定时限。这强调目标管理的时间性，要求制定的每一个目标都有明确的时间期限，如1个季度、1年、5年，或在已知环境下的任何适当期限。在大多数情况下，目标的制定可与年度预算或主要项目的完成期限一致。

（4）评价绩效。不断地将实现目标的进展情况反馈给个人，以便他们能够调整自己的行动。也就是说，下属人员承担为自己设置的具体个人绩效目标的责任，并具有同他们的上级领导一起检查这些目标的责任，因此每个人对他所在部门的贡献就变得非常明确。

3. 目标管理的主旨

大力倡导目标管理的德鲁克认为，员工是愿意负责的，是愿意在工作中发挥自己的聪明才智和创造性的。目标管理的主旨在于，用“自我控制的管理”代替“压制性的管理”，使管理人员能够控制他们自己的成绩。尤为重要的是，管理人员要努力吸引下属人员对照预先设立的目标来评价业绩，积极参与评价过程，用这种鼓励自我评价和自我发展的方法，鞭策员工对工作的投入，并创造一种激励的环境。当然，公司应将考核结果明确告知执行者，并将考核绩效与企业奖惩办法及升迁制度相结合，以利奖惩。

4. 目标管理计划的典型步骤

我们用表5-1概括目标管理（MBO）计划的典型步骤。

表5-1 目标管理计划的典型步骤

序号	计划内容
1	制定组织的整体目标和战略
2	对下属单位和部门分配主要的目标
3	下级部门管理人员与上级一起议定本部门的目标
4	部门的所有成员设定自己的具体目标
5	上级与下级共商实现目标的行动方案
6	组织实施行动方案
7	定期检查实现目标的进展情况，并向部门和个人反馈
8	基于绩效的奖励将促进目标的成功实现

5.2.3 目标管理的作用

目标管理能够有效地提高员工的绩效和企业的生产率。美国管理学教授斯蒂芬·P. 罗宾斯（Stephen. P. Robbins）曾对70个目标管理计划进行了研究，其中有68个使企业的生产率得到了改进。正如目标管理的创始人德鲁克指出的：凡是工作状况和成果直接地、严重地影响着组织的生存和繁荣发展的部门，目标管理都是必需的。总体来说，目标管理的作用主要有以下几个方面。

（1）目标管理使组织的运作有了明确的方向

有一家规模巨大的公司，虽然它的各部门之间、成员之间发生冲突的可能性无处不在，但它却始终保持很高的凝聚力。有人问这家公司的总裁，是什么方法使员工紧紧抱成一团，使组织成为一个坚强的战斗团队。总裁说："我们从来没有失去目标，即使公司内暂时没有大型的项目，我们总能从我们的对手、潜在的危机中选择一个目标。公司的员工团队始终会感到：我们正在为一个共同的信念而奋斗，我们必须团结协作，否则我们会败给竞争对手。"目标管理的一个重要作用就是明确了企业的努力目标和运作方向。

（2）把各级管理者从日常事务中解放出来

很多企业的管理者都不善于分权和授权，往往忙得焦头烂额，却效率不高。目标管理有助于解决这一问题。设定一个目标，然后让下属朝这个方向努力，管理者就无需投入太大的精力关注下属究竟采用哪种具体方式达成这一目标。因此，目标管理使管理者从繁杂的事务中走出来，知道有所不为才能有所作为。

（3）目标管理强调员工自我控制，可以充分激发员工的积极性

高明的管理者发现，如果给员工一个想要的又富有挑战性的目标，他们会主动调动自己的潜能来实现这个目标，往往能取得令人吃惊的好业绩。如果把目标变得有层次又连续升高，下属会在不断地实现阶段性目标中获得成就感，从而保持持久的动力。

（4）目标管理为业绩的检查反馈和效果评价提供了更为客观的基础

业绩考核是企业管理的重要部分，如何公平、客观地对员工进行考核，是每个企业都头疼的问题，很多企业由于找不到考核的充分依据，只能把业绩考核流于形式，以致出现了"轮流坐庄""新大锅饭"等现象，貌似公平，其实不然。实施目标管理，用明确而量化的目标作为员工业绩考核的依据，客观且明了，为解决以上问题提供了有效的手段。当然，这要求目标要客观、明确，否则，依然达不到效果。

值得注意的是，目标管理方法对于人类的动机做了过分乐观的假设：认为多数人都有发挥潜力、承担责任、实行自治和富有成就感的需要，都有事业心和上进心，而且只要有机会，他们就会通过努力工作来满足这些需要，把工作中取得的成就看得比金钱更重要，这就是"自我实现人假设"，即Y理论。而现实并不完全是这样，特别是将目标的考核和奖励放在一起时，一般人的需求往往是指标要低、出力要少、奖励要多。有时奖惩不一定都能和目标成果相配合，也很难保证公正性，从而削弱了目标管理的效果。因此在商定目标时，如果没有科学管理做基础，没有齐全的资料数据，又缺乏全局观点的话，就很容易产生留一手、互相摸底、讨价还价等现象，从而破坏了信任和承诺的气氛。这种破坏可能是由上级引起，上级的管理指导思想并未改变，仅是变换花样，企图通过某种形式让下级接受自己设定的比较高的目标，以达到控制的目的，这样就失去了信任的气氛。

5.3 计划工作的程序

程序的实质是对所要进行的活动规定时间顺序。计划本身是一种重复的例行性工作，制定计划都要经过如图5－7所示的步骤。

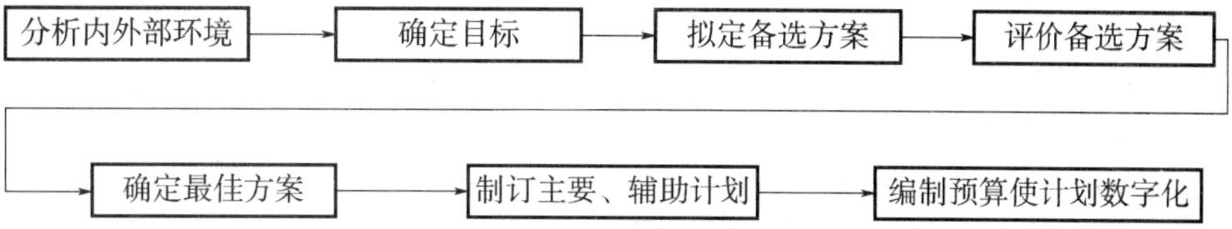

图5－7 计划工作的程序

（1）分析内外部环境。分析内外部环境，就是分析外部环境带来的机会、威胁以及组织内部的优势，劣势。环境具有不确定性，只有分析内外部环境，才能认清形势，做出正确的计划。因此，计划的第一步就是要分析内外部环境，从而对未来进行预测。

（2）确定目标。具体来说，就是根据分析内外部环境的结果，为整个组织及其所属的下级单位确定活动的目标，指明前进的方向。因此，确定的目标，必须说明预期的成果、工作的重点和主要任务。

（3）拟定备选方案及寻找能够实现目标的途径与方法。要实现确定的目标，就必须探索和考察可供选择的行动方案。这一阶段要集思广益，备选方案要尽量多。

（4）评价备选方案。“条条大路通罗马”“殊途同归”都描述了实现某一目标的途径是多条的。因此，要对这些途径进行评价，对各种备选方案进行考察并明确各自的优缺点，不预先设定目标来权衡各种因素，再确定哪种方案能够提供最佳机会，以最低的成本实现最大的利润。

（5）确定最佳方案。根据对备选方案的评价，根据满意原则确定最佳方案。这是做出决策的关键步骤，即选出组织将采取的行动方针。选择时应考虑两个方面：一是将可行性、满意性、可能性完美结合的方案；二是投入产出比率最高的方案。此外，还可以多选一个或几个作为备用方案。

（6）制订主要计划和辅助计划。制订主要计划，就是将所选择的方案用文字形式正式表达出来，作为管理文件。计划要清楚地确定和描述5W1H的内容。辅助计划是指由主要计划所派生出来的计划，即对主要计划起支持性作用的计划。几乎所有的主要计划都需要辅助计划的支持和帮助，完成辅助计划是实现主要计划的基础。

（7）编制预算使计划数字化。预算是一种以数字表示预期收支结果的报告书。编制预算，一方面是为了使计划的指标体系更加明确，另一方面是使企业更加容易对计划的执行情况进行控制。定性的计划往往在可比性、可控性和进行奖惩方面比较困难，而定量的计划具有更为硬性的约束。

综上所述，计划工作就是在对内外环境分析的基础上，确定未来应达到的组织目标，并将组织目标具体化为行动方案。

5.4 计划的工具与技术

5.4.1 评估环境的技术

环境分析技术帮助管理者分析组织的环境，预测和解释环境的变化，这是战略管理过程中最具有战略性的方面之一。

5.4.1.1 环境扫描技术

环境扫描技术（environmental scanning）通过浏览大量的信息以觉察正在出现的趋势，以便预测和解释环境正在发生的变化，然后形成一套设想来应对可能出现的环境变化，以保持组织的竞争优势。

在众多环境扫描技术之中，竞争者情报技术（competitor intelligence）发展最为迅猛。竞争者情报技术是一个过程，组织借助这个过程收集竞争对手的信息，试图得到诸如下列一些答案：谁是竞争者？他们在做什么？竞争对手的行动对我们产生什么影响？

管理者需要了解的竞争对手的信息绝大部分可以从组织的雇员、供应商和顾客那里得到，广告、促销材料、新闻发布会、政府机构报告、年度报告、报纸以及产业研究报告等都是最基本的信息来源。参加贸易展览会听取销售人员的详细汇报，也是竞争情报的重要来源，许多组织甚至定期购买竞争对手的产品，并对其仔细研究，以便了解竞争对手新的技术创新。此外互联网也提供了竞争对手情报的大量来源，因为许多公司的网页上都包含了新产品信息和一些正式公布的信息。有数据表明，企业竞争情报95%是公开的，其中80%～90%来自企业内部，利用企业已有的系统软件，例如OA办公系统、邮件系统、企业内部网、市场人员的营销管理系统以及BOSS系统等，都可以提高信息收集、处理、分发和共享的效率。

在竞争情报系统的关键技术中，最主要的就是数据仓库（data warehouse）、数据挖掘（data mining）技术和Internet/Intranet技术等。它们可以用来实现系统信息输入的集成，并对多种数据源提供一个统一的数据平台，将各种数据重新组合和加工，在此基础上进行深入有效的分析，同时任意组合企业内外部的竞争情报人员来完成群体分析任务。

5.4.1.2 预测技术

预测是对未来的估计，是运用历史的数据和信息来推测未来的结果。准确的预测对于战略计划非常重要。

常用的预测方法种类比较多，有上百种，但可以分为两种类型：定量预测和定性预测。

定量预测（quantitative forecasting）是指利用过去发生的一系列数据，经系统运算或分析以测定未来结果的方法。例如时间序列分析法，即按时间把过去统计得到的数据排列起来，观察发展趋势；相关分析法，主要用于测定组织的销售量和其他因素间的相互关系；经济指标法，利用多个经济指标来预测经济的未来状态；替代效果法，运用数学公式预测新产品或新技术对现有的替代的方法。当管理者掌握足够的可靠数据时，使用这些定量方法的效果最好。

定性预测（qualitative forecasting）是运用个人的经验或集体讨论进行未来趋势判断的方法。主要有：意见评判法，是对管理人员和专家的意见进行综合与折中，从而获得一种平均预测的趋势；销售人员估计法，是指从销售人员和销售经理那里获得对其预期销售量的综合意见；客户评估法，是指综合客户对预期购买量的估计。当管理方缺乏或难以获得所需的必要数据时，定性预测方法有较好的效果。当然，许多情况下定性方法和定量方法要结合使用。此外，还有经济计量模型法、回归模型法等。

定量预测技术和定性预测技术应用举例见表5－2。

表5－2 定量预测技术和定性预测技术应用举例

技 术	描 述	应 用
		定量预测技术
时间序列分析法	用数学方程拟合某个趋势曲线，然后根据此方程预测未来	依据前四年的销售数据预测下一个季度的销售额
回归模型法	根据已知的或假设的变量预测另一个变量	找出能够预测特定销售水平的因子（如价格、广告支出等）
经济计量模型法	采用一组回归模型模拟经济的某个部分	在税法修改后预测轿车销售量的变化
经济指标法	采用一个或多个经济指标预测经济的未来状态	运用国民生产总值的变化预测可支配收入的变化
替代效果法	采用数学公式预测一种新产品或新技术怎样、何时以及在什么情况下将替代原有产品或技术	预测DVD播放机对磁带录像机销售量的影响
		定性预测技术
评审小组意见	综合和平均专家的意见	召集公司人力资源管理者预测下年度院校毕业生的招聘需求
销售人员估计法	综合某个领域销售人员的估计，以确定顾客期望的购买意向	预测下一年度工业激光器的销售
客户评估法	综合依据现有的顾客购买情况所做的估计	调查某家制造商的主要轿车，以便经销商决定市场期望的产品品种和数量

5.4.1.3 标杆比较

标杆比较（benchmarking）最基本的思想是，管理者可以通过分析然后复制各个领域领先者的方法来改进绩效。今天，像日产、Payless Shoe Source、美国军队、通用磨坊（General Mills）、联合航空和沃尔沃建筑设备公司（Volvo Construction Equipment）等组织都把标杆比较作为绩效改进探索过程中的工具。事实上，有些公司还选择了一些与众不同的标杆比较的合作者。例如，西南航空公司就研究了赛车小组怎么用15秒钟就完成了轮胎更换的过程，从中找到了如何缩短登机和离机时间的方法。IBM研究了拉斯维加斯赌城的运作，从中受到启发，改进了减少雇员盗窃的方法。佐丹奴控股公司（Giordano），一家总部设在香港的面向大众服装市场的制造商和零售商，它借用马狮公司（Marks & Spencer）的优质优价概念，以利米特公司销售点的信息采集计算机系统作为标杆，利用麦当劳公司的菜单方法来减少自己的产品结构。

图 5－8 阐明了标杆比较过程中一般运用的四个步骤。

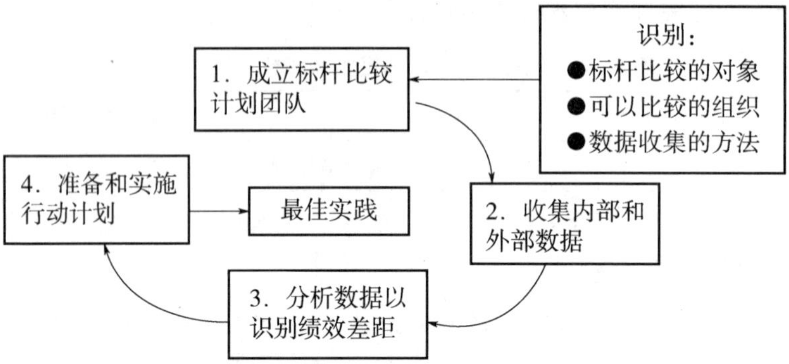

图 5－8　标杆比较的步骤

5.4.2　编制计划的方法

5.4.2.1　滚动计划法

滚动计划是采取“近细远粗”、不断流动而定期调整和编制下一轮计划的方法。在编制计划时，按年分季，第一季度再按月细分，其计划具体、细致，以便落实、实施，其他三个季度可以粗一些。到第一季度结束时，将第二季度的计划按月细分，第三、四季度和下一年度的计划又粗一些……不断延续下去。这种计划方法，可使管理者对计划及执行情况进行经常性的分析研究，并根据实际情况加以修订。

滚动计划编制方式用图 5－9 说明：第一季度执行的结果，如果与计划的差异较小，则可按月编制第二季度的计划和下几个季度的计划，如果差异很大，则要分析具体原因，是执行的不力，还是客观条件发生了重大变化，然后再有的放矢地采取措施；如需调整，应当在调整后再编制下季度各月份的计划。

图 5－9　滚动计划编制图

由于客观形势和主观因素不断发生变化，经常出现不确定的因素，尤其是长期计划更难一下子订得那么周密无误，采用滚动计划法是一种行之有效的方法。以五年计划（图5－10）为例[①]年年往前滚动，①使计划更加符合实际；②短期计划、中期计划和长期计划相互衔接，可以根据环境的变化及时进行调节，使各期计划基本一致；③也大大增加了计划的弹性，提高了组织在剧烈变化环境中的应变能力。

2015	2016	2017	2018	2019					
	2016	2017	2018	2019	2020				
		2017	2018	2019	2020	2021			
			2018	2019	2020	2021	2022		
				2019	2020	2021	2022	2023	
					2020	2021	2022	2023	2024

图5－10　五年计划滚动程序示意图

5.4.2.2　PDCA **循环法**

PDCA循环法又称“戴明循环法”，由美国的管理专家戴明（W-E. Deming）所发明。PDCA是英文Plan（计划）、Do（执行）、Check（检查）、Action（总结或处理）四个词的第一个字母的缩写。它的基本原理是：做任何事情，先有个设想、计划，然后按计划规定去执行，在执行中进行检查，对执行结果进行总结。这是做好一切事情的一般规律。

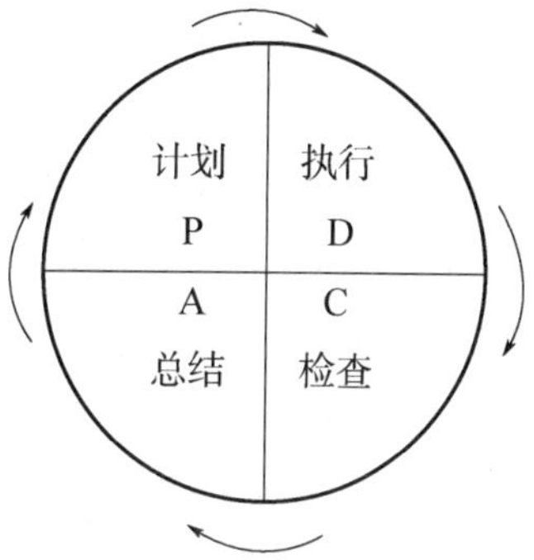

图5－11　戴明循环法

上述四个阶段见图5－11所示：在P阶段，包括明确方针、目标和活动计划等内容；在D阶段，组织力量去执行计划，保证计划的实施；在C阶段，对计划执行情况进行检查、分析；在A阶段，总结成功经验和挫折教训，并把没有解决的问题转入下一个PDCA循环。

PDCA的持续改进方法能逐步提升管理者编制准确计划的能力，在企业有着广泛的应用前景。

5.4.3　资源分配技术

5.4.3.1　**预算**

预算（budget）是一种将资源分配给特定活动的数字性计划。预算作为一种计划工具，应用于组织的各个层次。

1. 增量预算

增量预算（incremental budget）要求每一个预算期间开始时，都采用上一期的预算作为参考点，只有那些要求增加预算的申请才得到审查。管理者经常采用传统的预算方法是增量预算，其编制过程可分为三个步骤（见图5－12）：①将过去的支出趋势或上一期的支出额

① 黄贵庭. 新编现代管理学［M］. 北京：企业管理出版社，2011.12.

度延伸到下一期；②将数额酌情予以增加，以适应工资提高和物价上涨引起的人工成本和原材料成本的提高；③将数额再予以提高，以满足修改原计划和修改原设计方案所需追加的预算支出。

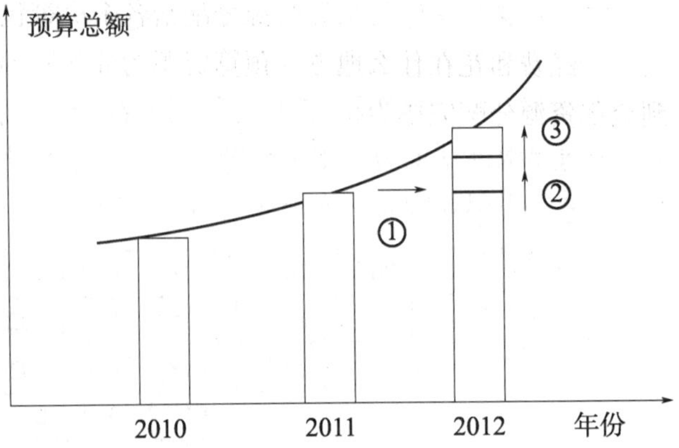

图 5－12　传统预算编制方法步骤

事实上，增量预算最容易掩盖低效率和浪费，在典型的增量预算中，哪项支出都砍不掉。预算开始时，首先看上一期的基金是怎么分配的，然后单位管理者再加上通货膨胀率和对新活动的预算要求，而最高管理层只审查那些增加的部分，结果是某些活动分配到的资金远远超过其实际的需求。

2. 零基预算

零基预算（zero-base budget）一个预算期间开始时，都要求管理者重新论证他们的申请，而不管以前是否有过拨款。这种预算专门用来克服增量预算的缺点，即活动一旦开始就该永远进行下去。零基预算将证明其单位为什么得到预算的责任加在管理者头上。零基预算过程对组织的所有活动进行再评价，看看哪些拨款应当减少，哪些应当维持目前的拨款水平，或者应当增加拨款。零基预算包括三个步骤（见图 5－13）：

①将每一个独立的部门活动作为一个决策包。决策包（decision package）是一个识别和描述特定活动的文件，通常由部门管理者负责制定，包括对活动目的的陈述，活动的经费，人员要求，绩效衡量标准，备选的行动方案，以及对直接效益和间接效益的评价。任何采用零基预算的大型组织都有上千个这样的决策包。

②按照决策在预算期间给组织带来的效益对决策包进行排序。制定好的决策包被呈送给最高执行小组，由他们对每一项目所需的费用和可能的收益进行比较，在此基础上进行费用项目的比较评价，然后按效益的大小排列所有决策包的次序。

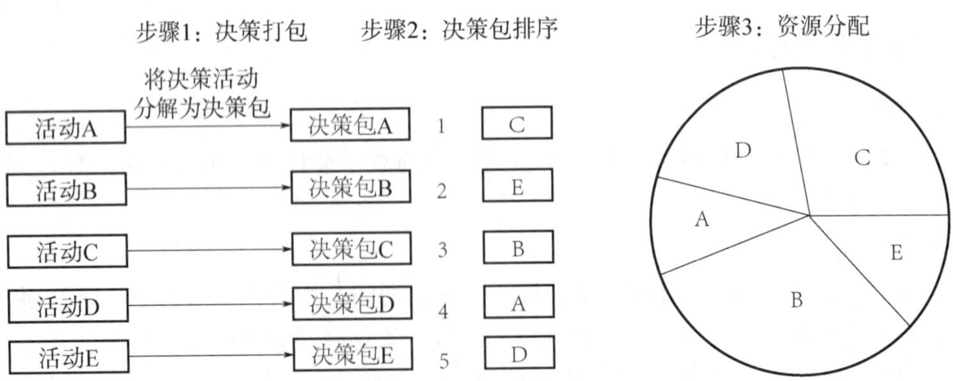

图 5－13　零基预算过程

③按照优先次序将预算资源分配给各个决策包。这需要先弄清组织的经费总额，决定花费多少经费和花在什么地方。预算资源的分配原则是首先满足排在前面的决策包的需要，直到全部资源分配完毕为止。

零基预算不是一种万灵药，像增量预算一样，它也存在固有的缺陷，零基预算增加了文书工作，要花费大量时间进行准备，管理者趋向于夸大他认为重要活动的效益，以及多数情况下的最终效果并不比增量预算有明显的不同。零基预算比较适用于规模较小的公共组织、工商企业中的职能部门或衰退中的组织。此外，零基预算适合于管理日益减少的资源，当组织面临紧缩和财政困难时，管理者急需以有效的手段来分配有限的资源，而零基预算正是这种手段。

5.4.3.2 排程（进度计划）

管理者会定期详细计划应该进行哪些活动，这些活动的先后次序，谁来从事这些活动，以及何时完成这些活动。这些工作称为制订进度计划（scheduling）。以下是常见的几种进度计划工具。

1. 甘特图

甘特图（Gantt Chart）是在21世纪初由亨利·甘特开发的。它内在的思想很简单，基本上是一种线条图，横轴表示时间，纵轴表示要安排的活动，线条表示在整个期间计划的和实际的活动完成情况。甘特图直观地表明任务在何时进行，以及实际进展与计划要求的对比（图5－14所示为图书出版的计划进度和实际进度的甘特图）。它虽然简单，却是一种重要的计划工具，使管理者很容易搞清楚一项任务或项目还剩下哪些工作要做，并且能够评估工作是提前了还是拖后了，或是正按计划进行着。

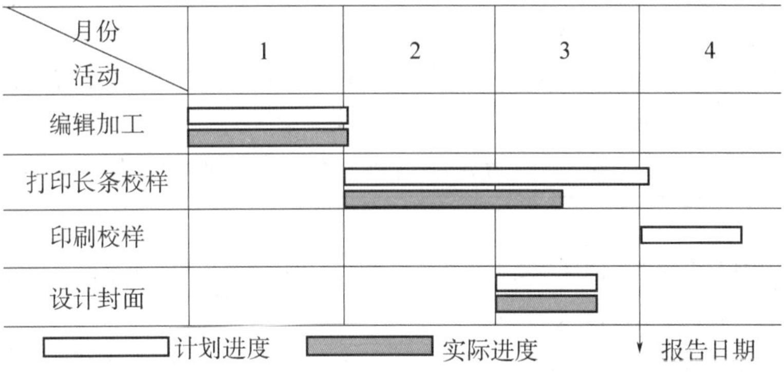

图5－14 图书出版的计划进度和实际进度

2. 负荷图

负荷图（load chart）是一种修改了的甘特图，它不是在纵轴上列出活动，而是列出整个部门或者某些特定的资源。负荷图可以使管理者计划和控制生产能力的利用，它是工作中心的能力计划。下面以某出版公司6个责任编辑为例说明负荷图应用（见图5－15），每个人负责一定数量书籍的编辑和设计。通过检查他们的负荷情况，管理6个责任编辑的执行编辑可以看出，谁有空闲时间可以编辑其他的书目。

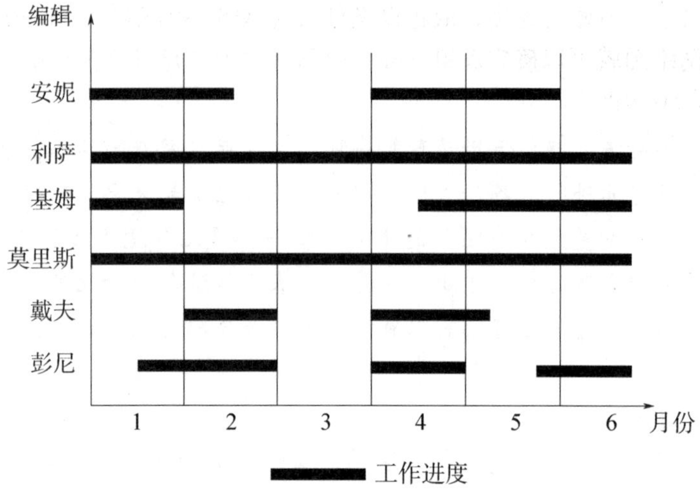

图 5－15　6 个编辑的负荷图

3. PERT 网络图

网络计划技术（program evaluation and review technigue，PERT）即计划评审术，又叫关键路线法。它是利用网络理论制订计划，并对计划进行评价、审定的技术方法。这种现代化的技术起源于美国，最初是在 20 世纪 50 年代开发北极星潜艇系统中，为协调 3000 多个承包商和研究机构而开发的。这个项目具有难以想象的复杂性，要协调几万种活动。由于 PERT 的应用，使北极星潜艇项目提前两年完成。关键路线法后来在世界各国得到广泛的应用和发展，应用这种方法可以有效地利用人力、物力和财力，用最少的劳动消耗达到预定目标。为了掌握怎样构造 PERT 网络，必须明确三个概念：事件、活动和关键路线。事件（events）表示主要活动结束的那一点；活动（activities）表示从一个事件到另一个事件之间的过程，它要花费时间和资源；关键线路（critical path）是 PERT 网络中花费时间最长的事件和活动的次序。表 5－3 列出开发一个 PERT 网络的具体步骤。

表 5－3　开发一个 PERT 网络的五个步骤

序号	步　骤
1	确定完成项目必须进行的每一项有意义的活动，完成每项活动都产生事件或结果
2	确定活动完成的先后次序
3	绘制活动流程从起点到终点的图形，明确表示出每项活动及与其他活动的关系，用圆圈表示事件，用箭头表示活动，结果得到一幅箭线流程图，称之为 PERT 网络（PERT network）
4	估计和计算每项活动的完成时间。以乐观时间 t_a 表示在理想条件下完成活动所需的时间；以最可能时间 t_m 表示正常情况下活动的持续时间；以悲观时间 t_b 表示在最差的条件下完成活动所需的时间。则期望的活动时间的计算公式为：期望的活动时间 t_e ＝（$t_a+4t_m+t_b$）/6
5	借助包含活动时间估计的网络图，管理者能够制定出包括每项活动开始和结束的全部项目的日程计划。沿关键线路的任何延迟需要引起特别注意，因为它将延迟整个项目。就是说，在关键线路上没有松弛时间，沿关键线路的任何延迟都直接延迟整个项目的完成期限

【例5－1】以建造办公楼为例，依题设条件（见表5－4所列），画出网络图如图5－16所示。根据这张网络图就可以确定关键作业，即图中的关键路径是A、B→C、D、G、H→J、K，所需的时间是50（即10＋6＋14＋6＋5＋5＋3＋1）周，这是完成目标的最短路径。这说明任何其中一次活动的延迟都将导致整个活动项目完成时间的延误。识别项目的关键路径是要明确项目活动的重点，便于优化项目的资源分配。

表5－4 建筑房屋事件描述

事件描述	期望时间（周）	紧前事件
A 审查设计和批准动工	10	—
B 挖地基	6	A
C 立屋架和砌墙	14	B
D 建造楼板	6	C
E 安装窗户	3	C
F 盖屋顶	3	C
G 室内布线	5	D、E、F
H 安装电梯	5	G
I 装地板和嵌墙板	4	D
J 安装门和内部装饰	3	I、H
K 验收和交接	1	J

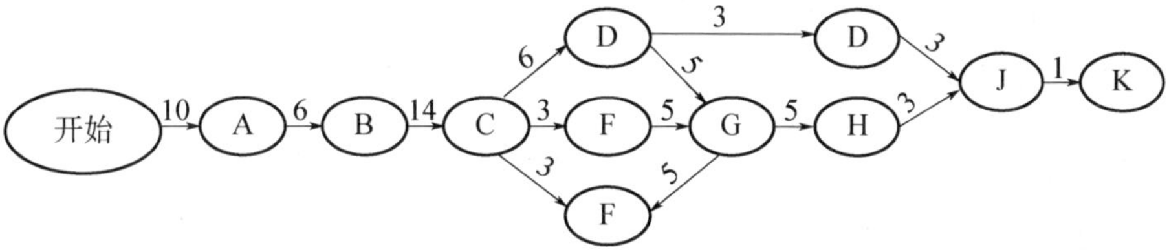

图5－16 PERT网络图

5.4.3.3 盈亏平衡分析

盈亏平衡分析也被称为量本利分析（cost-volume-profit analysis）。它主要是根据成本、业务量和利润三者之间的内在依存关系，分析某一因素变化对其他因素的影响。

一个组织当它的全部收入恰好等于全部成本时就达到了盈亏平衡（BE）。全部成本包含两个部分：固定成本（fixed cost，用FC表示）和可变成本（variable cost，用VC表示），固定成本是指不随销售量变化而变化的成本，如保险费、租金和财产税等；可变成本是与产出（一般用数量衡量，用Q表示）成比例的成本，包括原材料成本、劳动力成本和能源成本，因此，总可变成本（tatal variable cost，用TVC表示）＝可变成本×产出，即$TVC = VC \times Q$。设产品的单位价格为P，则盈亏平衡时总收入等于总支出：

$$P \times Q = FC + TVC = FC + VC \times Q$$

设盈亏平衡点的产量为Q_{BE}，则：

$$Q_{BE} = \frac{FC}{P - VC}$$

销售量高于盈亏平衡点的量，组织才能盈利；低于此量，组织亏损。利用这个简单的模型可以用于制订计划时分配资源。比如：生产同一种产品有多种设备，每种设备的固定成本和可变成本都不同，可以通过算出不同设备的盈亏平衡点的数量，理解每种设备投资大概需要生产多少产品才能回收已投入的固定成本。详细例子可查看第四章有关内容。

5.4.3.4 **线性规划**

线性规划方法所解决的问题是，如何在有限的资源条件下，对实现目标的多种可行方案进行选择，以使某项既定的目标达到最优。不过，这种计划方法要求有关变量间必须具有线性的关系，否则，在非线性关系的情况下，就需要借助非线性规划来解决相应问题。

它研究的问题主要有两类：一类是在一定数量的人力、物力、财力及其他生产条件下如何应用这些资源，以取得最大经济效果（如求利润极大值）；另一类是任务一定，如何统筹安排，以最少的消耗去完成这项任务（如求成本极小值）。

本章提要

计划是管理过程的重要环节，也是最基本的管理职能之一。

计划的内容包括确定组织的目标，制定全局战略使其目标得以实现，开发分层次的计划体系。

计划的方向越明确，越能预见未来，减少不必要的浪费，越有利于控制。

计划根据不同的标准，可划分为不同的类型。不同类型的计划，其有效性受组织、环境和未来承诺等权变因素的影响。

计划工作在管理中处于首要地位，而识别目标是计划的基础。目标有多种特征和属性，设定目标有传统方法和目标管理方法，目标管理能够有效地提高员工的绩效和企业的生产率。

战略是组织的一种总体行动方案，战略管理便是对组织的战略进行系统的分析、制定、实施和调整的过程。

本章主要介绍了三类计划技术：评估环境技术、编制计划方法、资源分配技术。涵盖了：环境扫描法、预测法、标杆法、滚动计划法、PDCA 循环法、预算法、甘特图、负荷图、网络计划技术、盈亏平衡分析和线性规划等方法和工具。

在线资源

在线测试　拓展视频　拓展阅读　拓展案例　相关管理定律　相关管理大师

讨论问题

1. 回想你的高中阶段，你也有考入某个理想大学的目标，为何没有实现？反观那些达成目标的学霸们，他们都会制定自己的计划，并按部就班地执行。为什么大部分学生没有做计划的习惯？是不会制定计划？还是有了计划也不能很好地执行？请反思原因，并与同学分享你的观点。

2. 政策、程序、规则、规划、预算的含义分别是什么？这些分别是什么类型的计划？请你查看一下本校的网站，寻找各个部处处理问题的政策和规则，并讨论为何在事务发生前就已经拟定了相应的处理方法？你认为这是不是一种应对计划？

3. 计划强调“谋”，在“谋”中思考，我是谁？我的处事原则是什么？我要到哪里去？我如何到那里去？这四个高度抽象的问题涵盖了包罗万象的管理情景。请思考计划中有哪些活动和哪些步骤？

4. 有人说：“有效地计划是一切成功的秘诀”。其一，可以梳理问题，通过清楚地确定目标和如何实现这些目标，可为行动提供一幅路线图或行动图，从而减少不确定性和模糊性，并对有限资源做出合理的分配；其二，可以缓解压力，通过清楚地说明任务与目标之间的关系，可制定出指导日常决策的原则，并培养计划执行者的主人翁精神和责任心；其三，可以提高效率，由于目标、任务、责任明确，可使各项工作得以较快和较顺利地实施，并提高经营效率；其四，可以提高效益，借助计划可克服由于资源的短缺和未来情况的不确定性所带来的困难，使一些本来无法或难以有效实现的目标得以实现。对此观点，你有何看法？

综合案例

R公司目标管理的应用

R公司是世界500强某企业深圳工厂，其目标管理由如下几个部分组成：①总经理方针；②部门实施计划书；③部门实施结果报告书；④总经理诊断。

1. 总经理方针

R公司实施目标管理的周期为6个月，每年的4～9月为该年度的上期，10月至次年的3月为下期。每期临近结束时，总经理会提出下一期的重点实施项目，称为“总经理方针”，并下达给各部门。总经理方针一般包括重点实施项目和与之相对应的目标值、达成时间、管理项目、责任部门和协办部门等内容。

2. 部门实施计划书

各部门根据总经理方针制定本部门的实施计划书。在R公司，部门实施计划书的格式是固定的，包括实施项目、目标、实施内容、责任人、日程安排、管理项目六个方面的内容，并且要求以一张表格的形式在一页纸上完成，这一页纸一般是A4，内容较多时可用A3，但必须在一页纸上完成。

实施项目：必须包括总经理方针中的要求事项，另外，还应该有部门打算在下期重点完成的其他项目，这些项目反映了部门负责人对本部门下期工作改善的打算，体现了部门负责人的工作能力。其他五个方面的内容是针对实施项目而确定的具体事项。

目标：实施项目完成后期望达到的状况，要求尽量量化，不能量化时应具体描述所期待的效果。

实施内容：针对实施项目所需要完成的具体工作。

责任人：针对实施项目或实施内容而确定的具体负责人或执行人。

日程安排：实施内容中各项工作的开始和完成时间。

管理项目：对实施项目完成情况进行监控的指标，包括目标和其他指标。

表5-5为R公司总经理方针部门实施计划书式样。

表5-5 R公司总经理方针部门实施计划书式样

批准	审查	制作

××部200×年下期总经理方针实施计划书

实施项目	目标	实施内容	责任人	日程安排						管理项目
				10月	11月	12月	1月	2月	3月	
1										
2										
3										

3. 部门实施结果报告书

部门实施结果报告书是部门在期末对计划完成情况的总结。在R公司，部门实施结果报告书的格式与实施计划书一样，也是固定的，包括实施项目、实施内容、实施结果、自我评价、反省五个部分内容。部门实施结果报告书同样要求以表格的形式在一页纸上完成，进一步的说明资料可以作为附件存在。

实施项目：必须反映实施计划书中的项目，计划外完成的较大项目也可在报告书中总结。

实施内容：针对实施项目实际做了哪些具体工作。

实施结果：是报告书中的主体部分，是对实施项目完成情况的总结。要求尽可能对效果进行量化分析，并用图形和表格说明问题，让人一目了然。

自我评价：对实施项目完成情况的自我评价，有三个选项：满意（O）、一般（△）、不满意（×）。

反省：实施项目完成后的自我感受，有何收获，有何教训，下一步有何想法，等等。

表5-6为R公司“总经理方针”部门实施结果报告书式样。

表5-6 R公司“总经理方针”部门实施结果报告书式样

批准	审查	制作

××部200×年下期“总经理方针”实施计划书

实施项目	实施内容	实施结果	自我评价	反省
1				
2				
3				

4. 总经理诊断

在R公司的目标管理活动中，于每期的期末，会进行总经理诊断。总经理诊断由总经理主持，内容是由各部门经理向总经理汇报本期“总经理方针”的完成情况和下期“总经理方针”的实施计划，并由总经理进行点评。总经理诊断会议由总经理主持，高层领导，尤其是相关部门的分管副总经理也要出席。工作上关系密切的部门一般安排在一起参加诊断会，以便于互相协调。必要时，部门经理可带助手参加。在诊断会议上，部门经理需准备两份报告，本期的“总经理方针实施结果报告书”和下期的“总经理方针实施计划书”。部门经理预先将两份报告复印若干份，分发给出席会议的人员。

诊断会议的进程：首先由部门经理对本期的“总经理方针实施结果报告书”和下期的“总经理方针实施计划书”两份报告先后进行说明，并回答总经理和有关领导的提问，然后由总经理和有关领导进行点评。就这样，逐个部门地进行，直到参加本次诊断会的各个部门诊断完毕。会后，各部门根据总经理和有关领导的意见，对下一期的“总经理方针实施计划书”进行修改，并报总经理签字批准。

资料来源：张志敏．工厂管理十讲［M］．广东经济出版社，2007．稍作改编．

讨论：

1. R公司的目标管理为何要分四个部分，各个部分的作用是什么？
2. “总经理方针”一般由谁制定？如何制定？包含哪些内容？应该详细到什么程度？
3. “部门实施计划书”有哪些执行要领？“成果量化”体现在哪里？
4. “部门实施结果报告书”由哪些部分组成？这一步骤的主要目的是什么？
5. “总经理诊断”环节的主要目的是什么？为何以上计划和报告都要求在“一页纸内”？用意何在？
6. 请分析R公司的目标管理方法有何可借鉴之处？是否存在问题？如何改进？

实践练习

1. 个人时间计划

“大学与中学的主要区别之一就是：在大学里要自己掌握自己的时间。因此学生必须清楚，做每一项工作大概要花多少时间，然后安排利用好自己的时间。如果在大学里没有学好这种本领，将来到社会上工作，又怎能合理安排好自己的时间呢？社会上的事情可要比大学里繁杂得多，且受干扰的因素也多得多。具体讲，就是刚开始时，所做的计划要相对粗些，但要详细记录自己做每一件事情花费的时间，也就是要记时间的流水账。”时间支出流水账如表5－7所示。

表5－7　时间支出流水账

事件	开始	结束	花费时间
起床			
晨练			
早餐			

续上表

事件	开始	结束	花费时间
上课			
……			
午餐			
午休			
上课			
……			
锻炼			
晚餐			
学习			
……			
睡觉			
小计			

表 5-8　每日时间支出统计表

事件	花费时间	说明
休息		
锻炼		
吃饭		
学习		
睡觉		
……		
小计		

2. 创新的计划工作

目的：

（1）给日趋沉闷的公司带来创新观念的头脑风暴。

（2）发现优秀创新计划的要素。

指示：

（1）阅读以下《马森公司的情况说明》。

（2）个人或小组提出一份马森公司的鼓励创新的计划。讨论人员配备、报酬、组织结构、工作设计以及适用的组织行为的其他方面。

（3）在小组或全班范围内分享你提出的计划。

马森公司的情况说明

马森是入选了《财富》500强的公司，从事设计、开发和生产个人装饰品。从1950年到1980年它一直是行业内推出获利丰厚的新产品的领先者。在此期间其研发部门的专业人员数量从20人增加到150人。然而，自从1980年以来，公司一直在依赖过去的成功而未能成功地推出有重大创新的新产品。高层管理者希望重建马森公司行业内技术创新第一人的声誉。

讨论问题：

①在这些计划中有哪些要素是共同的？
②这些计划怎样很好地跟踪创新过程？
③这些计划包括实现创新所需的各种角色组合吗？
④各个计划各有什么优点和缺点？
⑤一个有效的计划应该有哪些组成部分？

若拿走我的财产，但留给我这个组织，五年之内，我就能卷土重来

——小阿尔弗莱德 ·P. 斯隆

第6章 组织

学习目标

1. 解释工作专门化、部门化的观点。
2. 解释职权、职责、指挥链、管理跨度概念。
3. 区别正式组织和非正式组织。
4. 解释战略与结构之间的关系。
5. 管理者选择组织结构的影响因素。
6. 描述组织设计的程序和方法。
7. 说明影响集权和分权程度的因素。
8. 比较不同组织结构的优缺点和适用情景。
9. 描述组织文化的含义和构成要素。

能力目标

1. 识别不同组织的架构。
2. 分析和设计一个组织的结构。
3. 详述管理者面临的组织设计挑战。
4. 能辨识一个组织的组织文化。

本章关键词

组织（organization）
组织（organize）
组织结构（organizational structure）
组织设计（organizational design）
工作设计（job design）
部门化（departmentation）
指挥链（chain of command）
管理幅度（span of control）
集权（centralization）
分权（decentralization）
直线制（line structure）
职能制（functional structure）
直线职能制
（line and functional structure）
矩阵制（matrix structure）
事业部制（divisional structure）
团队结构（team structure）
无边界组织
（boundaryless organization）
学习型组织（learning organization）
组织文化（organization culture）
组织社会化
（organizational socialization）

开篇案例

如何管理"老王瓜子"

小王的叔叔在改革开放初期创办了一家小型私营企业，经营"老王瓜子"，配方是王家祖传的。由于瓜子口味好，价格面向一般大众，很快就确立了大家认可的品牌，销路非常好。在此情况下，企业的员工人数也随之增加，由原来只有4个家庭成员增加到120人，工厂规模也扩大了很多。在感到成功喜悦的同时，小王的叔叔也面临前所未有的困扰。他感觉工作力不从心，每天疲于奔命处理各种各样的琐事。但尽管如此，工厂的管理还是给人很混乱的感觉。想到小王曾经学过管理学，叔叔让小王帮忙想想可能的解决办法。

小王想了想，大概有四种方法：一是叔叔应该抽时间去某著名高校接受管理培训；二是可以考虑请一位顾问，帮他出谋划策；三是可以招聘一位能干的助理，帮助他处理各种琐事；四是对组织结构进行改组，在叔叔和操作工人之间增加层级。

资料来源：编者根据实际接触的某一案例整理.

思考：你认为以上四种方案哪一种更有效?

在上述情境中，小王的叔叔由原先1人指挥4人变成1人指挥120人，这显然是件不可能完成的任务。要解决这个问题，就必须明白组织结构和设计的重要性，尤其是当动态环境发生变化时，设计或再设计一种帮助组织有效率地实现目标的组织结构具有重要意义。

6.1　组织的概述

6.1.1　组织的概念

许多工作都是通过组织来完成的。组织包括两层含义：其一是静态的组织（organization）含义，即从组织结构上来讲，是指由若干因素构成的有序的结构系统；其二是动态的组织（organize）含义，即组织工作，是指管理者为了高效地实现组织目标而建立和健全工作关系结构的过程。"老王瓜子"是一家静态的组织，但这120名员工如何进行任务分工和协作以实现共同目标又是一个动态的组织工作。在管理活动中，组织是一种管理主体，同时又是管理客体、管理对象。

综合以上两层含义，可以把组织的概念定义为：为了有效地配置内部资源和开展活动，实现一定的共同目标而按照一定的规则、程序所构成的一种责权结构安排和人员协作关系，其目的在于以最高的效率使目标得以实现。

6.1.2　组织的类型

从不同的角度，组织可以划分为不同的类别。按组织规模划分，可分为小型组织、中型组织和大型组织；按社会职能划分，可分为文化性组织、经济性组织和政治性组织；按内部是否有正式分工关系划分，可分为正式组织和非正式组织。这里主要介绍正式组织和非正式组织（见图6－1）。

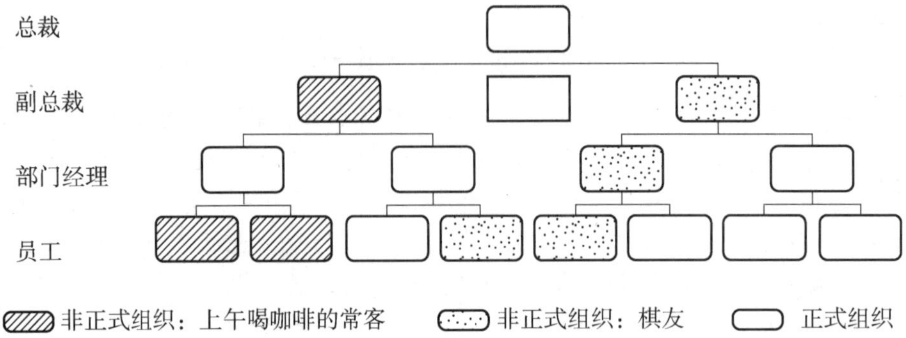

图6－1 正式和非正式组织

6.1.2.1 正式组织

正式组织是为实现组织目标而建立，有明确的组织章程和规范；其成员有明确的编制；是建立在组织效率逻辑和成本逻辑的基础之上的。整体而言，正式组织有明确的目标、任务、结构、职能以及由此决定的成员间的责权关系，对个人具有某种程度的强制性。合理、健康的正式组织无疑为组织活动的效率提供了保证。图6－1中从总裁、副总裁、部门经理到员工就是正式组织的关系。

6.1.2.2 非正式组织

非正式组织是伴随着正式组织的运转而形成的。在正式组织展开活动的过程中，组织成员必须发生业务上的联系，这种工作上的接触会促进成员之间的相互认识和了解，并开始工作以外的联系，频繁的非正式联系又促进了他们之间的相互了解。久而久之，一些正式组织成员之间的私人关系从相互接受、了解逐步上升为友谊，一些无形的、与正式组织有联系但又独立于正式组织的小群体便慢慢地形成了。其成员由于工作性质相近、社会地位相当、对一些具体问题的认识基本一致、观点基本相同，或者在性格、业余爱好以及感情相投的基础上，产生了一些被大家所接受并遵守的行为规则，从而使原来松散、随机性的群体渐渐成为趋向固定的非正式组织。图6－1中上午一起喝咖啡的常客以及平时下棋的棋友就是非正式组织的关系。

6.1.2.3 正式组织与非正式组织的区别

正式组织和非正式组织都有自己的目标，但两者的目标可能一致，也可能不一致甚至相反。二者之间各有不同的特点，其主要区别见表6－1。

表6－1 正式组织与非正式组织的区别

项目	正式组织	非正式组织
形成原因	为了实现共同目标而有意识地组织起来	因人们性格、爱好、交往、感情等逐渐形成，并无自觉的共同目标
表现形式	是有形的组织，表现为组织图、职务说明书等	是无形的组织，无任何成文的表现形式

续上表

项目	正式组织	非正式组织
成员范围	按组织设计规定的层次、部门配备合格的人员，人数相对稳定	自愿结合，不受正式组织规定的层次、部门、职务等的限制，人数不定
行为标准	以效率逻辑作标准，制定有明确的方针、程序、规章制度，要求严格执行	以感情逻辑作标准，只有不成文的约定，如有违反，则受到疏远或排斥
领导者的产生方式	按有关规定选拔产生	自然产生，往往是团体中交往最多的或威望最高者

6.1.2.4 非正式组织的作用

管理案例

员工为何辞职?

阳贡公司是一家中外合资的高科技企业，其技术在国内同行业中居于领先水平。公司拥有员工100人左右，其中的技术、业务人员绝大部分为近几年毕业的大学生，其余为高中学历的操作人员。目前，公司员工当中普遍存在着对公司的不满情绪，辞职率也相当高。

员工对公司的不满始于公司筹建初期，当时公司曾派遣一批技术人员出国培训，这批技术人员在培训期间结下了深厚的友谊，回国后也经常聚会。在出国期间，他们合法获得了出国人员的学习补助金，但在回国后公司领导要求他们将补助金交给公司所有，于是矛盾出现了。技术人员据理不交，双方僵持不下，公司领导便找这些人逐个反复谈话，言辞激烈，并采取一些行政制裁措施给他们施加压力。少数几个人曾经出现了犹豫，却遭到其他人员的强烈批评，最终这批人员当中没有一个人按领导的意图行事，这导致双方矛盾日趋激化。最后，公司领导不得不承认这些人已形成了一个非正式组织团体。由于没有法律依据，公司只好作罢。因为这件事造成公司内耗相当大，公司领导因为这批技术人员“不服从”上级而非常气恼，对他们有了一些成见，而这些技术人员也知道领导对他们的看法。于是，陆续有人开始寻找机会“跳槽”。一次，公司领导得知一家同行业的公司来“挖人”，公司内部也有不少技术人员前去应聘，为了准确地知道公司内部有哪些人去应聘，公司领导特意安排两个心腹装作应聘人员前去打探，并得到了应聘人员的名单。谁知这个秘密不胫而走，应聘人员都知道自己已经上了“黑名单”，于是都相继辞职而去。

资料来源：汪克夷，齐丽云，刘荣. 管理学［M］. 2016.

思考： 什么是非正式组织？为什么该公司领导认为一些人已形成了一个非正式组织？非正式组织的存在对于企业有何作用与影响？如何对待企业中的非正式组织？如果你是该公司的领导应该如何做？

非正式组织的存在是一个客观的、自然的现象，并对正式组织有正负两方面的作用。以周五晚上一起打保龄球的伙伴为例，非正式组织的存在可以为员工提供在正式组织中很难得到的心理需要的满足，创造一种更加和谐、融洽的人际关系，提高和加强员工的相互合作精神；帮助正式组织起到一定的培训作用，规范成员行为；提供一种非正式的信息沟通渠道，有助于促进组织中信息的交流与传递，是正式信息通道的补充。

但非正式组织也可能产生消极作用，主要在于：非正式组织的目标如果与正式组织冲突，则可能对正式组织的工作产生极为不利的影响，并可能扩大抵触情绪；非正式组织要求成员一致性的压力，往往也会束缚成员的个人发展；非正式组织的压力还会影响正式组织的变革，从而形成组织发展中的障碍。这些可以从案例《员工为何辞职》中看出。

6.1.2.5 对待非正式组织的策略

组织成员之间由于有了共同点而形成了非正式组织，所以非正式组织的存在是一个客观的、自然的现象，也由于非正式组织对正式组织具有正负两方面的作用，所以管理者不能采取简单的禁止或取缔态度，而应该对它加以妥善地管理。最大限度地发挥非正式组织的积极作用而克服其消极作用，以有效实现正式组织的目标。

（1）要因势利导，善于最大限度地发挥非正式组织的积极作用而克服其消极的作用，以有效实现正式组织的目标。

（2）利用非正式组织，首先要认识到非正式组织存在的客观必然性和必要性，允许甚至鼓励非正式组织的存在，为非正式组织的形成提供条件，并努力使之与正式组织吻合。

（3）做好非正式组织领导人物的工作，充分发挥他们的作用，使其成为正式组织的重要助手。

6.1.3 组织工作的内容

组织的职能是在组织结构的基础上的组织运作所发挥出来的功能，或者说组织的职能是通过组织工作体现出来的。组织工作是组织为实现其目标而对组织自身进行结构的设计与调整、业务活动的分类、管理人员职位的设置、管理职权的分配以及对组织成员的行为做好规范和协调等方面的工作。具体内容如下：

1. 组织结构设计

组织结构设计是组织工作中最重要、最核心的一个环节，它着重建立一种有效的组织结构框架。具体地说，组织结构设计包括以下步骤：

①在研究组织环境和内外资源条件，并确定组织战略目标的基础上，明确实现组织战略目标所要完成的工作任务；

②对要完成的工作任务进行适当的分工和组合，从而形成职位、部门和层次；

③为这些职位和部门分配责任和权限；

④为使他们能有效地一起工作，还要设置必要的规范和协调关系。组织结构设计的目的就是要形成组织目标所需要的正式组织体系。

2. 组织运行

组织运行就是使设计好的组织结构运作起来。在组织的运作过程中，需要进行适度的集权与分权的选择，实行合理的组织授权，建立现代公司制度，完善并保证组织的有效运行，提高组织运行效率。从一定意义上说，使设计好的组织结构投入运作的过程是与管理工作其他方面的职能密切联系在一起的。为了使整个组织能够有机运转，不仅要设计合理的组织架构，而且还要选拔适当的人员，建立一系列的规范、制度，采取有效的领导方式和激励手段，建立良好的信息沟通渠道，并对组织运行中出现的各种问题进行及时有效的控制等。

3. 组织变革

组织变革就是对组织的调整、改革和再设计，它属于组织工作过程中的反馈与修正阶段。当组织在运行中出现了不完善之处，或者环境发生了变化而引起组织目标的调整时，原有的组织结构设计就要作修改，以提高组织的效能，增强组织的适应性。

组织工作的具体内容和过程可以用图6－2来表示。

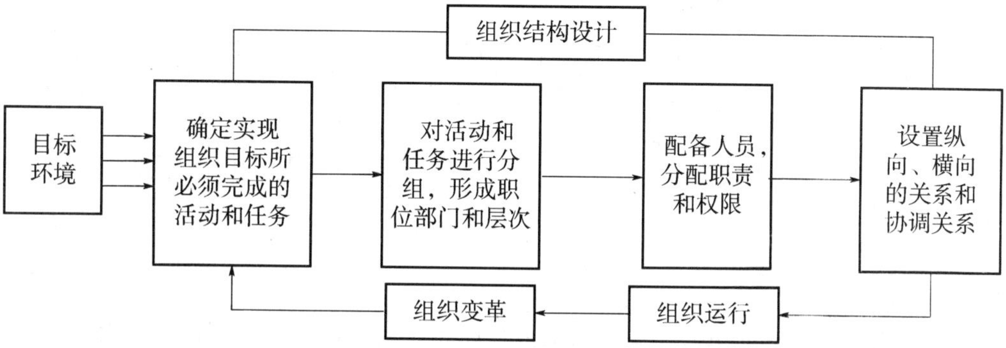

图6－2 组织工作的内容和过程

6.2 如何进行组织设计

6.2.1 组织设计任务

东莞有一家大型毛绒玩具厂，产品主要供出口。为了完成每天的生产任务，工人们分别从事裁剪、车缝、填充、包装等不同的工作，而从事这样一份工作的工作环境是单调、结构化并且充满纪律性的。在Google（谷歌）公司，却没有采取这样一种结构化的、正式的方法，但工作也被有效率、有效果地完成。虽然这两个组织采取了不同的组织结构，但都能使必需的工作顺利完成。

组织设计的基本概念来自早期的管理学者，例如亨利·法约尔和马克斯·韦伯提供了基本的组织结构设计的原则。管理者正在重新评估传统的组织设计方法并探索最能有效促进员工工作的新型组织结构设计——既有效率又灵活的设计。组织设计就是进行专业分工和建立使各部门相互有机地协调配合的系统过程。具体而言，组织设计的任务是建立组织结构和明确组织内部的相互关系，提供组织结构图和职务说明书。

6.2.1.1 组织结构图

组织结构的设计应该明确谁去做什么，谁要对什么结果负责，并且消除由于分工含糊不清造成的执行的障碍，还要提供能反映和支持企业目标的决策和沟通网络，设计合理的组织结构。其目的在于有效地实现组织的目标和计划，达到良好的组织业绩。

组织设计的结果是绘制出清晰的组织结构图，规划和设计组织中各部门的职能、职权和职责，确定组织中直线职权、参谋职权、职能职权等的活动范围及相互关系。组织结构如图6－3所示。

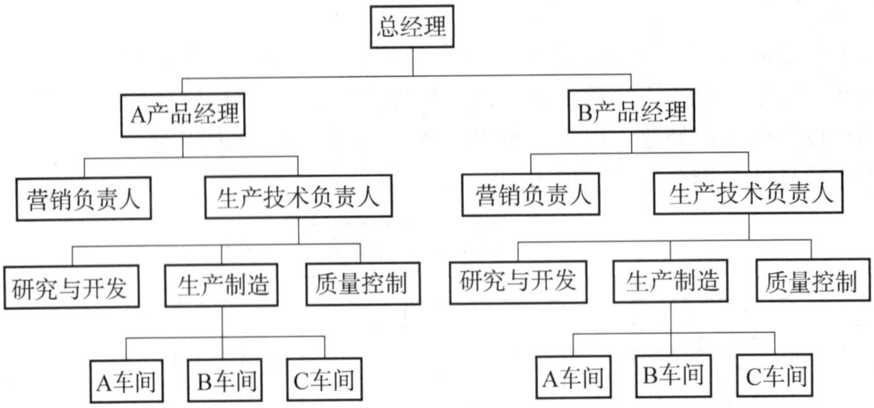

图6－3 组织结构

6.2.1.2 **职务说明书**

职务说明书要求能够简单而明确地指出该管理职务的工作内容、职责与权力、与组织中其他部门和职务的关系，以及要求担任该项职务者必须具备的基本素质、技术知识、工作经验、处理问题的能力等。如A产品生产技术负责人的职务说明书应该包括以下内容：他要对A产品的生产情况总负责；对产品的研究与开发、生产制造、质量控制有决策权，要对结果负责；他受A产品经理的直接领导，与营销负责人是平级关系，他领导三个下属；另外，担任该职务的主管人员，应该具备中层管理人员的基本素质，同时还要对A产品生产技术熟悉等。

编制职务说明书是防止企业内各工作岗位之间互相推诿的有效方法。同时，制定职务说明书有利于改进工作方法，并可作为招聘、培训、任用、提升、调动、考评等人力资源管理各种功能的依据。

6.2.2 组织设计依据

组织设计的目的是为了合理安排组织中管理人员的活动，促进组织的运作更有效率，而组织活动总是发生在一定的环境中，受制于一定的技术条件，并在组织总体战略的指导下进行。此外，组织规模及其所处的发展阶段不同，也会对组织结构形式提出不同的要求。因此，组织设计必须考虑以下这些因素的影响。

6.2.2.1 **组织环境**

一个组织是一个与其外部环境相互作用、相互依存的系统。外部环境由于它的变化程度和复杂程度，造就了它的不确定性。一个组织面临的外部环境不确定性越大，外部环境对组织的选择和决定自身命运的自由的限制就越大。从本质上讲，在稳定、简单、不确定程度低的环境中，组织采取机械式设计更加有效；另一方面，环境的动态性、复杂性及不确定性程度越高，组织就越需要有机式设计的灵活性。

关于环境－结构关系的研究有助于解释为什么管理者正在对他们的组织进行结构重组，以使之变得精干、快速和灵活。全球化、竞争对手不断加速的产品创新以及顾客对质量和价格越来越高的要求，这些都是动态环境的例子。机械式组织并不足以应对快速的环境变化和不确定性，因此人们对寻求新的组织结构形式（如授权和自我管理团队）以实现人员和部门柔性运作的兴趣与日俱增。

6.2.2.2 组织战略

组织战略是决定和影响组织活动性质及根本方向的总目标，它涉及一定时期内组织的全局方针、主要政策与任务的运筹谋划，它是制定策略和计划的准绳。组织结构是实现组织目标和战略的手段和工具，而目标产生于组织的总体战略。因此，组织结构与组织的总体战略是紧密联系在一起的，组织战略对组织结构起着决定性作用，组织结构必须服从组织战略，并与组织战略紧密结合。最早研究这种关系的是美国学者阿尔弗雷德·钱德勒，他通过对通用汽车公司、杜邦公司等美国多家大型公司的研究，得出结论：公司战略的变化会导致为战略服务的组织结构的变化。

例如，当一个组织实施差异化战略，追求有意义、独特的创新时，有机式结构所具备的灵活性和信息自由流动非常管用。而要想采用低成本战略的公司，有效率的、稳定的和严格控制的机械式组织结构可以发挥更优效果。

6.2.2.3 生产条件与技术状况

生产技术水平不仅影响组织活动的效果和效率，而且还会作用于组织工作的各个方面。采用不同的技术手段需要对组织活动运用不同的管理方式，因而也就必然影响组织结构的选择和设计。

关于技术与组织结构之间的关系，其中最重要的一项研究是由琼·伍德沃德于20世纪50年代进行的，她分析了英格兰埃塞克斯东南部地区的100家制造企业，她根据“技术复杂性”将这些企业分为三类：①单件生产或小批量生产（例如定做的机器）；②大批量生产或大规模生产（例如一个自动化的生产线）；③连续生产或分步生产（例如化工厂）；它们在技术复杂程度上渐次提高。伍德沃德的研究发现见表6-2，不同生产类型的企业适用于不同的组织结构。

表6-2 伍德沃德关于技术、结构和绩效的研究发现

企业生产类型	单件生产	大批量生产	连续生产
结构特征	低度的纵向分化 低度的横向分化 低度的正规化	中度的纵向分化 高度的横向分化 高度的正规化	高度的纵向分化 低度的横向分化 低度的正规化
最有效的结构	有机式	机械式	有机式

资料来源：斯蒂芬·罗宾斯．管理学［M］.7版．北京：中国人民大学出版社，2004，P276.

一个组织将投入转换为产出的过程或方法，会在常规化程度上表现出差异。一般来说，技术越简单和常规化，结构就越显示出标准化的机械式特征。生产技术越复杂和非常规化，组织结构垂直分工就越复杂，就越可能实行有机式结构。

6.2.2.4 组织规模及其所处发展阶段

组织的规模往往是与组织的发展阶段相联系的。随着组织的发展，组织活动的内容会日趋复杂，人数会逐渐增多，组织的结构也需要随之调整，以适应不断变化的情况。如当“老王瓜子”的员工人数增加到120人时，原先手工作坊式的组织结构已经阻碍了企业的进一步发展。有许多衡量组织规模的方法，但销售量和员工数量是最为常用的两个要素。不存在必须遵守的衡量规则，但组织的某些特征通常是与组织规模有关的。一般而言，规模小的组织一般专业化程度低、标准化程度低、集权程度高；而规模大的组织一般专业化程度高、标准化程度高、分权程度高。美国学者托马斯·卡曼提出了“组织发展五阶段”理论，他认为组织的发展过程要经历“创业”“职能发展”“分权”“参谋激增”和“再集权”五个阶段，不同的发展阶段要求与之相适应的组织结构形态。

6.2.2.5 人员结构与素质

各级管理者及其下属人员的素质，对组织结构的各要素（层次、机构、权责分工、协作配合等）都有影响，从而带来组织结构的差别和变化。握有权力的决策者，往往会选择惯性技术（惯用的组织控制方式）以降低运作过程的不确定感，选择惯性技术的理由主要是方便控制。决策阶层偏好稳定，往往会选择机械性结构方式，即倾向复杂度低、正式化而集权化程度高的结构方式。

6.2.3 组织设计的程序

假设你现在负责筹备毕业晚会，手下共有10名学生志愿者，你将如何组织协调他们呢？

一般来说，完整的组织设计包括以下三项程序，首先要将任务组合成工作；其次是将工作组合成部门；最后是协调不同部门的职权和职责。

6.2.3.1 职务设计：把任务组合成工作

组织设计的第一步就是分工，进行工作设计（job design），即管理者要决定如何把为顾客提供产品和服务而必须完成的任务组合为具体的工作的过程。为毕业生筹备晚会有很多任务，毕业晚会筹备组的负责人首先要决定如何最合理地将这些任务组合为具体的工作。工作设计其实就是一个分工的过程，分工有助于把复杂的任务分成一项项简单的工作，进而实现专业化，最终提高工作效率。在员工之间进行恰当的劳动分工是组织工作中的一个关键部分，例如麦当劳的管理者在进行组织设计时，就要决定如何最合理地组合工作任务，以保证每一个快餐店都能快速向顾客提供便利食物。

劳动分工思想最初由亚当·斯密提出，20世纪初亨利·福特将这一思想用于汽车装配作业，并一度被管理者视为提高生产效率的有效手段。在人们为劳动分工带来的专业化和高工作效率而兴奋时，20世纪60年代管理者赫然发现过度分工带来了诸如工作厌倦、旷工、高离职率等人员的非经济性，并远远超过了劳动分工带来的经济优势。因此，管理者在决定如何将任务组合为个人工作时，既要进行劳动分工，又必须注意避免工作简单化。也就是说，要避免过度地减少一个员工所要完成的任务数量，合理采用工作扩大化和工作丰富化的手段，以免降低员工的工作满足感和工作质量。

6.2.3.2 部门划分：横向设计

一旦毕业晚会筹备组的负责人决定了哪些任务应该分配到哪些工作中，下一步的组织决策就是如何将这些工作组合在一起，以使组织任务得以协调。部门化（departmentation）就是指将若干职位组合在一起的依据和方式，每一个组织都可以有其划分和组合工作活动的独特方式。图6-4显示了五种通用的部门化方式及其优点。

优点：

√将同类专家和拥有相同知识和技能的人员组合在一起从而提高效率

√职能领域内部的协调

√深度的专业化

不足：

×过度专业化易形成本位主义，造成职能部门之间的沟通不良

×缺乏对组织整体目标的认识

×限制了管理人员的全面发展

（a）职能部门化

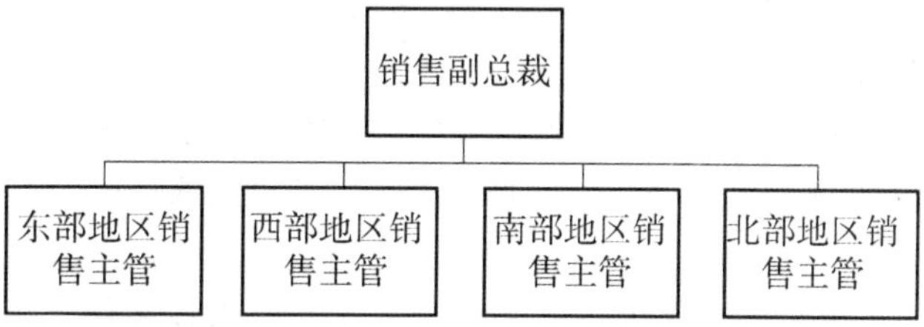

优点：

√更好地满足区域市场的独特需要

√调动各区域的积极性

不足：

×职能的重复配置

×管理成本的增加

（b）地区部门化

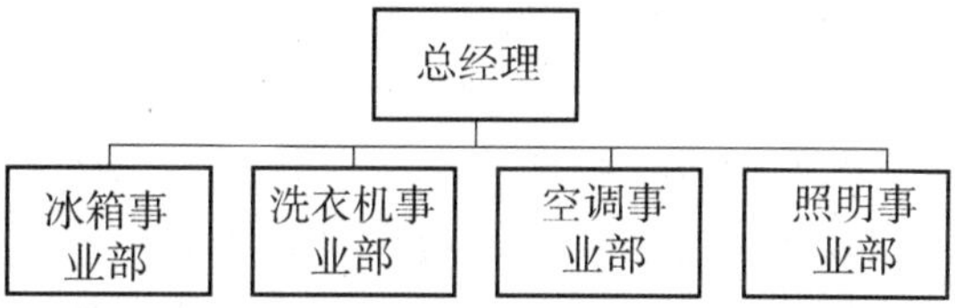

优点：

√促进特定产品或服务的专门化经营

√培养全面的综合性管理人才

不足：

×职能的重复配置

×缺乏对组织整体目标的认识

（c）产品部门化

优点：

√工作活动的更有效流动

√利用专业技术和取得经济优势

不足：

×部门之间的协调有困难

×只适用于某些类别产品的生产

（d）过程部门化

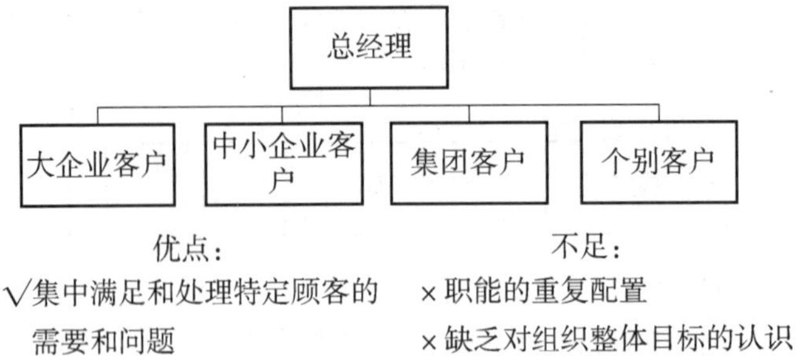

（e）顾客部门化

图6-4　五种通用的部门化方式

（1）职能部门化（functional departmentation）是依据所履行的职能来组合工作，将从事类似工作的员工组成一个小组，这种部门化方式有助于提高专业化水平和工作绩效，可以在各种类型组织中得到应用。

（2）地区部门化（geographic departmentation）是按照地理区域进行工作的组合，如将国内业务划分为东部、西部、南部和北部地区，将全球业务划分为北美、欧洲、中东、亚太等。

（3）产品部门化（product departmentation）是依据产品线来组合工作。在这种方式下，每一主要产品领域都划归到一位主管人员的管辖之下。

（4）过程部门化（process departmentation）是依据产品或顾客流来组合工作，使各项工作活动沿着处理产品或为顾客提供服务的工艺流程的顺序来组织。

（5）顾客部门化（customer departmentation）是依据共同的顾客来组合工作，这些顾客具有某类相同的需要或问题，要有相应的专家才能更好地予以满足。

大型组织通常需要将上述大部分的或全部的部门化方式结合起来使用，即采用混合型部门划分。如图6-5所示，一家大型销售组织会按产品划分部门去建立各个事业部，然后各个事业部又可以按照区域划分部门的方法进一步设立部门，再以顾客划分部门的方法作进一步的部门划分。现实组织中，如何混合使用多种部门划分方法要视具体情况做具体分析。

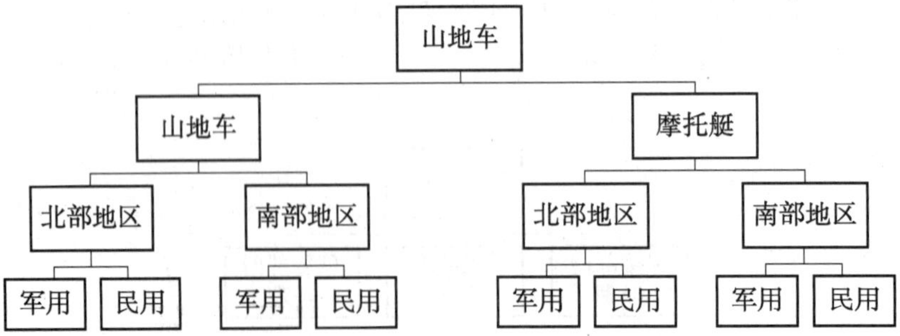

图6-5　某销售组织的混合型部门划分

在部门化方面，两大趋势较为明显：

一是顾客部门化使得管理者易于调查和响应顾客变化多样的需求，正越来越受到普遍使用。例如比恩公司（L. L. Bean）就是根据顾客“通常购买什么”组建了六个顾客群部，这种安排使公司能更好地理解顾客并对其需求做出快速响应。

另一趋势是跨职能团队（cross-function teams）越来越受到管理者的青睐，这是将各个专业领域的专家们组合在一起协同工作。例如赛马斯公司（Thermos Corporation）这家全球闻名的饮料容器和快餐盒生产企业就以跨专业的弹性化团队取代了传统的受制于职能边界的部门化结构，其中“生活方式团队”开发出一种新型的电烧烤架，广受消费者欢迎，该团队由工程、营销、制造各领域的人员构成，从事着将这一产品成功推入市场的所有工作，包括确定目标市场、设计产品、确定合适可行的制造方案等等。

6.2.3.3 建立层次：纵向设计

1. 管理幅度

管理幅度（span of control），又称管理跨度，是指一名主管人员能有效直接指挥、监督、管理的直接下属的人数，如图6－6所示。图中主管人员甲的管理跨度为3，乙的管理跨度为5，丙的管理跨度为7，丁的管理跨度为8。管理幅度是影响组织内部各单位规模大小的重要决定因素，任何组织在进行结构设计时，都必须考虑管理幅度的问题。一般来说，即使在同样获得成功的组织中，每位主管直接管辖的下属数量也不相同。有效管理幅度的大小受到管理者本身素质及被管理者的工作内容、能力、工作环境与工作条件等诸多因素的影响，每个组织都必须根据自身的特点，确定适当的管理幅度。

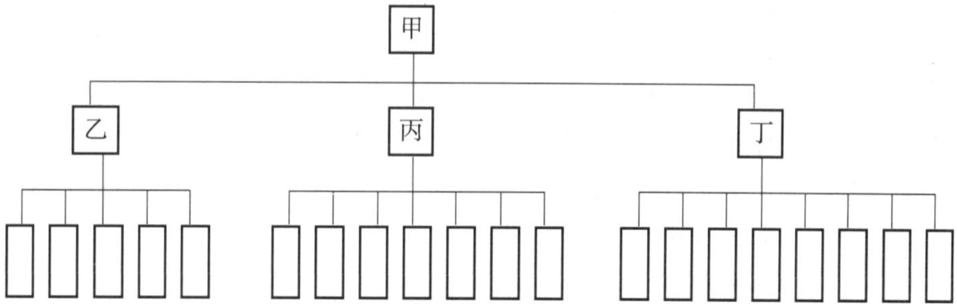

图6－6 管理跨度示意图

管理案例

摩西和管理幅度

管理幅度问题和历史上出现组织一样古老。它出自《圣经》关于摩西组织以色列人逃出埃及的这段故事。在《出埃及记》中记载摩西的岳父注意到摩西花费了很多时间去管理人，于是劝告他：

“你这样做不好。你和这些百姓必都疲惫，因为这事情太重，你独自一人办理不了。现在你要听我的话，我为你出个主意，要从百姓中挑选有才能的人……派他们当千夫长、百夫长、五十夫长、十夫长管理百姓，叫他们随时审判百姓，大事都要呈到你这里，小事他们自己可以审判。这样，你就轻松些，他们也可以同当此任。你若这样做，上帝也这样吩咐你，你就能受得住，这百姓也都平平安安归回他们的住处。”

于是摩西听从了他岳父的话，应用部门划分的方法，选拔千夫长、百夫长、五十夫长、十夫长管理百姓，大大提高了管理效率。

资料来源：施芳．管理学原理及应用管理就在你身边［M］．2008.

2. 管理层次

管理层次是指组织内部从最高一级管理组织到最低一级管理组织的职位等级数目。由于主管人员能够直接有效地指挥和监督的下属数量是有限的，因此，最高主管的被委托人也需要将受托担任的部分管理工作再委托给另一些人来协助进行，依此类推，直至受托人能直接安排和协调组织成员的具体业务活动，由此就形成了组织中最高主管到具体工作人员之间的不同管理层次。图 6－6 的管理层次为 3。

3. 管理跨度与管理层次的关系

组织的管理层次受到组织规模和管理跨度两方面的影响：

（1）在管理跨度给定的条件下，管理层次与组织规模大小成正比，组织规模越大，成员数目越多，其所需的管理层次就越多；在组织规模既定的条件下，管理层次与管理跨度成反比，管理跨度越大所需的管理层次就越少，反之管理跨度越小所需的管理层次就越多。以一家拥有 4096 名员工的企业为例，假设各层次的管理跨度相同，如果按管理跨度分别为 4、8 和 16 对其进行组织设计，那么其相应的管理层次为 6、4 和 3，所需的管理人员数为 1365、585 和 273 名，见图 6－7。

（2）管理跨度的宽窄对组织形态和组织活动会产生显著的影响。在组织人员数量一定的情况下，管理跨度越窄，组织层次就越多，从而组织就表现为高而瘦的结构特征，这种组织称为高耸型组织，如图 6－7（a）所示；反之，管理跨度越宽，组织层次就越少，从而该组织就称为扁平型组织，如图 6－7（c）所示。一般地，高层最适宜的管理跨度为 3 ～ 6 人；中层为 5 ～ 9 人，基层为 7 ～ 15 人。从成本角度来看，较宽的管理幅度显然更节约成本，但过宽的管理幅度也会导致管理者没有足够的时间和精力来指导下属的工作，想想本章导入案例中小王的叔叔，面对 120 名员工一竿子插到底，早已力不从心。但通过层级划分，每层设置适宜的管理幅度，他就可以轻松管理 120 人的企业。

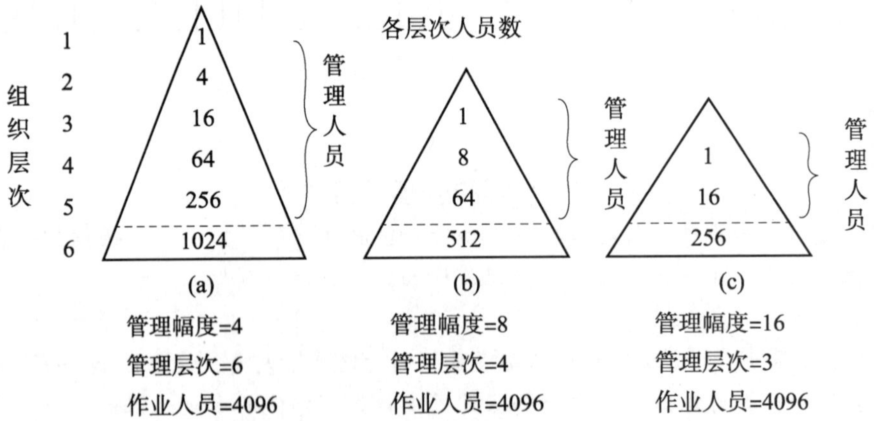

图 6－7　管理跨度与管理层次的关系

4. 高耸型结构与扁平型结构

如上所述，由于管理跨度与管理层次这两个变量的取值不同，就会形成高耸型结构和扁平型结构两种组织结构类型。

（1）高耸型结构。高耸型结构是指组织的管理跨度较小，从而形成管理层次较多的组织结构，具有管理严密、分工明确、上下级易于协调的特点，但层次较多，需要从事管理的人员也迅速增加，彼此之间的协调工作也急剧增加。如图 6 – 7 所示，当管理跨度从 16 变为 4 时，管理人员从 273 名增至 1365 名，增加 4 倍多。其优点、缺点如下：

高耸型结构优点：有利于上级对下属进行及时的指导和控制，层级之间关系较为紧密；权责关系明确，有利于工作任务的衔接；有利于增强管理者权威；为下属提供更多的晋升机会。

高耸型结构缺点：过多的层次不仅会增加高层与基层之间沟通的难度，影响信息传递的速度和质量，而且还会因管理人员的迅速增加而增大协调的工作量和管理成本，同时由于管理严密，影响下级人员的主动性和创造性。

（2）扁平型结构。扁平型结构是指组织的管理跨度较大，从而形成管理层次较少的组织结构。其优点、缺点如下：

扁平型结构优点：缩短了上下级距离，密切上下级关系，加快了信息纵向沟通的速度，减少了信息的失真，从而可以提高决策的质量，降低管理成本；由于管理跨度的增加迫使上级授权，可以大大提高下级的积极性和自主性，增强其满足感；同时也有利于更好地选择和培训下属人员，培养和提高下级管理能力。

扁平型结构缺点：由于管理跨度较大，不能严密地监督下属，上下级协调较差，而且也加重了横向沟通与协调的难度。

管理幅度的现代观点认为，有许多因素影响着一个管理者既能有效率又能有效果地管理下属人员的合适数量，若员工的训练程度越高，经验越丰富，他们需要的直接监督就越少，此时就越适合建立扁平型组织。如今的企业都希望组织扁平化，扁平型的组织给员工更多的授权，可以加快决策，及时响应顾客需要，增加组织灵活性，同时也降低了中间的管理成本。然而，要变成扁平型组织可不是无条件的，为了确保组织绩效不因管理幅度加大而受到影响，这些组织的员工必须训练有素，因此在员工培训方面不得不投入巨资。

随着经济的发展和技术的进步，为了达到有效，组织结构越趋于扁平化，就是组织通过增大管理幅度、减少层次来提高组织信息收集、传递和组织决策的效率，最终发挥组织的内在潜力和创新能力，从而提高组织的整体绩效，完成组织的战略目标。

6.2.3.4 责权分配：分配各层次部门职权和职责

当毕业晚会筹备组的负责人按照合适的方式将工作组合成部门之后，接下来的组织决策就是要给这些不同的工作职能和部门分配相应的职权和职责，从而使组织资源得到最有效率和最有效果地使用。把某一个职位或部门预期要达到的成果规定得越明确，所授予的工作权限以及与其他部门关系的规定越清晰，那么有责任感的个人就越能为实现组织目标做出充分的贡献。

在协调职能和部门的过程中，要注意两项关键要素，一是指挥链，二是集权和分权。

1. 指挥链

指挥链是组织设计的一项核心要素。指挥链（chain of command）是指从组织高层延伸到基层的这样一条连续的职权线，它界定了谁向谁报告工作，它能帮助员工回答“我遇到问题时向谁请示”或者“我对谁负责”这类问题。

（1）职权、职责以及统一指挥

职权（authority）是一种来自职位的权力，并代表着权力的合法使用。职权意味着管理者拥有发布命令和希望命令得到下属执行的这样一种权力，是管理者权力的来源之一。各级管理者作为组织指挥链中的一环，需要被授予一定程度的职权以便履行其职责。职权线不清晰将会在组织内导致混乱和冲突。

职责（responsibility）指为了实现目标，使用资源和严格遵守组织政策的义务。一旦人们接受了职责，完成分配的工作就成了一种义务。在定义工作任务时，职权与职责完全不同，不可混淆。

统一指挥（unity of command）原则，是法约尔的 14 条管理原则之一，它强调每个下属应当而且只能向一个上级主管直接报告工作。不遵循统一指挥原则，让多个上级发出冲突的命令或优先处理要求会造成许多问题。

（2）直线职权和参谋职权

图 6－8 是一家制造业公司的组织结构图。总裁位于指挥链的最高层，财务副总裁、生产副总裁、公关部主任以及销售副总裁都直接向总裁汇报工作，在指挥链上的位置仅次于总裁。这里特别值得一提的是，公关部主任虽然也直接向总裁汇报工作，但与财务副总裁、生产副总裁以及销售副总裁不同的是，他不是一名直线管理者。所谓直线管理者（line manager）指的是位于指挥链的某个位置，拥有直线职权，能够直接管理下属和资源。相反，公关部主任是一名职能管理者（staff manager），拥有参谋职权，主要给总裁提供企业公关建议。直线职权直接涉及生产和销售组织的产品或服务，通常是直接为组织目标服务的；而参谋职权一般只限于将自己的意见推荐给直线人员，通常起间接的咨询和支持作用。人们对直线管理者和参谋普遍持这样一种看法，那些对完成企业目标有直接影响的部门如生产部和销售部是直线部门；而那些为了完成企业的目标而给直线管理者提供协助和建议的部门如人力资源部、公关部、财务部是参谋部门。但在参谋部门内部仍有直线关系，上例中的公关部主任对于其下属来说仍然居于直线管理者的位置，拥有直线职权。因此，直线与参谋的特征主要是由其关系来界定的，而不是由部门活动来界定。

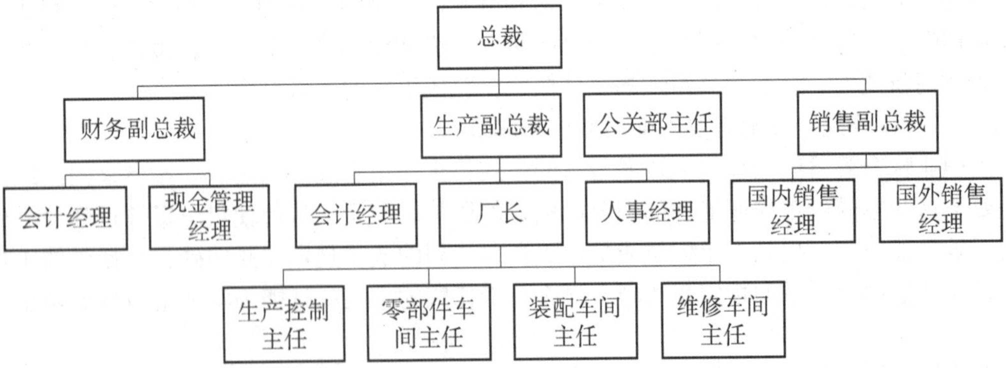

图 6－8　某制造业公司的组织结构图

管理案例

直线管理者或参谋，哪个是你的职业目标？

许多取得工商管理硕士学位（MBA）毕业生的目标是要做参谋职位的工作，运用他们的分析能力给直线管理人员提出建议。据报告，1985 年有超过 1/3 的哈佛大学的 MBA 毕业生选择这种职业。前些年，这个比例甚至更高。

在20世纪80年代早期和中期，由于经济上的原因，形势正在变化，许多大公司裁减自己的工作人员。例如，策略的制定不是由总部的策略计划人员而是更经常地由直线管理人员制定，而且他们还必须执行这个战略。因此，过去做计划、提建议和分析业务形势的人员被调动到直线职位上，他们必须制订优先方案，进行决策并激发员工为实现企业的目标做出贡献。

一些参谋人员能够成功地转换到直线职位上，但另一些人却失败了。这些成功转换的“新来人员”所面临的诸多问题中的一个，是直线人员看到他们渴求的职位被原先的参谋人员获得而产生的怨恨。显然，直线工作不同于参谋工作。有执行决策的实权可能是令人兴奋的，但不是每个人都能实现这种转换。因而，有抱负的管理人员在选择其职业道路之前，应谨慎地分析其优势、劣势和动力。

资料来源：刘飞燕、史丽华. 管理学原理［M］. 2014.

2. 集权和分权

管理者实现宽管理幅度的扁平化组织的方法之一就是向低层管理人员和非管理人员授权。集权（centralization）和分权（decentralization）反映了高层管理人员对下属授权的不同程度。若组织高层在制定决策时从不或很少从低层获得决策投入，这样的组织就是集权的；相反，要是低层员工能够提供决策投入或者实际上能够参与决策，那么组织的分权化程度就较高。集权与分权只是一个相对的概念，而不是绝对的两级。分权能够使组织及其员工以一种更为灵活的方式行动，即使是当组织发展起来，变得更高耸时，仍然能够维持这种效果，这正是管理者日益注重向员工授权（empowerment）的原因所在。尽管越来越多的组织开始采取措施进行分权，但分权也会面临失控的潜在风险，例如研发部门的管理者就可能会致力于尽最大努力开发出最好的产品，而没有意识到开发出来的产品可能过于昂贵以致没人愿意购买或没人能够买得起。同样，由于过度的分权，职能部门或分部之间可能会缺乏应有的沟通从而阻碍他们之间协调效应的实现，最终影响组织业绩。高层管理者必须综合考虑以下权变因素（见表6-3），在集权与分权之间寻找一个平衡点，以便最有效地实现组织目标。

表6-3 影响集权与分权的因素

更集权化	更分权化
环境稳定	环境复杂且不确定
低层管理者欠缺决策能力或经验	低层管理者拥有决策能力和经验
低层管理者不愿意介入决策	低层管理者要参加决策
决策的影响大	决策的影响相对小
组织正面临危机或失败的危险	公司文化容许低层管理者对所发生的事有发言权
企业规模大	公司各部在地域上相对分散
企业战略的有效执行依赖于高层管理者对所发生的事拥有发言权	企业战略的有效执行依赖于低层管理者的参与与制定决策的灵活性

6.3 组织结构的类型

在做出组织设计决策时，有一些组织结构类型可供管理者参考。

6.3.1 机械式组织结构类型

所谓机械式组织，又称为科层制组织，指的是一种严密控制、非常刻板的组织结构，工作分工很明确，部门划分很清晰，等级规定很严格，内部多为正式的沟通渠道，决策较集权，基层员工很少能参与决策，管理幅度一般较窄，管理层次较多，呈现为一种高耸型的组织结构。机械式的组织结构犹如高效率的机器，力图通过标准化的工作规则将各种模糊和不确定性减少到最低限度。虽然现实中并不存在某种纯粹的机械式组织，但直线制、职能制、直线职能制、矩阵制以及事业部制等传统的组织结构设计至少在一定程度上有这些机械式组织结构的特点。

1. 直线制组织结构

直线制（line structure）组织结构是指组织没有职能机构，从最高管理层到最基层，实行直线垂直领导，所有组织成员均按指挥链接受指令，见图6-9。这种组织结构的优点是简单明确，责任分明，有助于快速做出决策并防止推诿责任。其缺点是在组织规模较大的情况下，所有的管理职能都集中由一人承担，往往由于个人的知识及能力有限而感到难于应付，顾此失彼，可能会出现较多失误；同时也容易导致组织被一两个有能力的关键人物所掌控。因此，这种组织结构主要适用于规模较小、任务比较单一的小型组织，例如化肥厂。

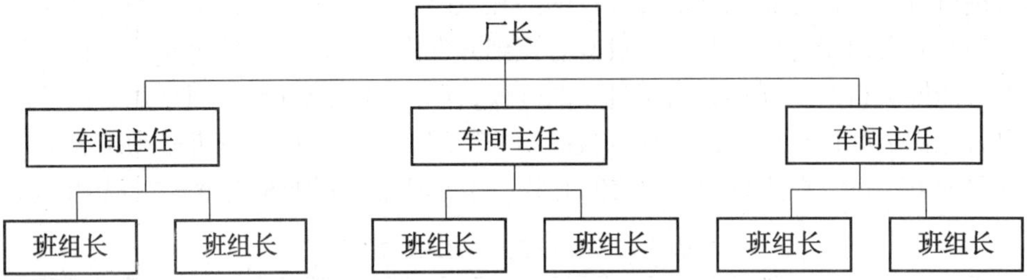

图6-9 直线制组织结构形式

2. 职能制组织结构

职能制（functional structure）组织结构的特点是采用专业分工的管理者，代替直线型组织中的全能型管理者，即在组织内设置若干职能部门，各职能部门都有权在各自业务范围内向下级下达命令和指示，也就是各基层组织不仅要服从上级直接领导，还要接受各职能部门的领导，如图6-10所示。这种组织结构适用于技术比较复杂和制度上管理分工较细的企业，能够发挥职能机构的专业管理作用，从而减轻上层管理者的负担。但是，它违背了集中管理和统一指挥原则，形成了多头领导，容易造成管理制度的混乱；各部门容易过分强调本部门的重要性而忽视与其他部门的配合，忽视组织的整体目标；最高主管监督、协调整个组织的难度较高。

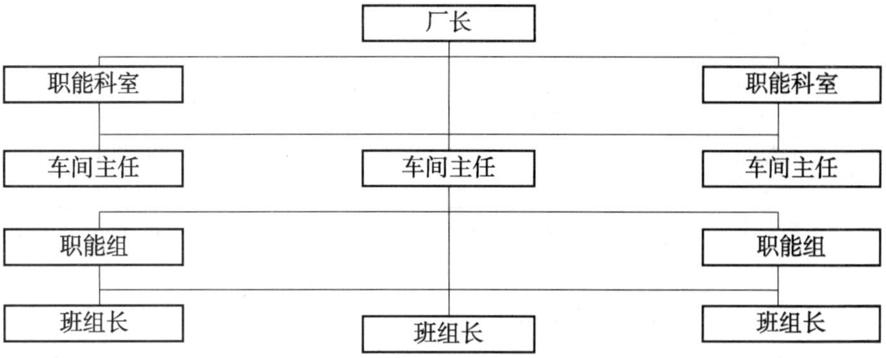

图6－10　职能制组织结构形式

3. 直线职能制组织结构

直线职能制（line and functional structure）组织结构是对职能型组织结构的改进，是以直线型组织为基础，在各级直线主管之下设置相应的职能部门而建立的二维组织结构，即设置了直线职能和参谋职能两套系统，前者是按命令统一原则组建的纵向指挥系统，后者是按专业化原则组建的横向管理职能系统。特点是，直线部门和人员在自己的职责范围内有决定权，对其所属下级的工作进行指挥，并负全部责任，而职能部门和人员仅是直线主管的参谋，只能对下级机构提供建议和业务指导，没有指挥和命令的权力。职能部门拟订的计划、方案以及有关的指令，统一由直线领导批准下达，见图6－11。直线职能制组织结构既保持了直线制的集中统一指挥的优点，又吸取了职能制的发挥专业化管理的长处，管理权力高度集中，任务明确，决策迅速，指挥灵活，效率高。缺点是权力集中于高层领导，下级缺乏必要的自主权，职能人员之间的横向联系较差，目标不易统一，缺乏全局观念，同时也可能导致直线人员与参谋人员之间的冲突。

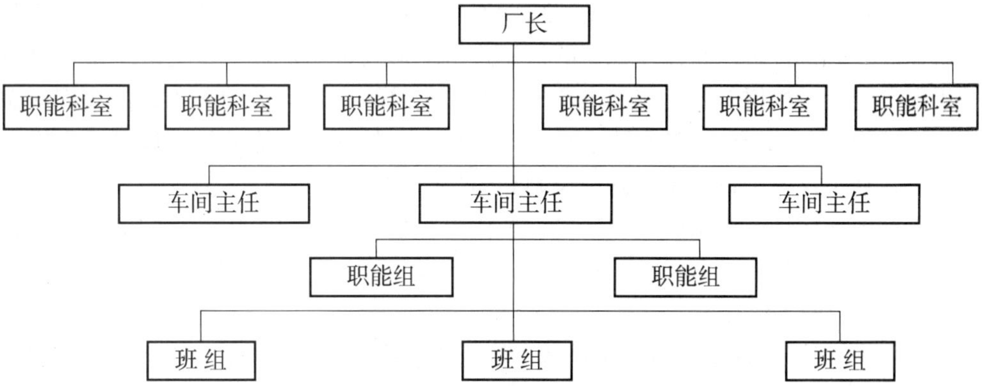

图6－11　直线职能制组织结构形式

4. 事业部制组织结构

事业部制（divisional structure）组织结构首创于19世纪20年代，最初是由美国通用汽车公司副总经理斯隆创立，故又称斯隆模型。该结构是在直线职能制组织结构框架基础上，按地区或所经营的各种产品、项目或地域设置独立核算、自主经营、自负盈亏的事业部，同时，事关大政方针、长远目标以及一些全局性问题的重大决策集中在总部，以保证企业的统一性。这种组织结构形式最突出的特点是“集中决策，分散经营”，这是在组织领导方式上由集权制向分权制转化的一种改革，见图6－12。

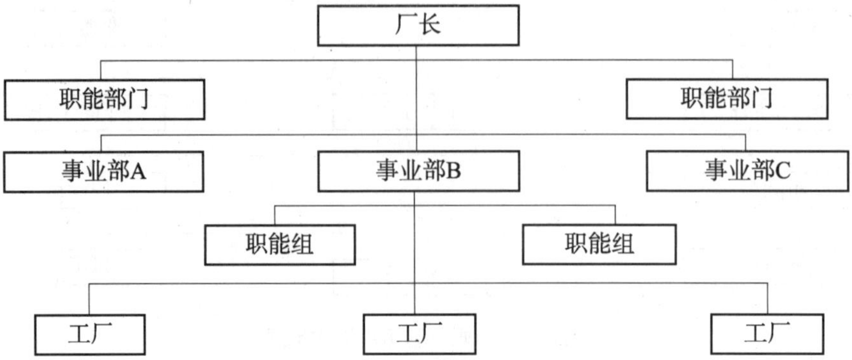

图6－12 事业部制组织结构形式

事业部制组织结构有利于发挥各事业部积极性、主动性；公司高层可摆脱日常事务，集中思考战略问题；各事业部高度专业化，集中从事某方面的经营，有利于提高效率和适应性；经营责任和权限明确，绩效容易考核，可促进部门间的竞争；有利于培养高级综合管理人才。缺点在于机构、活动和资源重复配置，管理成本高；各事业部独立经营，易形成本位主义，相互支援和协作较差；对管理者要求较高，事业部经理需要熟悉全面业务和管理知识。

6.3.2 有机式组织结构类型

如前所述，组织设计必须充分考虑战略、环境不确定性程度、规模以及技术这四项权变要素。随着组织环境的动态变化，现代组织中的管理者们发现，传统机械式组织（mechanistic organization）的设计常常不能适应他们所面临的动态复杂的组织环境，如何设计有机式组织（organic organization）以更快更好地响应顾客等利益相关者的需求和市场变化越发重要。

灵活多变的有机式组织与僵硬稳定的机械式组织形成鲜明对比，这类组织设计不具有标准化的规则，能灵活根据需要迅速做出调整。有机式组织也进行劳动分工，但人们所做的工作并不是标准化的。由于员工具有高水平的技能和良好的训练，能够被授权开展丰富多样的工作任务，并且不需要进行严密的管理控制和监督。

为了更好地适应动态复杂的组织环境，现代组织越来越注重采用有机式的组织设计，以使组织的运作更加有效。

1. 矩阵制组织结构

矩阵制组织结构（matrix structure）是在传统的直线职能制结构内建立项目小组的形式。在矩阵制结构下，为某一项目工作的员工被正式委派去做项目并同时仍从属于他们的原属部门。在这种组织中，每个成员既要接受垂直部门的领导，又要在执行某项任务时接受项目负责人的指挥，见图6－13。

矩阵制组织结构在不增加机构和人员的条件下，将不同部门集中在一起，组建较方便，可实现资源在不同项目之间柔性的分配，灵活性和适应性较强，有利于加强各职能部门之间的协作和配合，开发新技术、新产品和激发组织成员的创造性。此外，项目一旦结束，项目成员又可以很方便地回到其原来的职能部门。缺点是它违背了统一指挥的原则，存在双重指挥，容易引起冲突，需要大量的协调工作，组织结构稳定性差，而且还可能导致项目经理过多、机构臃肿的弊端。

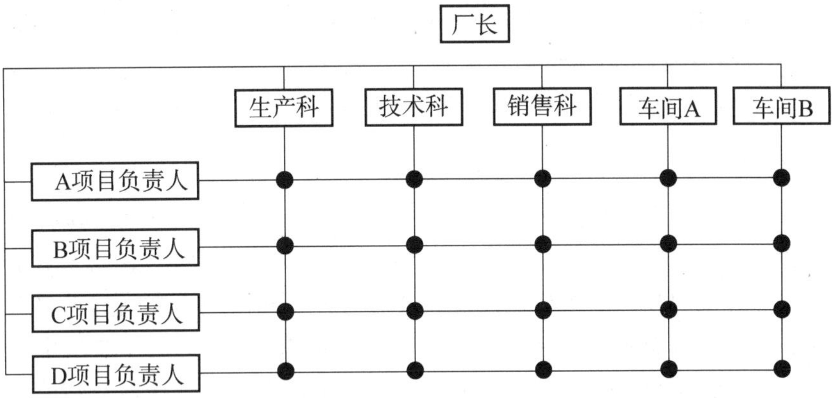

图6－13 矩阵制组织结构形式

2. 团队结构

团队结构（team structure）是一种较新的组织结构。在该组织结构中，整个组织由执行组织各项任务的工作小组或团队组成（见图6－14）。显然，在这样的结构中，对员工的授权非常关键。换句话说，这种组织已不存在从高层到基层间的管理职权链。相反，员工团队可以自由地以他们认为是最好的方式来安排工作，团队也对其所负责领域的所有工作活动及结果负责任。该组织结构有助于提高效率和客户满意度；由于团队结构奖励整个团队的绩效而非个人，能有效改善团队文化。目前，卡夫食品、通用电气、英国航空、美国电话电报公司等都广泛采用了这种团队结构。

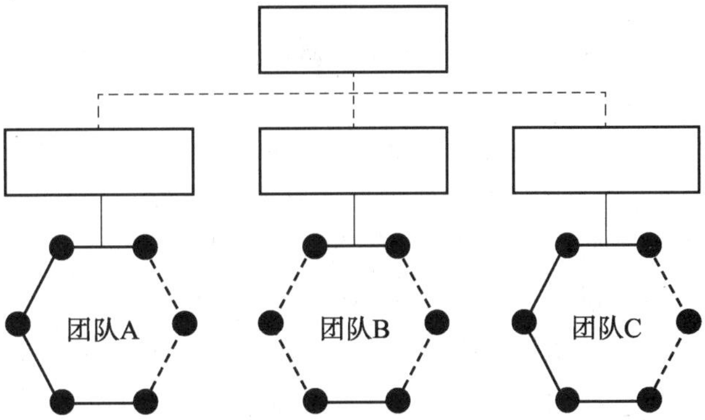

图6－14 团队结构

管理案例

伊丽莎白·雅顿公司的改造

伊丽莎白·雅顿公司（Elizabeth Arden International）是联合利华公司拥有的全球性化妆品和香水公司。20世纪90年代初期，公司遇到了在一些国家产生的生产过程方面的问题，如无效率的第三方分销商和过高的库存存储费用等。由于子公司之间缺乏协调，导致市场营销活动失去控制。

认识到这些问题后，公司采用了团队结构。团队结构的组织由8个团队组成，每个团队10～15人。团队结构组织由一名项目总管领导，项目总管负责向项目指导委员会汇报工作。公司花了近两年的实践来实施新的组织结构。

对于公司的总经理来说，这种组织结构的转变特别困难，因为他所扮演的角色彻底改变了。总经理不再去监控各个职能部门，而是专注于市场信息、新产品和服务机会以及客户销售和服务。原先的 15 个管理者只留用了 2 个。

虽然转变结构是痛苦的，但它对公司有好处。实施团队结构后，公司节省了 30% 的管理费用、60% 的人事费用和 50% 的营运资金。

资料来源：Marcie Krempel. “Arden's Makeover” [J]. Business Europe, June2 1999, P4.

3. 无边界组织

现代组织设计的另一种形式是采用“无边界组织”（boundaryless organization）思想。这个术语最早被通用电气公司的前任董事会主席杰克·韦尔奇所使用。杰克·韦尔奇力图取消通用电气公司内部的横向和纵向边界，并打破公司与客户和供应商之间的外部边界障碍，以保持灵活性和非结构性从而实现最有效运营。关于“边界”，包括工作专门化和部门化所形成的横向边界以及组织层级划分所形成的纵向边界，还有将组织与顾客及其他利益相关者分割开来的外部边界。无边界组织可以通过跨层级团队和参与式决策来削弱或取消组织的纵向垂直边界，从而使组织结构扁平化；还可以通过跨职能团队等方式来削弱或取消组织的横向边界；另外，可通过与供应商建立战略联盟等方式来削弱或取消组织的外部边界。

4. 学习型组织

学习型组织（learning organization）不仅仅是某种组织设计，还是一种组织理念和哲学，对组织设计有着重要影响。在学习型组织中，所有组织成员都积极参与到与工作有关问题的识别与解决中，并且都愿意将其知识用于制定决策或做好他们的工作，从而使组织具有持续的适应和变革能力。

如图 6－15 所示，要想构建学习型组织，必须具备以下四个方面的特征：一是无边界和充分授权的组织设计，二是及时、开放、精确的信息共享，三是要有强互动关系、团体意识、关爱和信任的组织文化，四是要有促进共同愿景和团队协作的领导力。

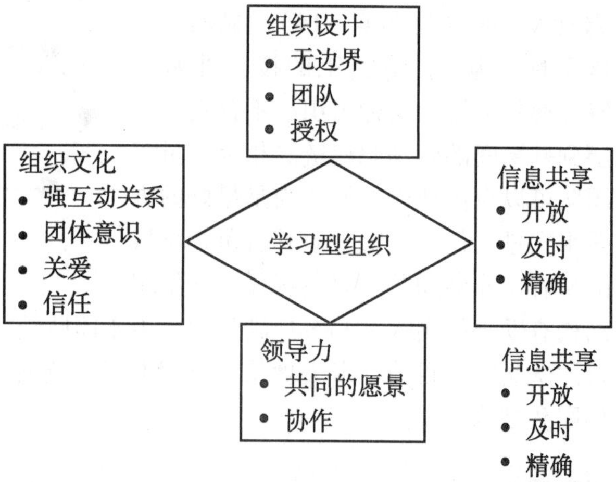

图 6－15 学习型组织的特征

今天，随着信息技术的不断进步和组织环境的动态变化，设计组织结构正在成为一项越来越复杂的管理工作。组织结构是实现组织目标的手段，因此不论管理者为他们的组织选择了何种结构设计，这一设计都应该能帮助管理者以他们所能做到的最好方式、最有效率和效果显著地完成工作。

6.4 组织文化及塑造

任何一个组织的有效运行，都有赖于组织内各种要素的有机整合。其中影响组织员工工作行为的因素就是组织文化。

迪士尼公司首先为自己的企业价值进行了准确、清晰的定位——表演公司，为游客观众提供最高满意度的娱乐和消遣。如何实施公司的这一定位呢？必须依靠员工，公司最终提供给顾客的产品和服务，必须由员工实施。所以，迪士尼强调将企业价值观灌输给工作人员。这种灌输从招聘环节就已经开始了，同时也体现在员工的训练中，就连整个游乐园的设计也充分显示了这一管理思想。迪士尼的目标就是：不惜一切来确保其1.9万名工作人员中的每一个人都明白自己角色的信条和重要性，而这些信条又恰好是企业的价值所在。迪士尼公司就这样塑造了自己的组织文化。

6.4.1 什么是组织文化

关于什么是文化有广义和狭义两种说法：从广义来讲，文化是人类创造的各种物质文明和精神文明的综合；从狭义来讲，文化特指精神文明领域，主要是规范、价值以及人类行为准则等。

组织文化是组织与文化的有机结合。组织中的文化与人的个性形成类似。我们每个人都有独特的个性，如热情、富有创新精神或保守等，影响着我们的行为以及与他人交往的方式。一个组织同样也有个性，我们就称之为组织文化。

所谓组织文化（organization culture），就是一个组织在其发展过程中逐渐形成的关于组织成员的共同价值观和信念体系，这一体系在很大程度上决定了组织成员的行为方式。组织文化的任务就是努力塑造这些共同的价值观念体系和行为方式。

6.4.2 组织文化的结构

关于组织文化的结构，不同学者有不同的看法，比较常见的有三要素说、四要素说、五要素说。

1. *三要素说*

从系统论观点来看，组织文化由三个层次构成：表层文化、中层文化和深层文化，如图6-16所示。

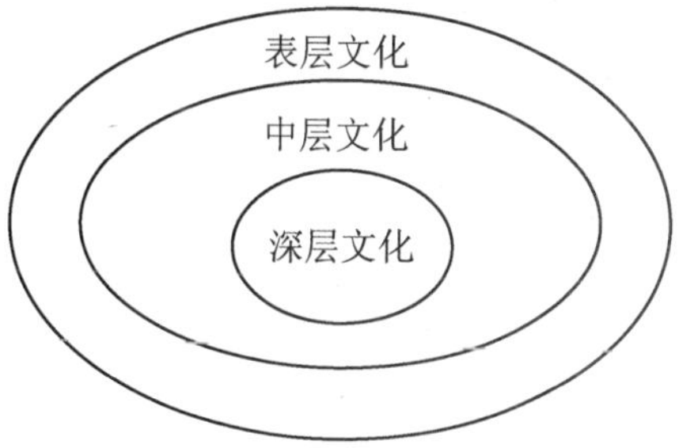

图6-16 组织文化的三要素

（1）表层文化指组织的物质文化，是现代组织文化结构中人们可以直接看到和感受到的最表层的部分，主要包括组织容貌、办公设备、生产环境、技术工艺、组织服装、旗帜、标志等。例如走进青岛海尔集团总部，就会看到海尔的标志、环境优美的厂区、干净有序的生产车间、先进的生产设备以及海尔的产品、《海尔人》内刊等，这些都是海尔集团表层文化的体现。

（2）中层文化指组织的制度文化和行为文化。制度文化主要指组织的管理体制、规章制度、组织结构以及行为准则，如海尔集团的“80/20法则”“OEC管理模式”（“O”代表Overall（全方位），“E”代表Everyone（每人），Everything（每件事），Everyday（每天），“C”代表Control（控制））等；行为文化是员工在生产经营以及学习娱乐中产生的活动文化，表现为组织员工的各项教育培训以及文娱活动。如海尔集团的领导力提升培训、日清会、猜灯谜、文艺表演等活动。

(3) 深层文化指组织的精神文化，是组织全体员工共同认可的基本信念和价值取向的总和，表现为组织的精神、经营哲学、价值观，是组织文化的核心和灵魂。如海尔集团强调的“人人是人才，赛马不相马”的人才观、“真诚到永远”的服务观等。

组织文化是一个表层的物质文化层到中层的制度和行为文化层，最后到精神文化层的完整体系。其中，深层文化是组织文化建设的核心层次，它直接决定和影响中层文化的建设，中层文化又要影响和决定表层文化的建设。

2. *四要素说*

三要素说可以拓展为四要素说，即组织文化由四个层次构成：物质文化、制度文化、行为文化和精神文化。其中物质文化是组织文化的表层文化，是组织的物质基础；行为文化和制度文化是组织文化的中层文化；精神文化是组织文化的深层文化，也是组织文化的核心层次，它直接决定和影响制度文化层的建设，制度文化层又影响和决定行为文化层的建设，而行为文化层最终影响和决定物质文化层的建设。

3. *五要素说*

阿伦·肯尼迪和特伦斯·迪尔在《公司文化》一书中将组织文化整个理论系统概述为五个要素，即企业环境、价值观、英雄人物、习俗礼仪和文化网络。

企业环境就是指企业经营所处的社会和业务环境，包括市场、客户、竞争者、供应商、政府、技术等方面的状况。

价值观是指组织成员对某个事件或行为好坏、对错、善恶等的一致认识和判断，是客观的价值关系在人们主观意识中的反映。价值观可以回答诸如“什么事至关重要”“我们应该怎样行动”等基本问题，统一的价值观使组织成员在进行行为判断时具有统一的标准，有助于保持组织成员决策和行为的一致性。

英雄人物是企业文化的核心人物或企业价值观的人格化体现，主要作用是作为一种活样板给企业中其他员工提供可供效仿的榜样。

习俗礼仪指在企业日常环境中反复出现的、人人知晓而又没有明文规定的东西，它是企业的风俗习惯，比如玩游戏、聚餐、登山等；仪式是企业按照一定的标准和秩序进行的时空活动，如公司庆典、年会、工作仪式、问候仪式等。

文化网络是企业内部以故事、机密、猜测等形式来传递信息的非正式渠道，通常由某种非正式的组织和人群以及某一特定场合所组成，是公司内部进行交流的主要手段，传播的文化信息往往能够反映出员工的愿望和心态。例如：副总裁辞职的官方说法是另有高就，但文化网络往往能够道出某些非正式的“真相”，比如销售业绩不达标或者贪污受贿等。

综合以上理论，可以将组织文化归纳为一个具有三个层次和四种形态的复合体系（见图6－17）。

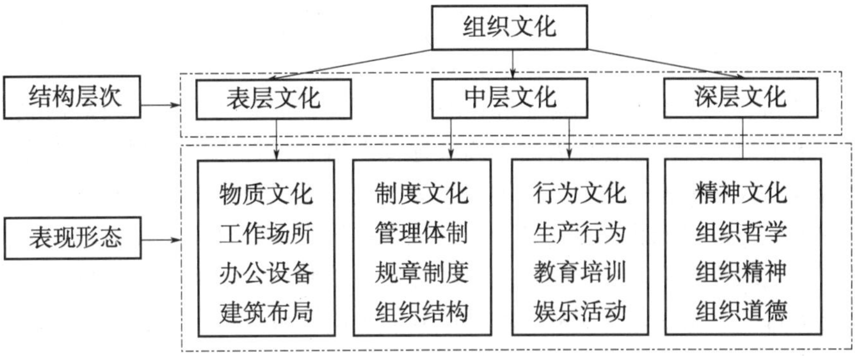

图6－17 组织文化综合要素构成图

6.4.3 如何塑造组织文化

1．组织文化的起源——创始人的使命和价值观

有一类管理者对组织文化的形成和塑造有着特别重要的影响，那就是组织的创始人。创始人的个性特质、价值观、使命和愿景往往奠定了组织的早期文化。在组织的实际经营中，创始人往往更容易雇用那些与他们有着相同的组织目标和个性特质的员工。

2．员工如何学习组织文化

（1）组织社会化。组织社会化（organizational socialization）是指新成员熟悉组织的价值观和规范，掌握有效完成工作所必需的行为规范的过程。在这个过程中，组织成员通过不断学习，逐步了解到组织有哪些价值标准和行为规范，并将其内化为个人的价值观和行为规范，最终自觉按照这些价值观和规范行事。如军队以其严格的社会化过程将新兵塑造成训练有素的战士；大学通过军训、入学教育、社团纳新等活动帮助学生完成从一名高中生到一名大学生的成功转变；企业通过岗前培训项目教会新员工在公司中应该做什么以及如何做。

（2）典礼和仪式。员工学习组织文化的另一种方法是通过组织典礼和仪式，通过这些反复进行的活动仪式，组织成员能够充分了解和认识到组织的价值观和期望，什么目标是最重要的？哪些人是重要的？哪些行为是组织鼓励的？哪些行为是组织明令禁止的？必要的典礼和仪式能够将抽象的组织价值观和精神转变成既能看得见又能直接体会到的严肃而又庄重的行为方式，深化员工对组织文化的理解。组织往往会结合自身特点设计一些典礼仪式，如升旗仪式、厂庆活动、颁奖仪式、新员工宣誓就职仪式、新生开学典礼等。

（3）故事。组织故事通常都讲述重大事件和重要任务，如组织创始人、典型榜样、违规行为以及对过去错误的反省等。故事揭示了组织倡导以及反对的行为方式，能很好地诠释公司价值观。

（4）语言。许多组织都用语言作为识别和团结组织文化成员的标志，不仅包括口头语言，还涉及人们的穿着、办公室以及相互称呼的正式程度等。一旦学会这种语言，就证明组织成员已经接受和愿意保留这种文化，这样有助于员工坚持这种文化的价值观。例如“麦当劳语言”就是在麦当劳公司各个层级流行的语言，当某个麦当劳员工被人评为“血液里是番茄酱”时，这其实是说这个人完全按照麦当劳行为方式行事，他已经完全被麦当劳的文化征服了。为强化这种语言的学习，麦当劳还将“麦当劳式的说话方式”纳入新员工入职培训项目中。

本章提要

组织的含义和类型：组织包括静态和动态两层含义，前者指由若干因素构成的有序的结构系统；后者指组织工作，即管理者为了高效地实现组织目标而建立和健全工作关系结构的过程。按是否有正式分工关系来划分，组织可分为正式组织和非正式组织。

组织设计依据：组织设计的目的是为了合理安排组织中管理人员的活动，促进组织的运作更有效率，而组织活动总是发生在一定的环境中，受制于一定的技术条件，并在组织总体战略的指导下进行的。此外，组织规模及其所处的发展阶段不同，也会对组织结构形式提出不同的要求。因此，组织设计必须考虑这些因素的影响。

设计组织结构：组织设计的目标是为了让组织的运作更有效率，决定组织结构的四大权变因素是组织战略、环境不确定性程度、规模以及技术。

组织设计的程序：首先要将任务组合成工作；其次是将工作组合成部门；最后是协调不同部门的职权和职责。

组织结构的基本形式：机械式的组织结构设计包括直线制、职能制、直线职能制和事业部制四种形式。有机式的组织结构设计包括矩阵制、团队组织、无边界组织和学习型组织四种形式。

组织文化的构成有三要素说、四要素说、五要素说。为塑造组织文化，应综合考虑创世人的使命和愿景、组织社会化、典礼和仪式、故事、语言等渠道。

在线资源

在线测试　拓展视频　拓展阅读　拓展案例　相关管理定律　相关管理大师

讨论问题

1. 正式组织和非正式组织存在哪些联系和区别，如何对待组织中的非正式组织？

2. 有学者建议最高层管理跨度不应该超过 6 人，但约有 750 个主教和 1200 个其他人员向教皇直接汇报工作。有一个时期，美洲银行有 600 多名经理向总裁汇报工作。你如何看待这些事实？

3. 管理者要想在实行矩阵制结构的组织中有效工作，他需要什么类型的技能？在无边界组织或者在学习型组织中，又需要什么样的技能？

4. 为什么大多数百货公司和超级市场联营店是按地区组织商店，然后按产品组织内部的摊位？请根据你自己的经验举出一些实例。

综合案例

陷于困境的经理

王先生作为一名有能力的工程师，开创了一个小型生产企业。他的朋友帮他得到了一些印刷电路板的订货。这个公司位于一个平房厂房之中，员工大约有50个。公司是一人管理体制，王先生几乎处理他公司的所有业务，包括从计划、采购、市场、人事到生产监督的每一项工作。由于已经完全投入企业，王先生自然想全盘掌握他的公司。

尽管没有组织结构图，王先生对公司每一部门的参与也可以通过如图6－18所示的组织结构图来表示。

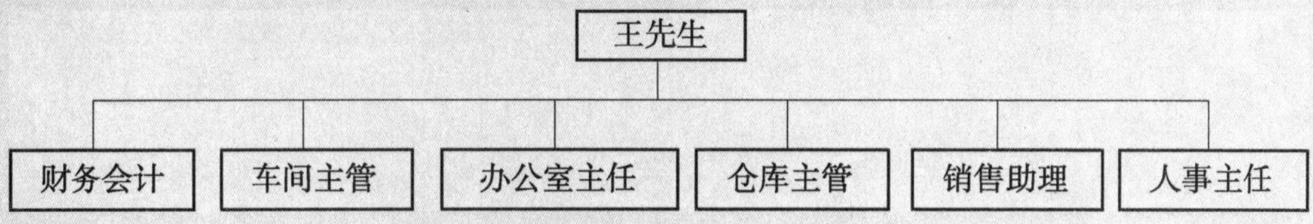

图6－18　组织结构图

王先生制定所有的决策，其他人开展日常工作并随时向他汇报。王先生处理以下问题：①企业计划；②建立和保持与现有的和潜在的顾客的联系；③安排财务筹资并处理日常的财务问题；④招募新员工；⑤解决生产中的问题；⑥监管库存、货物接收和发运；⑦在秘书的帮助下管理日常的办公事务。

他在工厂投入相当多的时间，指导工人该做什么和不该做什么。一旦他看到了自己不喜欢的事情，他就会叫附近的职工来改变它。

最近进行体检时，他的医生告诉他："王先生，如果你再消瘦下去的话，你的心脏病可能很快发作。"

王先生正在考虑如何平衡他的健康和公司的生存。

资料来源：中华文本库，http：//www. chinadmd. com/file/etxwr6xu6zastvooutpusxir_ 1. html.

讨论问题：

1. 请对该公司的组织结构形式做简单分析。
2. 王先生所面临的问题是什么？如何能得到解决？
3. 授权将怎样帮助王先生呢？请提出授权建议方案。

实践练习

1. 画出你所在学校的组织结构图。确信包括了学院内所有的直线和参谋职位。标出指挥链和管理的层级。注意不同的管理跨度。是否有需要考虑设立咨询小组、特别工作小组或委员会？

2. 回顾教材中有关组织结构的内容，分析你们学校组织结构的长处和弱点。

讨论问题

1. 你所在的学校组织好吗？为什么？

2. 你们学校的组织结构是有机的还是机械的？以何种方式进行管理？

3. 学校怎样设计它的结构来满足学生、系、员工、管理层的需要？

4. 分析你们学校组织结构的长处和弱点的结果。现在从头再画一张组织结构图，把你认为有助于提高学校质量的改革添加进去，并列出应做的改革和原因。

5. 小组作业：①自己先单独完成你所在大学的文化的调查；②在小组内，交换调查结果和提出讨论问题的答案；③小组发言人向全班汇报小组结论。

我更害怕由1只狮子领导的100只羊而不是由1只羊领导的100只狮子。

——【法】塔列朗

第7章
领 导

学习目标

1. 定义领导者和领导。
2. 描述影响力的来源（权力的基础）。
3. 比较管理与领导。
4. 比较领导特质理论、行为理论和权变理论，如何解释领导过程。
5. 解释领导者特有的思考方式是什么以及该如何提供愿景。

能力目标

1. 带领一个3～5人的小型团队完成既定目标。
2. 根据领导行为判断对应的领导风格。
3. 根据下属的成熟情况，判断使用哪种领导行为更加有效。

本章关键词

领导（leadship）
法定权（legitimate power）
强制权（coercive power）
奖赏权（reward power）
专家权（expert power）
参照权（referent power）
信息权（information power）
结构维度（initiating structure）
关怀维度（consideration）
贫乏型领导
（impoverished leadership）
任务型领导（task leadership）
团队型领导（team leadership）
乡村俱乐部型领导
（country club leadership）
中庸型领导
（middle of the road leadership）
魅力型领导
（charismatic leadership）
交易型领导
（transactional leadership）
变革型领导
（transformational leadership）

开篇案例

单父县令

鲁国的单父县缺少县令，国君请孔子推荐一个学生，孔子推荐了巫马期，他上任后十分努力，披星戴月、废寝忘餐、兢兢业业工作了一年后。单父县大治。不过，巫马期却因为劳累过度病倒了。

此时，国君又来请孔子再推荐一个人。于是，孔子推荐了另一个学生宓子贱。子贱弹着琴、唱着小曲就到了单父县，他到任后就在自己的官署后院建了一个琴台，终日鸣琴，身不下堂，日子过得是有滋有味、有情有调、很滋润。一年下来单父县依然大治。

后来，巫马期很想和宓子贱交流一下工作心得，于是他找到了宓子贱。宓子贱是一个不到三十岁的小伙子，有着健康的身体和充沛的精力。在他的面前，巫马期感觉到了一定的压力。但作为师兄弟，大家还是开始了谈话。

两个人的谈话是从寒暄客套开始的，不过很快就进入了正题。巫马期带着崇拜的眼神，羡慕地握着子贱的手说："你比我强，你有个好身体啊，前途无量！看来我要被自己的病耽误了。"子贱听完巫马期的话，摇摇头说："我们的差别不在身体，而在于工作方法。你做工作靠的是自己的努力，可是事业那么大、事情那么多，个人力量毕竟有限，努力的结果只能是勉强支撑，最终伤害自己的身体；而我用的方法是调动能人给自己做工作，事业越大可调动的人就越多，调动的能人越多，事业就越大，于是工作越做越轻松。"

巫马期恍然大悟。

资料来源：智若愚. 决策 [J]. 2011.10.

领导其实就是通过别人来完成既定的任务。有100件事情，一个人都做了，那只能叫作勤劳。有100件事情，主事的人自己一件也不做，手下的人就帮他把所有的事情都办好了，而且回过头来还要感谢主事人提供了锻炼机会，这就是领导！所以，领导者可以不擅长某些专业领域的工作，但要能调动那些专业人士为其工作。有钱人管好投资回报以及企业的战略方向，让聪明人来负责经营，聪明人可以根据企业的运营和管理找到更合适的专业人、勤奋人。如何领导众人努力共同完成目标，是个关键问题。

在这一章，我们将要学习领导的本质、领导的基本模式，探讨领导如何调动追随者的积极性，怎样根据任务和下属的成熟度调整领导方式，以达到领导绩效。

7.1 什么是领导

研究表明，管理者即使做好了计划、组织和控制工作，也只能把员工的积极性和潜力的60%发挥出来，而剩余的40%需要通过领导来完成。那么，什么是领导？怎样有效地进行领导呢？

7.1.1 领导的定义

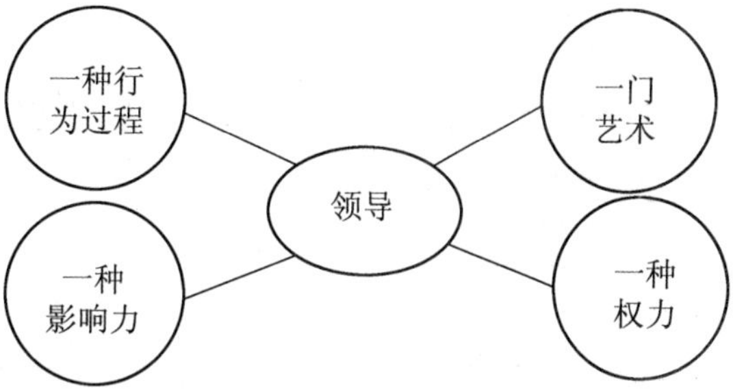

图7－1 领导的多种定义

领导是一种社会活动（职能），特指领导者的角色行为，即对他人施加影响力，使之致力于实现预期目标的活动过程。关于领导的定义，各国学者对领导职能的理解从多个角度出发，大致分成四类看法（图7－1）。

1. 领导是一种行为过程

（1）泰瑞：领导是影响人们自动地达成群体目标而努力的一种行为。

（2）斯托格狄尔：领导是对一个组织起来的群体为确立目标和实现目标所进行的活动施加影响的过程。

（3）赫姆菲尔：领导是指挥群体在相互作用的活动中解决共同问题的过程。

2. 领导是一种影响力

（1）坦南鲍姆：领导就是在某种情况下，经过意见交流过程所体现出来的一种为了达成某个目标的影响力。

（2）阿吉里斯：领导即有效的影响。为了施加有效的影响，领导者需要对自己的影响进行实地了解。

（3）达夫特：领导是在领导者与追随者之间有影响力的一种关系。

（4）罗宾斯：领导就是影响一个群体实现目标的能力。

3. 领导是一种权力

（1）杜平：领导即是行使权威与决定。

（2）科·杨：领导是一种统治形式，其下属或多或少地愿意接受另一个人的指挥和控制。

（3）弗兰奇：领导是一个人所具有并施加于别人的控制力。

4. 领导是一门艺术

孔茨认为，领导是影响人们使之跟随着去完成某一共同目标，是一门促使其下属充满信心，满怀热情地完成他们任务的艺术。

由以上观点可以得出，领导（Lead）是通过影响他人而达成某种目标的过程和行为，负责实施这种过程的人是“领导者（Leader）”。

7.1.2 基本的领导模式

领导者通过影响他人来达成目标，可见，领导的本质是影响力，即是领导者对下属施加影响，完成目标的过程。领导过程可以分成三个环节：领导基础、领导行为、领导结果（见图7－2）。

领导过程					
领导基础	领导行为				领导结果
一、职权权力	委派	→ 贯彻	→ 评价	→ 奖酬	→ 绩效
1. 法定权	计划 指挥 指示 命令	控制 支持 检查 授权	引导 考核 评价 评论	修订 反馈 奖励 惩罚	工作效益 生产效率 满意度 人员流向
2. 强制权					
3. 奖惩权					
二、非职权权力					
4. 专家权					
5. 典范权					

图 7－2　领导过程

7.1.3　影响力的来源

领导的基础就是权力的基础，有了影响下属的权力，影响的行为才能发生。领导者可以施加给下属的影响力包括职权性影响力（即与领导者的正式职位所赋予的权力相联系）和非职权性影响力（即与个人的才智、经验、领导能力和过去的业绩相联系）。

心理学家约翰·佛伦奇（John French）和柏崔姆·瑞文（Bertram Raven）将影响力分为5种：法定权（legitimate power）、强制权（coercive power）、奖赏权（reward power）、专家权（expert power）和典范权（referent power），5种影响力的内容和影响方式见表7－1所示。

表7－1　5种影响力

影响力类型	5种影响力	含义	内容和影响方式
职权性影响力	法定权	领导者掌握支配下属的职位和责任的权力，期望下属服从法规的要求	任命、罢免等权力，具有明确的垂直隶属关系
	强制权	领导者随时可以为难下属，下属避免惹他生气	对不服从要求或命令的人进行惩罚，使之惧怕，如批评、训斥、降薪、降级、解雇，是一种负性强化的方式
	奖赏权	领导者能给下属以特殊的利益或奖赏，下属知道与他关系密切有好处	对合理期望者分配给有价值资源，如鼓励、表扬、发奖金、晋级，是一种正强化的方式
非职权性影响力	专家权	领导者的知识和经验使下属尊重他，服从他的判断	专业知识在决策、运营等方面的影响，影响方向可能是平行或自下而上的
	典范权	下属喜欢、拥戴领导者，并乐意为他做事	人格魅力和社交技能使人欣赏、喜欢、服从，示范和模仿是影响的主要方式

7.1.4 领导者和管理者

日常生活中，人们容易将领导与管理混淆起来，近年来学术界出现了将领导与管理看作独立体系分别加以研究的学术倾向，一般认为领导的功能是推进变革，而管理的功能是维持秩序。对现代组织来说，管理与领导都是不可或缺的，需要两者的有效合作。

1. 领导与管理的共同之处

（1）两者都是以组织为基础的。领导和管理都是一种在组织内部通过影响他人协调活动、实现组织目标的过程。如果没有组织，而只是单独的个人，则不存在领导和管理。

（2）两者都与组织层级的岗位设置有着一定的联系。组织内部的管理岗位往往也是领导岗位。

2. 领导与管理的区别

实际上，领导和管理是两个不同的概念，领导是管理的一个职能，组织中的领导行为仍属于管理活动的范畴。就管理学的术语而言，领导的范围相对小些，主要是指对人们施加影响的过程。而管理的范围则较大，除了对人们施加影响之外，还包括进行计划、组织和控制。

管理是将事情做对（do the things right），而领导是做对的事情（do the right things），二者的功能和作用有明显的区别：

首先，领导和管理的职能范围不同，管理的职能比领导宽泛。管理包括计划、组织、领导和控制等职能，领导是管理的主要职能之一。管理的对象是人，也可以是财、物、信息、时间、关系等资源；而领导的对象通常是人，通过对他人施加影响从而实现组织的目标。

其次，领导和管理在组织中的作用不同。领导的主要作用是做正确的事，确立组织正确的行动方向，领导者更关注企业的未来；管理强调的是正确地做事，方向一旦确定，如何用最好的途径和方法，如何高效地达到组织目标是管理的重点，管理者更关注企业的现在。

再次，领导和管理在组织工作中的侧重点不同。领导重在影响和引导，在组织变革的时候制定新的目标，探索新领域；管理重在协调和控制，维持既定秩序，配置资源，提高现有效率，把已经决定的事办好。

此外，人们常常将领导看成一门艺术，必须结合具体问题具体分析，因时因地因人而异，没有什么万能的领导方法和理论；而管理则更科学、更正规，人们在不同的企业环境中，使用较为标准化的管理方法和工具。

总之，管理是执行，是对某一计划活动的过程的完成；领导则是为实现远景目标制定变革战略，不断影响下属和推动企业进行各种变革。管理者与领导者的职责区别见图7－3。

在理想情况下，正式组织中管理岗位的管理者都应是领导者，但在现实中既擅长领导又擅长管理的人非常少，有些具有职权的管理者可能没有部下的服从或只是部分部下的服从，不能成为真正意义上的领导者，领导者和管理者相分离的情况也是存在的，具体区别见表7－2。

图 7－3 管理者与领导者的职责区别

3. 领导者的任务

通常领导者的任务有两项：一是完成组织目标，即完成上级和组织交给的任务；二是尽可能满足组织成员的需要，这种需要既有物质的，也有精神的。一个领导者为了完成组织目标必须对他的下级有影响和支配能力，但是为了代表员工的利益，满足员工的需要又必须允许下属对其上级也有一定影响力，使下属能够影响和改变上级的政策、措施和规定。

表 7－2 领导者与管理者的区别

类型	产生方式	所处理的问题	主要行为	影响下属的方式	思维特点	目标
领导者	正式任命，或从群众中自发产生	变化、变革问题	开发远景、说服、激励和鼓舞、制定目标和规范、用人	正式权威或非正式权威	直觉、移情、冒险、独处、创造	变革、建构结构、程序或目标，制定战略
管理者	正式任命	复杂、日常问题	计划、监督、员工雇用、评价、物资分配、制度实施	正式权威	理性、规范、合作、安全、程序	稳定组织秩序，维持组织高效运转

由于领导者能够有效地激发和调动群体积极性、增强群体内聚力，并使追随者自觉地听从指挥，因此，组织中的管理者应该成为领导者，以有效地提高管理的效率和效益：虽然管理者通过周密的计划、严密的组织、严格的控制也能取得一定的成效，但若管理者在他们的工作中加上有效领导的成分，则收效会更大。

管理案例

领导者与管理者的区别

1977 年，段永平在“孔雀东南飞”的热潮中，南下来到广东，被中山市怡华集团聘任为属下的日华电子厂厂长。段永平将小霸王从昔日负债累累做到产值逾十亿，但他还是一个高级打工仔，被称为当时的“打工皇帝”。段永平不甘心。他认为，必须有更先进的激励机制，否则会失去发展的原动力。段永平经过思考，提出“改制”，但怡华集团高层拒绝了这个要求。1995年7月，段永平提出辞职。在段永平离职后，当时有六个人跟随他一起离开了小霸王，其中包括黄一禾、陈明永和沈炜。在1995年9月，段永平在东莞成立了步步高电子有限公司，这六名跟随者也成了步步高公司的骨干，这些人，后来成了OPPO（欧珀）、VIVO（维沃）的当家。

资料来源：百度文库.

思考：通过这个案例，你能区分领导者与管理者吗？段永平在哪个阶段是领导者？在哪个阶段是管理者？

7.1.5 管理者的领导责任

根据群体的特性，在带领和指导群众为实现共同目标而努力的过程中，领导者要发挥指导、协调和激励的作用：

（1）指导（coaching）作用。由于群体成员的认知水平和学习能力不一，对同一件事，不同的人会产生不同的感知。为此，在人们的集体活动中，需要有头脑清晰、胸怀全局、高瞻远瞩的领导者来帮助人们认清所处的环境，明确活动的目标和实现目标的途径，即领导者有责任指导、指挥各项活动的开展，包括明确大方向，指导下属制定具体的目标、计划及明确职责、规章、政策；开展调查研究，了解组织和环境正在发生和可能要发生的变化，并引导组织成员认识和适应这种变化。

（2）协调（coordination）作用。在集体活动中，即使有了明确的目标，由于每一位成员的能力、态度、性格、角色等不同，加上各种外部因素的干扰，人们在思想上发生各种分歧，行动上出现偏离目标和角色错位的情况也是不可避免的。因此，需要领导者来协调人们之间的关系，把大家团结起来，朝着共同的目标前进。

（3）激励（motivation）作用。领导通过鼓舞和激励他人为共同目标努力来取得卓越的成就。对于大多数人来说，劳动仍是谋生的手段，人们的各种需求的满足还受到各种条件的限制。当一个人工作、学习、生活遇到困难、挫折或不幸，某种物质的或精神的需求得不到满足时，就必然会影响到其工作热情。这就需要有通情达理、关心群众的领导者来为他们排忧解难，以高超的领导艺术诱发下属的事业心、忠诚感和献身精神，充实和加强他们积极进取的动力。

管理案例

管理者的影响力

某公司聘请了一位CEO，此人以其能力和果断闻名。上任之后就开始大力裁员，出售分部，赏罚分明，做出了本应几年前就该实施的决定，该公司业绩逐渐良好，但由于专断独行，对下属工作中的丁点儿错误都大发雷霆、处罚严厉。下属因为害怕将坏消息告诉他而挨骂，不再向他提供任何坏消息。员工士气降到有史以来最低。公司在短暂的复苏后又再次陷入困境。

史玉柱二次创业初期，很多时候身边的人连工资都没得领。但无论公司如何被误解、陷入何种困境，追随者始终不离不弃。在他们眼中，史玉柱是个重情重义的人。无论什么时候看到他，你在他眼中看到的都是一定能赢的信心。你跟他在一起就充满了活力。最终继巨人之后又创造了脑白金的神话。

资料来源：百度文库.

思考：两个案例中的管理者分别注重哪种影响力的运用？为什么管理效果出现这么大的差异？

7.2 领导者做什么

7.2.1 领导者的思考方式

在特定的情形下，领导者是如何决定公司是否需要采用激励、沟通、团队建设、组织变革或其他类型的手段或技能的呢？通常，他们都通过使用三步骤的决策流程来决定，见图7-4：首先，弄清楚发生了什么；其次，解释发生的事情；最后，再决定自己将采取何种行动。

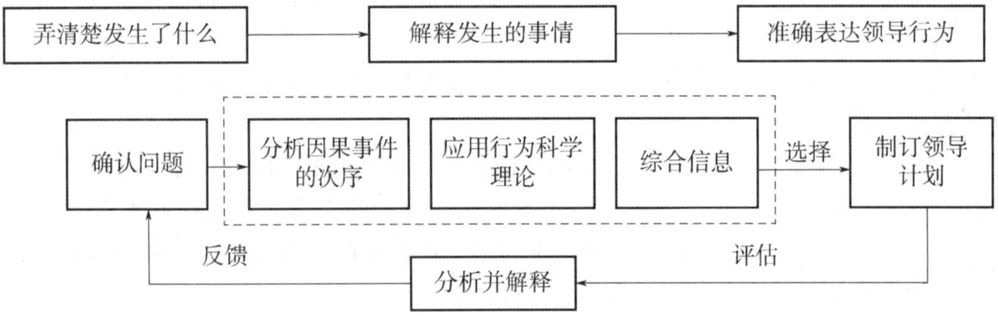

图7-4 领导者的思维

(1) 弄清楚事情发生的原因。这里用一个具体的例子来说明：老王经营着一个大型的工程公司，拥有大约200名员工，包括70名工程师。然而，他们有一个反复发生的问题，上个星期刚发生过了，现在又会发生。问题是这样的：一个工程师小组打算承接一个项目并发出了项目建议书，但是如果客户不喜欢他们的设计方案或者提出了耗时的修改要求，项目小组通常就会放弃这个项目。就是说，工程师们会拒绝修改原有方案而转向其他项目，却不向老王透露关于此事的任何细节。所以，经常可以看见老王在办公室里发脾气，大喊大叫："为什么你们没告诉我没有拿到那笔生意，为什么？"很明显，发生这种事情是有原因的，因而工程师们拒绝向他报告坏消息。

(2) 解释发生的事情。在管理当中，事情有时候并不像看起来的那么简单。要对一定情形下发生的问题做出解释，就要去判断事情为什么发生，有什么内在的因果关系，要把所处的情形看成一个统一的整体，同时在一系列事件中寻找逻辑关系，发现导致这种现象发生的根源。上例中的工程师拒绝透露坏消息是因为对他们的培训不够吗？因为他们不负责任，还是其他原因？经过了解情况，老王发现，工程师之所以拒绝透露坏消息，是因为当他们这样做的时候，上司会朝他们大发雷霆，甚至会因为坏消息而受到处罚。

（3）决定领导者的行为。在确认并解释了发生的现象后，下一步就是要决定改善形势的行动。例如，可以向工程师征求一些建议；给工程师们开会，向他们说明将会采取一些措施来改变这种情况；当客户说必须重做时，亲自和工程师们一起工作来改进方案；等等。

7.2.2 如何成为一名领导者

想成为一名领导者，就需要在扮演领导者角色的过程中采取必需的步骤以促进效率。世界上没有确保一个人成为领导者的良方，但在采取以下行动将有助与增加个体成为领导者的机会。

（1）开始像领导者那样思考。要成为领导者，我们首先要学会如何运用有关个体行为和群体行为的知识，用来解释所发生的事情以及决定如何对他人施加影响以解决问题。如图7－4所示，当发生问题时，领导者通常会通过三个步骤的决策流程来决定自己在该种情形下应该做什么：首先弄清楚发生了什么，然后解释发生的事情，最后决定自己采取何种行为。在使用这些概念和理论解释、分析问题时，不要局限于本章的知识，还应包括后面的沟通、激励等几章知识；不要被所获得的众多理论和观点弄得不知所措，要把它们视为我们的领导艺术工具箱中的工具，可使用不止一种理论或概念来解释和解决问题。

（2）发展自己的领导素质。拥有领导特质可以使一个人具有成为领导者的潜在可能性。领导能力可以通过增强自己已拥有的领导特质而得到提高。如表7－3所示，领导者要有干劲和自信，这是成为领导者的前提和必要条件。其次，领导者要履行领导职责，还必须具备可信度和履行领导职责的能力，如认知能力和业务能力等。在上述特质中，与工作有关的知识和业务能力是最容易改善和提高的。

表7－3 领导者特质

领导者的特质	解释说明
干劲	喜欢挑战性的工作，精力充沛，能够充满热情地、长时间地工作，具有克服困难的毅力，能主动做出选择并采取行动激起变革
激发力	有当领导者的强烈愿望，愿意承担责任，渴望影响、帮助他人，对权力有强烈的渴望（渴望行使对组织发展有益的权力）
诚实和正直	真诚、讲信誉（言行一致）、遵循道德准则、正直、让人信赖
自信	坚定而果断，情绪稳定，相信自己的行为，不回避错误，在危机面前保持镇定、充满信心。
认知能力	具有敏锐的头脑，能够高瞻远瞩，在决策和行动上具有良好的判断力和演绎归纳的推理能力
业务能力	具有丰富的行业和组织知识，具有专业技能以理解下属所关注的事情

（3）建立自己的领导基础。没有影响力的个体根本不能算领导者。想成为一名领导者，不仅在思维上要像领导者那样思考，而且在行动和言行举止上也要表现得像一名领导者。个体可以通过提高自己的威信和获取组织中的职权来建立和巩固自己的领导基础。例如，通过

在群体中提出好的专业建议、与他人分享有价值的经验、向他人提供其所需要的帮助、与他人保持良好的人际关系等树立自己的威信，通过加入社团或组织，在其中表现出自己的才能、获得一定的职位、合理地运用自己的职权等来提高自己在组织中的职权影响力。

（4）使自己的领导风格与环境相适应。根据领导权变理论，没有任何一种领导风格适合于各种情境，而每一个个体由于其个性特点等各方面因素的影响，会习惯于某一种领导风格，从而形成相应的领导定式。为了能够有效地发挥领导作用，个体应该认真学习领导理论，掌握各种领导理论的基本观点，知道不同领导风格的适用场合，以在特定的环境中能够正确地选用合适的领导行为。同时，要选择合适的追随者，创造良好的工作环境，以提高自己特定领导风格的有效性。

7.3 有效领导理论

领导理论是指把领导活动纳入到科学的研究程序中，通过一些实证式的研究和逻辑化的推理，得到一些普遍式的结论。有关领导理论的研究五彩缤纷，按照这些理论提出的时间先后顺序，大致可分为三类理论学派：

第一类是产生于20世纪初至20世纪40年代的特质理论（trait theory），主要研究有效领导者应有的个人特性；

第二类是产生于20世纪40年代至60年代的行为方式理论（behavioral pattern theory），主要研究领导者的工作作风和领导行为对领导有效性的影响；

第三类是产生于20世纪60年代的权变（情境）理论（contingency situational theory），主要研究不同情况下采用何种工作作风和领导行为效果最佳。

这三种理论互有侧重、互为补充，见表7－4所示。

表7－4 三种主要领导理论的比较

领导理论分类	研究的出发点	研究的结果
领导特质理论	具备什么样的素质才能成为一个优秀的领导者	领导工作效率的高低与领导者的素质、品质和个性有密切的关系
领导行为理论	找到所谓最佳的领导行为和风格	高效率的领导行为和风格与低效率的领导行为和风格有很大的不同
领导权变理论	考虑领导者个人、下属和环境变化时的领导方式	建立领导权变模型

7.3.1 领导特质理论

领导特质理论重点研究领导者本身的特质，包括领导者的品行、素质、修养，目的是要说明好的领导者应具备的品质和特征。这种理论是由心理学家开始研究的，他们的出发点是根据领导效果的好坏，找到好的领导者与差的领导者在个人品质和特性方面的差异，由此确定优秀的领导者应具备的特性。

斯托格迪尔考察了124项研究，查阅了5000多种有关领导素质的书籍和文章后，认为领导者素质中应包括：

（1）与身体有关的特征，如精力、外貌、身高及体重等；

（2）与智能有关的特征，如知识、学习等；

（3）与工作有关的特征，如职业成就、创造性和责任等；

（4）与社会有关的特征，如合作性、人际关系等；

（5）与个性有关的特征，如进取心、自信、有理想等。

埃德温·吉赛利在调查了90个企业的300名经理人员后，在其《管理才能探索》一书中报道了他的研究成果，认为领导者应具备八种个性品质和五种激励品质。

八种个性品质包括：才智，即语言和文词方面的才能；首创精神，即开拓新方向和创新的愿望；检察能力，指导他人的能力；自信心，即自我评价较高，自我感觉较好；与工人的关系密切；决断能力、决策判断能力较强，处事果断；性别；成熟程度，工作经验、阅历较为丰富。

五种激励品质包括：对工作稳定的需要；对金钱奖励的需求；对指挥他人权力的需求；对自我实现的需求；对事业成就的需求。

在有效的领导者应当具备哪些特质这一点上，领导特质论信奉者们的认识各不相同，对领导行为和现象的解释显然是不完善的，这表现在：一是对有效领导者所应具备特质的内容及相对重要性的认识很不一致甚至相互冲突，如美国的马歇尔将军和麦克阿瑟将军都是著名的军事将领，但前者性格内向，后者的个性则正好相反；二是忽视了被领导者及其他情境因素对领导效能的影响。

7.3.2 领导行为理论

20世纪40年代以后，研究者们开始将注意力从领导者的内在素质转移到领导者外在的行为上，着重分析领导者的领导行为与领导风格对其组织成员的影响，目的是找到所谓最佳的领导行为和风格。这方面的研究包括两个方面：一方面按照领导行为的基本倾向，找到描述领导行为的一般模式；另一方面，研究领导的各种模式的行为与下属人员的表现、满足度之间的关系。研究显示，高效率的领导行为与低效率的领导行为有很大的不同。

7.3.2.1 勒温的领导作风理论

该理论是由德国心理学家勒温（P. Lewin）于1939年提出来的，他通过实验研究不同的工作作风对下属群体行为的影响，把领导者在领导过程中表现出来的工作作风分为三类，即专制型、民主型和放任型，如图7－5所示，三种作风的对比见表7－5。

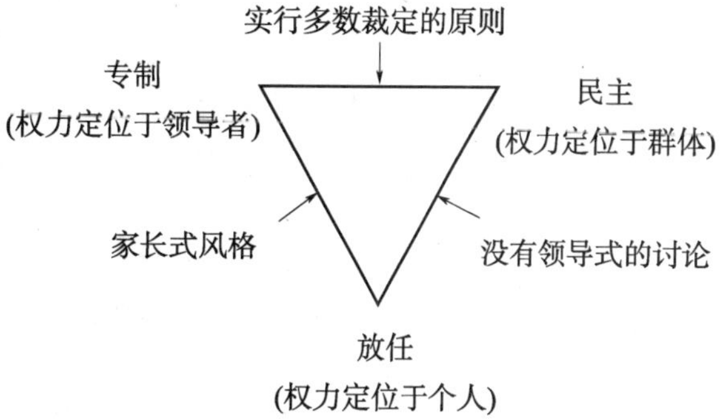

图7－5 勒温的领导作风理论

表 7-5 三种作风的对比

项目	专制型	民主型	放任型
领导的工作	预先安排一切工作内容、程序和方法	对下级工作不做具体的安排	领导者给下级很大的自由度，自己很少行使职权
下级决策参与度	独断专行，不允许下级参与决策	允许下级参与决策，群体讨论各项方针、政策	决策任由群体或个人做出，领导者不参与
工作的参与和评价	回避集体作业，以领导个人的喜好来表扬或批评	在精神上成为群体成员，依据客观事实进行褒奖	不经常发表评论，不主动协调，除非成员要求
下级工作自由度	绝对服从上级	个人在一定范围内有相当大的自由度	享有高度的自由性
发生问题时	不向下级做任何说明，只下命令	向下级说明情况，再加以适当指示	不向下级说明情况，也不向下级作指示
对下级的激励	主要靠行政命令、纪律约束	主要运用个人的权力和威信使人服从	下级行为不受任何约束，放任自流
领导与下级的关系	严厉不可亲近，以特别身份出现，高高在上	可以亲近，且可以依靠，不以特别身份出现	可以亲近，但不做过多要求
成员反映	缺乏自动意识，失去个性，依赖性大，消极、自卑、不满	个性发展，团队、群体观念加强	感到自由，但缺乏团队观念

（1）专制型。专制型的领导是靠权力和强制让人信服。领导者大权在握，一切由领导决定，要求下级绝对服从，不允许下级参与决策。下级只能执行上级做出的决定，而且由他来监督执行情况。

（2）民主型。民主型领导是指领导者以理服人，以身作则。成员在一定范围内可以自己决定工作内容和工作方法，在一定程度上允许下级参与决策。这种领导风格能够发挥下级的积极作用。

（3）放任型。放任型领导是指工作事先无布置，事后无检查，权利完全交与个人，下级充分享有自由。而领导的职责是为下级提供信息并与外部进行联系，从而为下级工作创造条件。

为了弄清楚“不同领导风格对群体绩效的影响”，勒温进行了一系列实验，对象是 10 岁左右的儿童，让他们进行面具制作的有趣游戏，分为三组，分别施以专制式、民主式、放任自流式三种领导。结果发现，从生产的产量看，在专制式领导下最高，但领导者不在场时，产量立即显著下降；从质量看，在民主式领导下最高，领导不在时，产量无显著变化，同时专制式中发生的争吵是民主式中的 30 多倍，挑衅行为多出 7 倍，不过绩效最差的是在放任自流式领导下。勒温根据试验认为放任自流的领导作风效率最低，只达到社交目的，而完不成工作目标。专制作风的领导虽然通过严格管理达到了工作目标，但群体成员没有责任感，情绪消极，士气低落，争吵较多。民主型领导作风工作效率最高，不但完成工作目标，而且群体成员关系融洽，工作主动积极，有创造性。

7.3.2.2 **俄亥俄州立大学的四分图理论**

1945 年，俄亥俄州立大学商业研究所进行了领导行为的研究，他们列出了 1000 多种刻画领导行为的因素，逐步概括归类，最后将领导行为的内容归纳为两方面：结构维度和关怀维度，如图 7－6 所示。

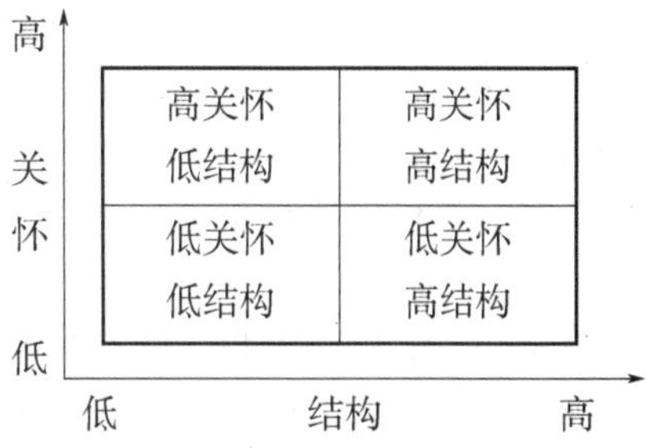

图 7－6 四分图理论

结构维度（initiating structure）是指领导者更愿意界定和建构自己与下属的角色，以达成组织目标。它包括设立工作、工作关系和目标的行为。高结构特点的领导者向小组成员分派具体工作，要求员工保持一定的绩效标准，并强调工作的最后期限。

关怀维度（consideration structure）是指领导者尊重和关心下属的看法和情感，更愿意建立相互信任的工作关系。高关怀特点的领导者帮助下属解决个人问题，友善而平易近人，公平对待每一个下属，并对下属的生活、健康、地位和满意度等问题十分关心。以此为基础而进行的大量研究发现，高结构—高关怀的领导者常常比其他三种类型的领导者（即高结构—低关怀、低结构—高关怀、低结构—低关怀）更能使下属取得高工作绩效和高满意度，但并非总能产生效果。

7.3.2.3 **布莱克和穆顿的管理方格理论**

美国管理学家罗伯特·布莱克（Robert R. Blake）和简·穆顿（Jane S. Mouton）从用两维图表描绘领导风格的角度出发，设计了一个巧妙的管理方格图，用以表示领导者对生产的关心程度和对人的关心程度。见图 7－7，横坐标表示领导对生产的关心程度；纵坐标表示领导对人的关心程度。

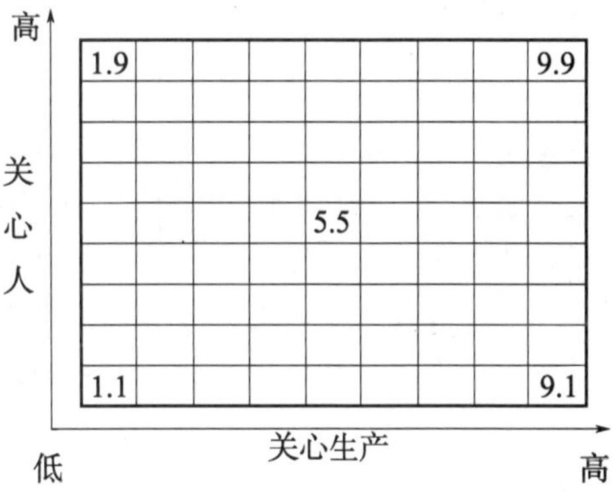

图 7－7 管理方格理论

领导方格图以坐标的方式表现了上述两种因素的各种组合方式，两种因素各划分为 9 个刻度，因此可以有 81 种组合，形成 81 个方格，每个方格就表示“关心生产”和“关心人”这两个基本因素以不同程度结合的一种领导方式，这就是“领导方格”，其中有 5 种典型的组合，表示了 5 种典型的领导方式。

（1）1.1 型领导。1.1 型领导又称贫乏型领导（impoverished leadership），表示对人和生产（工作）都极不关心，这种方式的领导者只尽最小的努力做一些维持自己职务的工作，也即抱着“只要不出差错，多一事不如少一事”的态度，来最低限度地完成组织的工作和维系组织的成员，因而称为“贫乏型管理”。当下属素质很高，全部为自我实现型的高成熟度的成员时，此种领导方式也是可行的，即所谓的“无为而治”。

（2）9.1 型领导。9.1 型领导又称任务型领导（task leadership），表示对工作极为关心，但忽略对人的关心，也就是不关心职工的需求和动机，并尽可能地设计一种工作环境，使人员干扰不致影响工作。这种领导者拥有很大的权力，强调有效地控制下属，努力完成各项工作，因而称为“独裁的、重任务型管理”或“权威型管理”。

（3）1.9 型领导。1.9 型领导又称乡村俱乐部型领导（country club leadership），表示领导者对人极为关心，也就是关心工作人员的需求是否获得满足，重视搞好关系和强调同事和下级与自己的感情，力图建立一种舒适、友好的组织氛围，但却忽视工作的进行和效果，因而被称为“乡村俱乐部型管理”。

（4）5.5 型领导。5.5 型领导又称中庸型领导（middle of the road leadership），表示既对工作关心，也对人关心，两者兼而顾之，程度适中，主张适可而止。这种方式的领导者既对工作的质量和数量有一定要求，又强调通过引导和激励去使下属完成任务，通过将员工的士气维持在满意水平而使其在工作中找到平衡，但是这类领导往往缺乏进取心，乐意维持现状，因而被称为“中庸型管理”。

（5）9.9 型领导。9.9 型领导又称团队型领导（team leadership），表示对工作和人都极为关心。这种方式的领导者能使组织的目标与个人的需求最有效地结合起来，既高度重视组织的各项工作，又能通过激励、沟通等手段，使群体在相互信任、相互尊重的基础上合作，下属人员共同参与管理，使工作成为组织成员自觉自愿的行动，从而获得高的工作效率，因而被称为“战斗集体型管理”或“团队型管理”。

根据布莱克和穆顿的发现，9.9 型方式的领导者所取得的管理效果最佳。需要指出的是，上述五种典型方式，也仅仅是一种理论上的描述，都是较极端的情况，但在实际生活中，并不多见。

管理案例

副总家失火以后

一家公司的销售副总在外出差时家里失火了，他接到妻子电话后，连夜火速赶回家。第二天一早去公司向老总请假，说家里失火要请几天假，安排一下。按理说，也不过分，但老总却说：“谁让你回来的？你要马上出差，如果你下午还不走，我就免你的职。”这位副总很有情绪，无可奈何地从老总办公室里出来后又马上出差走了。

老总听说副总已走，马上把党政工团负责人都叫了过来，要求他们分头行动，在最短时间内，不惜一切代价把副总家里的损失弥补回来，把家属安顿好。

资料来源：于省宽. 廉政瞭望［J］. 2011. 2.

思考：①从管理方格理论分析这位老总行事风格属于哪一种领导风格？为什么？②从本案例中你可以获得哪些启迪？③你赞成这位老总的做法吗？有何建议呢？

7.3.2.4 PM 和 CPM 理论

（1）PM 理论。日本大阪大学的不二教授在 20 世纪 60 年代初提出 PM 领导模型，认为，任何一个群体都具有两种基本机能：一种是指团体的目标达成机能，也指工作绩效，简称 P（performance）；另一种是指维持强化群体的机能，也指群体维系，简称 M（maintenance）。前一功能的行为特征，要求领导者将成员的注意力引向目标，将问题明确化，制定工作程序，评定工作成果。后一功能的行为特征，要求领导者调节人际关系，了解员工需要，对员工进行激励，因此领导模式可以分为四类：PM、Pm、Mp、pm 型，见图 7－8。由于 P 机能所造成的压力，会使下级产生紧张感，甚至引起上下级的对抗。M 机能的作用就在于通过对下级的关怀体贴，消解人际关系中的不必要的紧张感，缓和工作中所产生的对立和抗争，对下级进行激励支持，给下级以发言和表达意见的机会，刺激员工的自主性，增强成员之间的友好和相互依存性，满足部下的需求，以维护组织的正常运营，保证组织目标的实现。

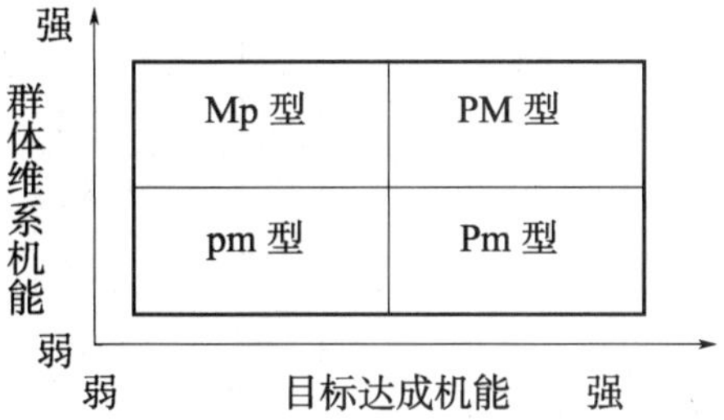

图 7－8　PM 理论图

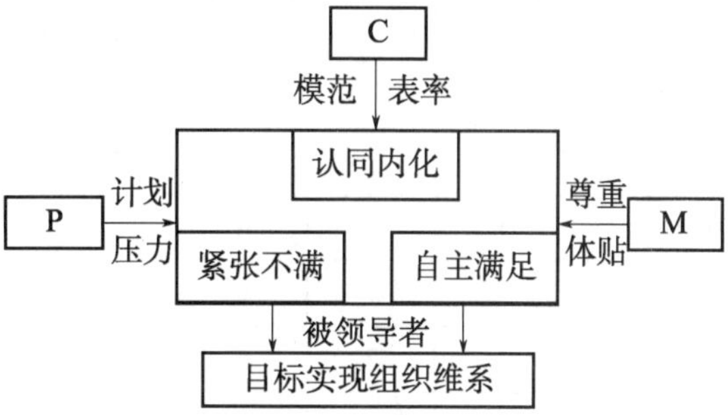

图 7－9　CPM 理论

（2）CPM 理论。中国学者徐联仓、凌文辁（1973 年）在 PM 理论的基础上提出了 CPM 理论，见图 7－9。该理论认为，领导行为应包括工作绩效 P（performance）、团体维系 M（maintenance）和个人品德 C（character and moral）。C 因素起着一种模范表率的作用，通过角色认同和内化作用，可以激发被领导者的内在工作动机，使其努力地去实现组织目标。榜样的力量是无穷的，领导者的模范表率行为对被领导者来说，是一种无声的命令，其影响力往往胜于命令、指挥、控制和监督。可以认为，C 机能对 P、M 机能起着一种增幅放大的作用。C、P、M 三者的机能对被领导者的作用见图 7－9。

7.3.3　领导权变理论

前述的领导特质理论和领导行为理论都忽视了领导者所处情景对领导效率的影响，并没有将环境考虑在内。很多管理学研究开始转向致力于情景和权变研究，它兴起于 20 世纪 60 年代，尤其是在 20 世纪 70 年代，逐渐成为领导理论化运动的潮流。所谓权变的含义就是指行为主体根据情景因素的变化而做出适当的调整。当领导模式与环境和被管理者的需要越趋于一致的时候，就越能实现个人目标和组织目标。

7.3.3.1　菲德勒权变理论

菲德勒是权变理论的创始人，也是第一个把人格测量与情景分类联系起来研究领导效率的学者。从 1951 年起，经过大量调查研究，他提出了菲德勒权变模型，指出领导的有效性取决于领导者本人的风格和情境类型的匹配。

（1）领导风格。首先，菲德勒认为领导风格是影响领导效果的关键因素之一，由于每个领导者的领导风格由其人格特征所决定，因而他设计了一种工具，称为“最难共事者”问卷（least preferred coworker，LPC），主要用于测量领导者的领导风格属于哪种类型，是任务导向型还是关系导向型。该问卷是由 16 组对应的形容词构成，并在这些形容词中按 1 ～ 8 级进行评估，如表 7－6 所示。设想一个最难共事的人，此人是你现在的同事或是过去的同事。这人不一定是你最不喜欢的人，而是你认为最难共事的人，请描述你对这人印象。高 LPC 分数的领导者类型为关系导向型领导，而低 LPC 分数的领导者类型为任务导向型领导。因为一个领导者如对其最不喜欢的同事仍能给予好的评价，即被认为对人宽容、体谅、提倡人与人之间友好关系，是关心人的领导；如果对其最不喜欢的同事给予低评价，则被认为是惯于命令和控制，不是关心人而更多的是关心任务的领导。

表 7－6　LPC 问卷

快乐	8	7	6	5	4	3	2	1	不快乐
友善	8	7	6	5	4	3	2	1	不友善
拒绝	8	7	6	5	4	3	2	1	接受
有帮助	8	7	6	5	4	3	2	1	无帮助
不热情	8	7	6	5	4	3	2	1	热情
紧张	8	7	6	5	4	3	2	1	轻松
疏远	8	7	6	5	4	3	2	1	亲密
冷漠	8	7	6	5	4	3	2	1	热心
合作	8	7	6	5	4	3	2	1	不合作
助人	8	7	6	5	4	3	2	1	敌意
无聊	8	7	6	5	4	3	2	1	有趣
好争	8	7	6	5	4	3	2	1	融合
自信	8	7	6	5	4	3	2	1	犹豫
高效	8	7	6	5	4	3	2	1	低效
郁闷	8	7	6	5	4	3	2	1	开朗
开放	8	7	6	5	4	3	2	1	防备

（2）情境类型。其次，菲德勒提出有效的领导行为依赖于情境对领导者是否有利，而情境的有利程度由表 7－7 上三行所列 3 种因素所决定：①领导者与下属的关系的好坏；②工作任务结构的明确与否；③领导者运用职权的强弱。在上述 3 种情境因素中，领导者与下属的关系最为重要。3 种情境因素组合构成 8 种情境类型（见表 7－7）。

表 7－7　8 种情境类型

情 境	1	2	3	4	5	6	7	8
领导者与下属的关系	好	好	好	好	差	差	差	差
工作任务结构	明确	明确	不明确	不明确	明确	明确	不明确	不明确
领导者运用职权	强	弱	强	弱	强	弱	强	弱
有利程度	最为有利	比较有利	比较有利	中等有利	中等有利	不太有利	不太有利	最为不利

（3）领导风格与情境的匹配。菲德勒对 1200 个团体进行了观察，收集了将领导风格与对领导有利或不利条件的 8 种情况（见表 7－7）关联起来得到如图 7－10 所示的菲德勒权变模式图。

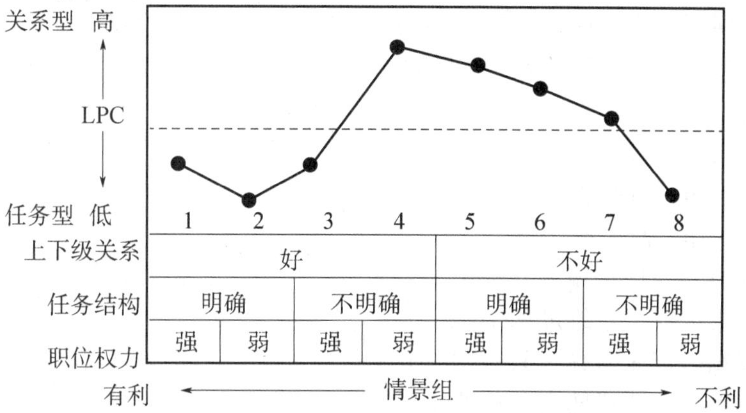

图 7-10 菲德勒权变模式图

结论：任务取向的领导者在非常有利的情境和非常不利的情境下工作更有利，也就是说，当面对 1、2、3、8 类型的情境时，任务取向的领导者干得更好；而关系取向的领导者则在中等有利的情境，即 4、5、6、7 型的情境中干得更好，许多情况证明菲德勒的模型是不错的。所以，不能说哪种领导方式好或不好，而必须把环境、领导者和下属的情况、工作类型等方面的因素结合起来考虑，不同的情况适合不同的领导方式。

菲德勒模型的意义：

①这个模型特别强调效果，强调为了领导有效需要采取什么样的领导行为，而不是从领导人的素质出发；

②将领导行为和情境的影响、将领导者和被领导者之间关系的影响联系起来，表明领导人必须具有适应力，自行适应变化的情况；

③告诉管理阶层必须依照情况选用领导人。如果是最好或最坏的情况，应选用任务导向的领导，反之则选用关系导向的领导；

④有必要改善环境以符合领导者的风格。

7.3.3.2 赫塞和布兰查德的情境领导理论

心理学家科曼（Karman）将工作与关系两个领导行为维度与下属的成熟度结合起来，于 1966 年提出了领导生命周期理论（life cycle theory of leadership），赫塞（Paul Hersey）和布兰查德（Kenneth H. Blanchard）于 1976 年发展了该理论，称为“情境领导理论”（situational leadership thcory）。这种理论认为领导风格应当适应下属的“成熟度”，即只有依据下属的成熟水平选择正确的领导风格，才会使得管理有效。

（1）成熟度。该理论提出，员工在组织中有个逐渐成熟的过程，并提出成熟度的概念，将其定义为：个体完成某一具体任务的能力和意愿的程度，一般是指责任心、成就感、工作经验、教育程度等，并将下属的成熟度划分为从低到高四个等级：

R_1：不成熟，人们不能也不愿负责任去做任何事，他们既无能力也无自信；

R_2：初步成熟，人们不能胜任但是愿意承担必要的工作任务。他们有能力，但暂时缺乏合适的技能；

R_3：比较成熟，人们能够完成任务，但是不愿意听从领导的指示；

R_4：完全成熟，人们既能胜任也愿意完成对他们要求的任务。

（2）工作和关系维度。赫塞和布兰查德提出从工作和关系两个维度描述领导行为，即关心工作还是关心员工，这两个维度两两组合，形成了4种领导方式，依次是：

命令型：高工作、低关系；

说服型：高工作、高关系；

参与型：低工作、高关系；

授权型：低工作、低关系。

（3）情境领导理论。情境领导理论强调，要把工作维度或关系维度两个维度与下属成熟度结合起来考虑，只有领导者的风格与其下属的"成熟度"相适应，才能产生较好的领导效果。工作维度、关系维度和下属成熟度可通过一条曲线反映出来。如图7－11所示，随着组织成员由不成熟趋于成熟，有效的领导行为应按以下4个步骤推移：高工作、低关系→高工作、高关系→低工作、高关系→低工作、低关系，即4种领导方式依次是：命令型→说服型→参与型→授权型。在图7－11中：

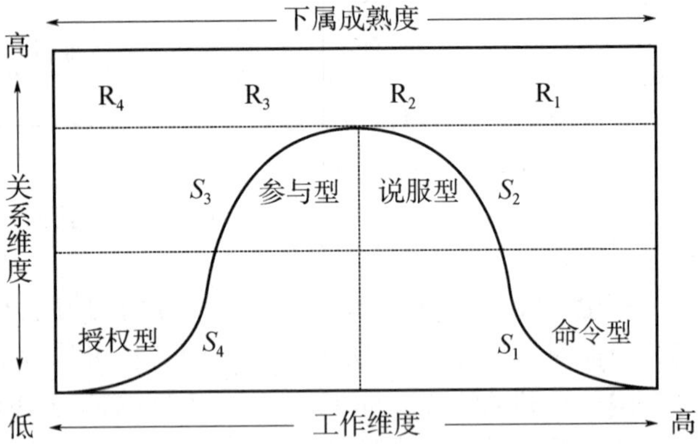

图7－11 情境领导理论图

第一象限（S_1）表示：当下属成熟度较低（在R_1阶段）时，下属需要比较明确的指示，因而应采取"高工作""低关系"，即命令型的领导方式，以单向下达工作任务的沟通方式为主。

第二象限（S_2）表示：当下属成熟度逐渐提高（到达R_2阶段），则既需要"高工作"也需要"高关系"行为，高工作行为用以补偿下属能力的不足，而高关系行为则能够尽量使下属愿意按照领导者的意图行事。在这种领导方式下，除了必要的命令之外，主要通过说服、感情沟通、相互支持来完成工作任务。

第三象限（S_3）表示：当下属成熟度有较大提高（处于R_3阶段）时，就会产生激励的问题，而这时最好用一种支持的、无指导的参与风格来解决。于是可采用"低工作""高关系"的领导方式，即参与式领导方式，让下属参加讨论，加强交流，注重双向的思想沟通，由领导与下属共同做出决定。

第四象限（S_4）表示：当下属相当成熟（在R_4阶段）时，领导者几乎不需要做什么事，因为下属是既能胜任又愿意承担责任的人，于是可采用"低工作""低关系"，即授权型的领导方式，赋予下属较多的权力，领导只需抓住主要的决策和监督工作。

根据情境领导理论，不成熟的、未经训练的下属，应给予更多的管理、控制和监督；而成熟、负责的员工，需要较松的控制、有弹性的组织和一般的监督。领导者应敏锐地觉察到下属的能力、动机各不相同，具备改变自己行为和领导方式的能力，即随着下属成熟度的改变相应调整其领导行为。当下属成熟度提高时，领导者不仅要能够不断降低对下属活动的控制，而且也要降低关系行为。

7.3.3.3 豪斯的路径－目标理论

路径－目标理论是由马丁·G. 埃文斯首先提出的，并经罗伯特·豪斯（Robert House）

以及其他人进一步发展而成的一种领导权变模型。

该理论认为，领导者的工作是帮助下属达到他们的目标，并提供必要的指导和支持以确保个人的目标与群体或组织的总体目标相一致。这一理论主张，有效的领导者要通过指明实现工作目标的途径来帮助下属，并为下属清理各种障碍和危险，从而使下属实现目标的过程更为容易。

路径-目标理论立足于下属，而不是立足于领导者。这一理论有两个基本原理：一是领导方式必须是下属乐于接受的方式，只有能够给下属带来利益和满足的方式，才能使他们乐于接受；二是领导方式必须具有激励性，激励的基本思路是以绩效为依据，同时以对下属的帮助和支持来促成绩效。

在此基础上，豪斯确定了四种领导行为：

（1）指导型领导。领导者能为下属制定出明确的工作标准，并将规章制度向下属讲得很清楚。

（2）支持型领导。领导者对下属十分友好，关注下属的福利和需要，平等对待下属，对下属表现出充分的关心和理解，在下属有需要时能够真诚帮助。

（3）参与型领导。领导者邀请下属一起参与决策，同下属一道进行工作探讨，征求下属的想法和意见并融入团体或组织的决策中去。

（4）成就导向型领导。领导者鼓励下属将工作做到尽量高的水平，为下属制定的工作标准很高，寻求工作的不断改进。除了对下属期望很高外，成就导向型领导者还非常信任下属有能力制定并完成具有挑战性的目标。

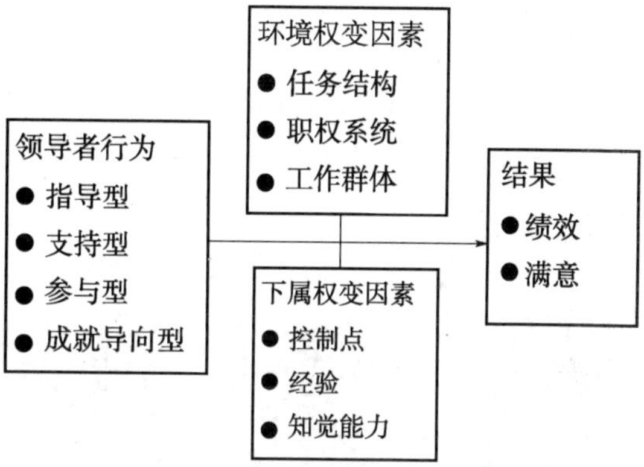

图7-12 路径-目标理论模型

豪斯强调（见图7-12），领导者的责任就是根据不同的环境权变因素来选择不同的领导方式，要根据下属特性和环境变量而定：下属权变因素中最重要的是控制点、经验和知觉能力，即下属对于自身行为结果的原因的解释以及员工对于自身完成任务努力的评价；环境权变因素中最关键的是任务结构、职权系统和工作群体。

不同环境权变因素下领导方式的选择：

（1）如果下属是教条和权力主义的，任务是不明确的，组织的规章和程序是不清晰的，那么，指导型领导方式最合适。

（2）对于结构层次清晰、令人不满意或者是令人感到灰心的工作，领导者应使用支持型方式。当下属从事机械重复性的和没有挑战性的工作时，支持型方式能够为下属提供工作本身所缺少的“营养”。

（3）当任务不明确时，参与型领导效果最佳，因为参与活动可以澄清达到目标的路径，帮助下属懂得所要通过的路径和实现的目标。对于独立性和控制欲较强的员工来说，参与型领导方式也具有积极影响，因为这种下属喜欢参与决策和工作建构。

（4）如果要求下属执行模棱两可的任务，成就导向型领导方式效果最好。在这种情境中，激发挑战性和设置高标准的领导者能够提高下属达到目标的自信心。

本章提要

组织是由一群人所组成的，管理者要有效地管理组织，就必须了解影响组织成员个体行为和组织群体行为的因素。

管理者的领导影响力有两个基本来源：一是管理者的地位权力，即职权的影响力；二是下属服从的意愿，即威信的影响力。职权与威信是领导者之所以能够实施领导的基础。

领导和管理不同，管理是建立在合法的职务权力基础上的对下属的行为进行指挥的过程，领导则更多的是通过其个人的魅力与专长来影响追随者的行为。领导者不一定是管理者，但管理者应该成为领导者，因为领导者可以激发下属的积极性、增强群体的内聚力并使下属自觉地服从指挥，从而提高管理的效率与效益。

领导理论是关于有效领导的理论。领导有效性主要是从三个方面进行研究：领导品质理论着重研究领导者的素质、修养，目的是要说明好的领导者应具备怎样的素质；领导行为理论着重分析领导者的领导行为和领导风格对其组织成员的影响，目的是找出最佳的领导行为和风格；领导权变理论则着重研究影响领导行为和领导有效性的环境因素，目的是要说明在不同情况下，哪一种领导方式才是最好的。

要成为领导者，就应该像领导者那样思考，按照领导者的素质要求开发和加强自己的领导者特质，通过树立自己的威信和获得正式的职权建立自己的领导基础，并努力使自己的领导风格与所处环境相适应。

在线资源

在线测试　拓展视频　拓展阅读　拓展案例　相关管理定律　相关管理大师

讨论问题

1. 领导的本质是什么？
2. 领导者与管理者的区别。
3. 领导者的权力有哪些？
4. 如何提高领导的有效性和领导能力？
5. 简述领导理论里面的三种领导类型。

综合案例

案例1：领导如何得到大家的认可

某校新来了一位安校长，他的做法和前任校长形成了极大的反差。前任校长比较专断，大事小事都一人说了算。安校长到校后就和四位副校长开会。他说："论教学，我不如老赵；论后勤，我不如老钱；论小学部，我不如老李；论初中部，我不如老陈。今后你们要各司其职，大胆工作，干好了是你们的成绩，出了问题，大家研究。"这时，大家面面相觑，心里都在问："那你是校长，你干什么呢？"

三个月后，安校长在细致调查研究的基础上，启动改革措施，学校发生了很大的变化，安校长受到了教师的尊敬和好评。

资料来源：百度文库.

问题：试用领导作风理论分析和论述安校长为什么"安乐"而有成绩。

案例2：三个不一样的领导

刚刚大学毕业的吴君通过学校推荐来到钢材集团总公司下属的第三分公司，给张总经理做秘书。张总经理可谓日理万机，因为公司的大小事情都必须向他汇报，得到他的指示才能行事。张总经理尽管如此忙碌，作为秘书的吴君感到工作还是比较轻松。因为任何事情她只需要交给总经理，再把总经理的答复转给相关责任人，就算完成任务了。可是好景不长，因为张总经理每日太过奔波劳碌，终于病倒了。

新上任的王总经理对吴君每日无论大小事宜都要请示提出了批评，让她慢慢学会分清轻重缓急，有些事情可以直接转交其他副总经理处理。这样，王总经理每日有更多的时间去考虑公司的长远目标，确立组织发展方向，然后在高层领导者之间召开会议。自王总经理上任以来，公司出台了新的发展战略、市场定位及公司内部的规章制度。公司的业绩也在短期内有了很大的提高。同时，吴君也很忙碌，有时需要跑很多的部门去协调一件工作，让她觉得学到了很多东西，也充实了不少。

因为业绩突出，王总经理干了一年就被调到总公司去了，之后又来了李总经理。相对于张总经理的事必躬亲以及王总经理的有张有弛，李总经理就要随意得多了。他到任之后，先是了解了一下公司的总体情况，感到非常满意，就对下面的经理说："公司目前的运营一切顺利。我看大家都做得比较到位，总经理嘛，关键时刻把把关就可以了，不是很重要的事情你们就看着办吧。"这样一来，吴君享受到了自工作以来没有过的轻松，因为一周也没有几件事情要找总经理。

吴君现在有时间了，她对比、思考着这三个领导，真是各有各的特点。

资料来源：百度文库.

问题：你认为三个领导的风格有差别吗？请按照所学的情景领导理论进行归类，并结合案例试分析三种领导风格的适用性。

实践练习

评估你自己的领导风格

目的：①检查你个人的领导风格；②学习领导过程本质；③确认提高或调整你领导风格的途径。

指示：①独立完成领导风格调查并打分；②小组内交流分数，计算平均分，对讨论问题展开应答；③整个班级在一起，由小组发言人陈述小组意见。

讨论问题：①你的经验缺乏，这如何影响你对调查的回答？②学生得分和对调查项目的回答如何相符合，又如何不符合？③你认为学生对领导态度不同的原因是什么？④学生如何建设性地利用调查结果？

领导风格调查（见表7－8）描述了领导行为的不同方面。为测试你的领导风格，假设你是一工作小组的领导，根据你可能的反应（或你认为可能的反应）回答每个陈述。

表7－8　领导风格调查

请选择最能描述你状态的选项：	总是	经常	偶尔	很少	从不
1. 我允许团队成员自由地用自己的方式工作。	5	4	3	2	1
2. 我不与成员商议就自己作重要决策。	5	4	3	2	1
3. 我允许成员自主决策。	5	4	3	2	1
4. 我不试图与成员交往。	5	4	3	2	1
5. 我允许成员怎么合适怎么干。	5	4	3	2	1
6. 我认为自己是团队发言人。	5	4	3	2	1
7. 我热情、友好、平易近人。	5	4	3	2	1
8. 我确信成员理解并服从所有规章。	5	4	3	2	1
9. 我证明真的关心成员福利。	5	4	3	2	1
10. 我是决定做什么，如何做的人	5	4	3	2	1
11. 我向成员下放权力。	5	4	3	2	1
12. 我督促成员实现生产配额。	5	4	3	2	1
13. 我信任成员决策时做出好的判断。	5	4	3	2	1
14. 我分配给特定的人特定的工作	5	4	3	2	1
15. 我让成员建立自己的工作步调。	5	4	3	2	1
16. 我觉得不须向成员解释自己的决策。	5	4	3	2	1
17. 我试图让每个成员觉得自己的贡献是重要的。	5	4	3	2	1
18. 我建立工作日程。	5	4	3	2	1
19. 我鼓励成员参与设立目标。	5	4	3	2	1

续上表

请选择最能描述你状态的选项：	总是	经常	偶尔	很少	从不
20. 我是行动及结果导向的。	5	4	3	2	1
21. 我让成员参与决策。	5	4	3	2	1
22. 我描述必要的变革并且密切监视行动。	5	4	3	2	1
23. 我帮助团队在重要变革上达成一致。	5	4	3	2	1
24. 我密切监督以求符合标准。	5	4	3	2	1
25. 我一贯支持优秀工作。	5	4	3	2	1
26. 我将问题消灭在萌芽。	5	4	3	2	1
27. 在决策前与团队协商。	5	4	3	2	1

人不在于如何减少人的短处，而在于如何发挥人的长处。

——彼得·德鲁克

第8章 激励

学习目标

1. 描述各种人性假设观点。
2. 阐述激励本质和工作机制。
3. 描述马斯洛需求层次理论、X 理论 - Y 理论、赫兹伯格双因素理论是如何解释激励问题的。
4. 描述 ERG 理论、目标设置理论、强化理论和公平理论在激励中的应用。

能力目标

1. 在团队中能运用不同的激励理论以及激励方法来满足下属的需要，使之拥有动力。
2. 在团队中出现不良现象，能采用合适的激励手段达到改善的目的。

本章关键词

激励（motivation）
X 理论 - Y 理论（X theory-Y theory）
经济人假设
（economic person assumption）
社会人假设（social assumption）
自我实现人假设
（self actualization hypothesis）
复杂人假设
（complex human hypothesis）
需要层次论
（hierarchy of needs theory）
双因素理论（two-factor theory）
ERG 理论（ERG theory）
激励需要理论
（need motivation theory）
期望理论（expectation theory）
期望值（expected value）
工具性（instrumental）
效价（titer）
亚当斯的公平理论
（adams's equity theory）
正强化（positive reinforcement）
负强化（negative reinforcement）
回避（avoidance）
消退（extinction）
惩罚（punishment）

开篇案例

卡耐基：一个被公认的淘气坏男孩

卡耐基很小的时候，母亲就去世了。在他9岁的时候，父亲又娶了一个女人。继母刚进家门的那天，父亲指着卡耐基向她介绍说：“以后你可千万要提防他，他可是全镇公认的最坏的孩子，说不定哪天你就会被这个倒霉蛋害得头疼不已。”

卡耐基本来就打算不接受这个继母，在他心中，一直觉得继母这个名词会给他带来霉运。但继母的举动却出乎卡耐基的意料，她微笑着走到卡耐基面前，摸着卡耐基的头，然后笑着责怪丈夫：“你怎么能这么说呢？你看哪，他怎么会是全镇最坏的男孩呢？他应该是全镇最聪明最快乐的孩子才对。”

继母的话深深地打动了卡耐基，从来没有人对他说过这种话啊，在她来之前没有人称赞过他聪明，即使母亲在世时也没有。就凭着继母这一句话，他和继母开始建立友谊。也就是这一句话，成为激励他的一种动力，使他日后创造了成功的28项黄金法则，帮助千千万万的普通人走上成功和致富的光明大道。

资料来源：何小军. 像卡耐基继母那样教子［J］. 好家长·青春期教育，2013，(第8期).

思考：在这个故事中，倘若没有继母的鼓励，卡耐基或许只是个普普通通的人。正是因为继母的鼓励，卡耐基不再捣蛋，因为他也相信他是最聪明的孩子，他需要努力做好一切才是。由此可见激励的重要性，学会激励自己，激励他人很有必要。

这一章里我们将学到有关激励的知识，教会我们如何去找动力，如何通过激励去改善团队里出现的不良现象。

8.1 行为的激发

激励（motivation）是激发和鼓励人朝着所期望的目标采取行动的过程。对于激励，管理者关心的是如何控制或引导人的行为，以使其产生组织所希望的行为——怎样使人愿意做某事。为此，我们就要了解人为什么愿意做某事，也就是要了解人的行为产生的原因。而要探究人的行为产生的原因，首先需要了解“人是什么”，也就是要研究人的基本性质。

如图8－1所示，人性研究着重探究“人是什么”，并由此形成了各种人性学说和人性模式；动力机制揭示“人为什么愿意做某事”，并由此形成了动机理论；激励理论揭示的是激励机制，即“怎样使某人做某事”；动机理论和激励理论形成了所谓的行为理论。

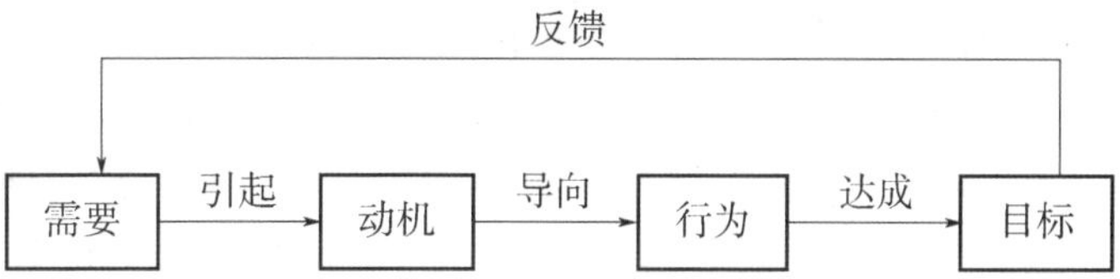

图8－1 人的行为模式简图

8.1.1 人性假设理论

关于人性，西方的很多学者都做过深入的研究，其中最具代表性的就是美国行为科学家道格拉斯·M. 麦格雷戈（Douglas M. McGregor）提出的“X 理论－Y 理论”和美国行为科学家埃德加·H. 沙因（Edgar H. Schei）提出的“四种人性假设理论”。

8.1.1.1 **X 理论－Y 理论**

麦格雷戈认为，有关人的性质和人的行为对于管理人员决定采用何种工作方式是极为重要的，不同的管理人员之所以会采用不同的方式来组织、控制和激励人们，原因就在于他们对人的性质的假设是不同的。他经过长期研究后，在 1857 年 11 月的美国《管理评论》杂志上发表了《企业中人的方面》一文，提出了著名的“X 理论－Y 理论”，并在以后的著作中进一步完善了这一理论。

（1）X 理论。麦格雷戈将传统的人们对人性的假设称为 X 理论，并将这一观点归纳为以下几个方面：

①大多数人生性都是懒惰的，他们尽可能地逃避工作。

②大多数人都没有什么雄心壮志，不喜欢负什么责任，宁可让别人领导。

③大多数人都是以个人为中心的，这会导致个人目标与组织目标相互矛盾，为了达到组织目标必须靠外力严加管制。

④大多数人都是缺乏理智的，不能克制自己，很容易受别人影响。

⑤大多数人习惯于保守，反对变革，安于现状。

⑥大多数人都是为了满足基本的生理和安全需要，他们将选择那些在经济上获利最大的事去做。

⑦只有少数人能克制自己，这部分人应当担负起管理的责任。

（2）Y 理论。基于 X 理论，麦格雷戈提出了与之完全相反的 Y 理论，这一理论的主要观点是：

①一般人天性并不是不喜欢工作，工作中体力和脑力的消耗就像游戏和休息一样自然，工作可能是一种满足，因而自愿去执行，也可能是一种处罚，因而只要可能就想逃避。到底怎样，要视环境而定。

②外来的控制和惩罚并不是促使人们为实现组织的目标而努力的唯一方法，它甚至对人是一种威胁和阻碍，并放慢了人成熟的脚步，人们愿意实行自我管理和自我控制来完成应当完成的目标。

③人的自我实现的要求和组织要求的行为之间是没有矛盾的，如果给人提供适当的机会，就能将个人目标和组织目标统一起来。

④一般人在适当条件下，不仅学会了接受职责，而且还学会了谋求职责，逃避责任、缺乏抱负以及强调安全感通常是经验的结果，而不是人的本性。

⑤所谓的承诺与达到目标后获得的报酬是直接相关的，它是达成目标的报酬函数。

⑥大多数人，而不是少数人，在解决组织的困难与问题时，都能发挥较高的想像力、聪明才智和创造性，但是在现代工业生活的条件下，一般人的智慧潜能只是部分地得到了发挥。

X 理论的观点非常类似于我国古代的性恶论，认为“人之初，性本恶”。在这种理论的指导下，必然会形成严格控制的管理方式，以金钱作为激励人们努力工作的主要手段，对消极怠工的行为采取严厉的惩罚，以权力或控制体系来保护组织本身和引导员工。

Y理论的观点非常类似于我国古代的性善论，认为“人之初，性本善”。以这一理论为指导，管理的方式和方法必然与X理论也会不同，管理者的重要任务不再是监督控制，而是创造一个使人得以发挥才能的工作环境，发挥员工的潜力，使员工在完成组织目标的同时也达到自己的个人目标。

麦格雷戈认为Y理论较X理论更为优越，因此应当按照Y理论来管理。

（3）超Y理论。后来，约翰·J. 莫尔斯（John J. Morse）和杰伊·W. 洛希（Jay W. Lorsch）两位学者经过实验证明麦格雷戈的这一观点是不正确的。他们于1870年在《哈佛商业评论》上发表了《超Y理论》一文，提出了著名的“超Y理论”，对麦格雷戈的X理论－Y理论作了进一步的完善。该理论的主要观点是：

①人们是抱着各种各样的愿望和需要加入企业组织的，人们的需要和愿望有不同的类型。有的人愿意在正规化、有严格规章制度的组织中工作；有的人却需要更多的自治和更多的责任，需要有更多发挥创造性的机会。

②组织形式和管理方法要与工作性质和人们的需要相适应，不同的人对管理方式的要求不一样。对上述的第一种人应当以X理论为指导来进行管理，而第二种人则应当以Y理论为指导来进行管理。

③组织机构和管理层次的划分，员工的培训和工作的分配，工资报酬、控制程度的安排都要从工作的性质、工作的目标和员工的素质等方面考虑，不可能完全一样。

④当一个目标达到以后，可以激起员工的胜任感和满足感，使之为达到新的更高的目标而努力。

按超Y理论的观点，在进行人力资源管理时要根据不同情况采取不同的管理方式和方法。

8.1.1.2 四种人性假设理论

美国行为科学家埃德加·沙因在其1865年出版的《组织心理学》一书中把前人对人性假设的研究成果归纳为“经济人假设”“社会人假设”和“自我实现人假设”，并在此基础上提出了“复杂人假设”，他将这四种假设排列称为“四种人性假设”。

（1）经济人假设。这样的假设相当于麦格雷戈提出的X理论，沙因将经济人假设的观点总结为以下几个方面：

①人是由经济诱因来引发工作动机的，其目的在于获得最大的经济利益。

②经济诱因在组织的控制之下，因此，人总是被动地在组织的操纵、激励和控制下工作。

③人以一种合乎理性的、精打细算的方式行事，总是力图用最小的投入获得满意的报酬。

④人的情感是非理性的，会干预人对经济利益的合理追求，组织必须设法控制人的感情。

（2）社会人假设。这种假设是人际关系学派的倡导者梅奥等人提出的，其最初的依据就是历时8年之久的霍桑实验所得出的一些结论。按照社会人的假设，管理的重点就是要营造和谐融洽的人际关系。沙因将社会人假设的观点总结为以下四点：

①人类工作的主要动机是社会需要，人们要求有一个良好的工作氛围，要求与同事之间

建立良好的人际关系，通过与同事的关系获得基本的认同感。

②工业革命和工作合理化的结果使得工作变得单调而无意义，因此必须从工作的社会关系中寻求工作的意义。

③非正式组织有利于满足人们的社会需要，因此非正式组织的社会影响比正式组织的经济影响对人有更大的影响力。

④人们对领导者的最强烈期望是能够承认并满足其社会需要。

（3）自我实现人假设。这种假设相当于麦格雷戈提出的Y理论，此外，马斯洛（Maslow）的“需求层次理论”中自我实现的需要和克里斯·阿吉里斯（Chris Argyris）的“不成熟—成熟”理论中个性的成熟也都属于自我实现人的假设。沙因将自我实现人假设的观点总结为以下几点：

①人的需要有低级和高级之分，从低级到高级可以划分为多个层次，人的最终目的是满足自我实现的需要，寻求工作上的意义。

②人们力求在工作上有所成就，实现自治和独立，发展自己的能力和技术，以便富有弹性，能适应环境。

③人们能够自我激励和自我控制，外部的激励和控制会对人产生威胁，产生不良后果。

④个人自我实现的目标和组织的目标并不是冲突的，而是能够达成一致的，在适当的条件下，个人会自动地调整自己的目标并使之与组织目标相配合。

（4）复杂人假设。这种假设类似约翰·J. 莫尔斯和杰伊·W. 洛希提出的超Y理论。沙因认为，经济人假设、社会人假设和自我实现人假设并不是绝对的，它们在不同的环境下针对不同的人分别具有一定的合理性。由于人的需要是复杂的，因此不能简单地相信或使用某种假设，为此他提出了复杂人假设。这一假设包括以下几个方面的观点：

①每个人都有不同的需要和不同的能力，工作的动机不但复杂而且变动性也很大，人们的动机安排在各种重要的需求层次上，这种动机阶层的构造不但因人而异，而且对同一个人来说，在不同的时间和地点也是不一样的。

②人的很多需要不是与生俱来的，而是在后天环境的影响下形成的。一个人在组织中可以形成新的需求和动机，因此一个人在组织中表现的动机模式是其原来的动机模式与组织经验交互作用的结果。

③人们在不同的组织和不同的部门中可能有不同的动机模式，例如有人在正式组织中满足物质利益的需要，而在非正式组织中满足人际关系方面的需要。

④一个人在组织中是否感到心满意足，是否肯为组织奉献，取决于组织的状况与个人的动机结构之间的相互关系、工作的性质、本人的工作能力和技术水平、动机的强弱以及与同事之间的关系等都可能对个人的工作态度产生影响。

⑤人们依据自己的动机、能力以及工作性质，对一定的管理方式产生不同的反应。

⑥按照复杂人假设，实际上不存在一种适合于任何时代和任何人的通用管理方式和方法，管理必须是权变的，要根据不同人的不同需要和不同情况采取相应的管理方式。

管理案例

制度修订

某中学召开领导班子会议，研究学校的规章制度建设问题。党支部书记提出，根据依法治校的精神，对学校规章制度要进行全面修订，这次修订要求制度定得严一点还是宽一点，请同志们讨论一下，定个调子，让各部门根据这个调子对规章制度进行修订。规章制度是严点好还是宽点好，大家议论纷纷。有人认为规章制度就是要从严、从细，越严越细越能堵塞漏洞。有人认为出问题就说明这个制度有漏洞，不科学，规章制度靠人来操作，关键是人的素质问题，高素质的人就是没有制度约束，也不会出问题，制定制度要建立在对同志基本信任的基础上，并不是说制度越严越好，把什么都定得很死，不利于发挥责任人的作用，要给责任人一点负责的空间。双方争持不下。

资料来源：百度文库.

思考：谈谈你对以上案例提出的问题的认识，以人性假设理论为依据，你如何理解，有何看法？

8.1.2 动机机制

不管人们对于人性有何不同的认识，根据心理学家所揭示的规律，人之所以会采取某种特定的行为，是由于其动机所决定的。一个人愿不愿意从事某项工作、学习积极性是高还是低、工作干劲是大还是小，完全取决于他是否具有进行这项学习或工作的动机及动机的强弱。

动机（motivation）是鼓励和引导一个人为实现某一目标而行动的内在力量。它是一个人产生某种行为的直接原因。了解动机，对于管理者调动员工的积极性是十分重要的。

8.1.2.1 动机的来源

行为科学认为，动机是驱使人产生某种行为的内在力量，它是由人的内在需要所引起的。需要是使某种结果变得有吸引力的一种心理状态，是指人们对某种目标的渴求。正是这种欲望驱使人去采取某种行为。因此，要研究人的行为及其规律，必须研究人的需求。

8.1.2.2 动机的形成

动机是个体需求环境和环境相互作用的结果。有的人之所以懒，不是他没有需求，而是因为他的动机没有被激发。

人的行为举止在正常情况下都是有动机的。动机是在需要的基础上产生的，动机的产生必然是因为其有某种未被满足的需要，但反过来，并不是有未被满足的需要就会产生引发行为的动机，只有当人的需要达到一定的强度时，动机才会形成。

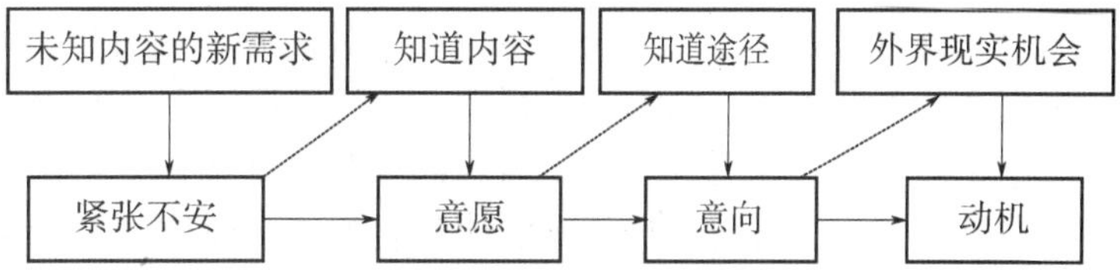

图8-2 动机的形成过程

如图8-2所示，从需要产生动机一般需经历以下过程：当人的需要还处于萌芽状态时，它以不明显的模糊的形式反映在人的意识之中，这时个体并不清楚自己的需求到底是什么

(未知内容的新需求)，表现在外在形态上就是当事人的紧张不安；当需求不断增强，当事人比较明确地知道是什么使其不安时（知道内容)，需求就转化为意愿；当人意识到可通过什么手段来满足此种需求时（知道途径)，意愿转化为意向；当人的心理进入到意向阶段后，在一定的外界条件（外界现实机会）刺激下就可能形成满足此种需要而行动的动机。也就是说，有需要，还要有一定的诱因，才能产生现实的动机，而导致行为的产生。可见，形成动机的条件一是内在的需要、欲望；二是外部的诱导、刺激。其中，内在的需要是促使人产生某种动机的根本原因。

8.1.2.3 动机的功能

根据动机理论，动机有以下几个特点：

(1) 动机是一种内在力量，具有内隐性。我们无法直接了解别人的动机，而只能通过观察其行为来判断一个人的动机。

(2) 动机是高度个性化的。同样的行为，可能出自不同的动机。因为不同的需求可以通过同样的行为来得到满足。

(3) 动机是受目标控制的。根据动机理论，人之所以愿意做某事，是因为做这件事本身能满足其某种需求，或完成这件事能给他带来某种需求的满足。

(4) 动机在人类活动中具有唤起、维持、强化人的行为这三大功能。

根据动机理论，一个人的行为取决于其动机的强弱，而动机的形成又取决于人的内在需要和外界的刺激。因此，管理者可以通过外在的刺激在一定程度上影响人们的动机，使其产生组织所希望的行为。

8.1.3 激励机制

管理者之所以要研究员工的动机和激励的方法，是因为它们与员工的工作业绩有关。一个人的工作成效首先取决于其能力，但仅有能力也是不行的，因为一个有能力的员工可能很积极地去做，也可能不愿意做，因此，在能力一定的情况下，动机就非常重要了。只有当一个人愿意干而且有能力干好时，其工作业绩才可能比较高。即一个人的工作业绩（P）是能力（A）与动机（M）的函数：

$$P = f(A \times M)$$

一般而言，一个人能力的提高需要经过比较长的时间，因此，一个人的能力在一定的时期内是恒定的。在一定的时期内，管理者为了提高员工的工作业绩，只能从提高员工的动机强度着手。激励的作用就在于可以激发人的内在动机，变消极为积极，使人努力谋求上进，并充分发挥自己的才能。从长远来说，通过激励，还可以鼓励人们不断地提高自己的能力，产生更高的事业追求，从而积极行动，为组织做出更大的贡献。

组织可通过一系列针对员工需求的东西（如金钱、工作保障、承认等）来引导人们从事各种各样的工作，并可通过规章制度和奖惩等手段使员工为组织目标的实现而行动。动机驱使人们的行为，并根据其行为结果得到各种奖励或惩罚。当员工对个人目标实现程度感到满意时，他会重复其高效率的行为；如果他对奖励不满意，则会变懒，不愿意付出较大的努力。

激励理论按照激励的过程分成三大类：内容型激励理论、过程型激励理论、调整型激励理论，三者的对应关系及激励过程见图 8－3 所示：

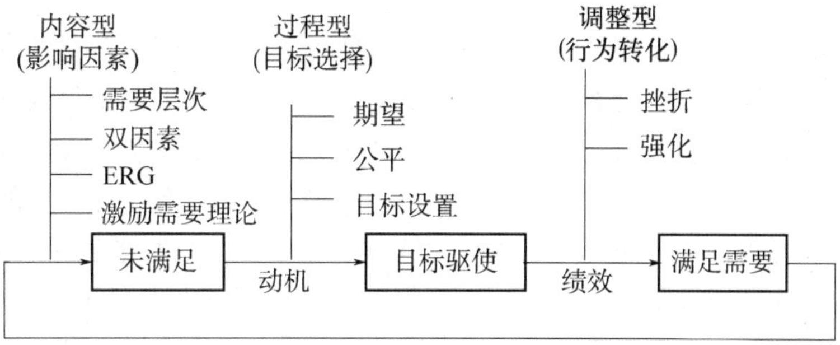

图8－3 三类激励理论与激励过程

（1）内容型激励理论：关注引发动机的因素，即对激励的内容进行研究，主要包括：马斯洛的需要层次论、赫茨伯格的双因素理论、奥尔德佛的ERG理论以及麦克利兰的激励需要理论。

（2）过程型激励理论：关注行为目标的选择，即对动机的形成过程进行研究。主要包括：佛隆的期望理论、亚当斯的公平理论、洛克的目标设置理论等。

（3）调整型激励理论：也称行为改造型理论，关注达到激励的目的，即对调整和转化的行为进行研究。主要包括：强化理论、挫折理论。

本小节首先介绍主要的内容型激励理论，包括需要层次理论、双因素理论、ERG理论、激励需要理论。

8.1.3.1 马斯洛的需要层次论

心理学家马斯洛于1843年在其《人类动机理论》（A Theory of Human Motivation）一文中首先提出了这一影响深远、为当今世人熟悉的理论。

马斯洛认为，人生来就渴望满足一系列的需要，其特点为：

①人类有五种基本的需要（生理、安全、归属、尊重、自我实现），不管是属于哪个国家、地区、文化和种族，人的这些基本需要是一样的。

②这些需要是有层次区别的，是由低级向高级发展的，最低级的需要是生理需要，最高级的需要是自我实现需要，见图8－4。

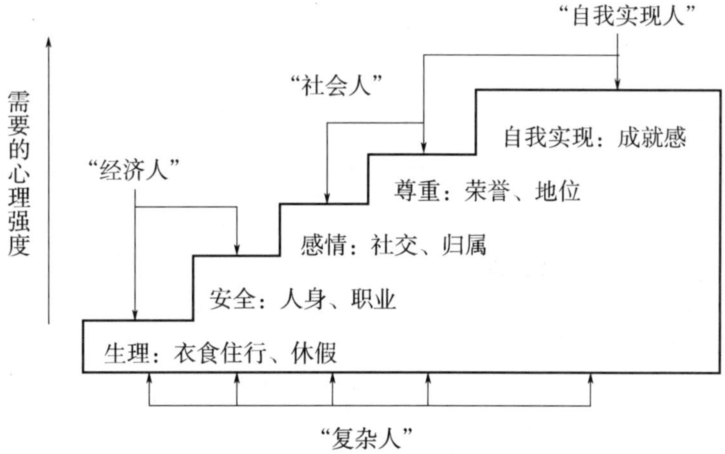

图8－4 需要层次与人性假设

因此，人类的需要是不断随着低层次需要的满足而逐步向高层次需要发展的，只有在先满足低层次需要的前提下，高层次需要才会变得重要，而低层次的需要得到满足后，就不再有激励作用。需要总是逐层得到满足，直到最后自我实现需要变成主要的激励因素。

（1）生理的需要。生理需要是人类维护自身生存最基本的、各种非习得的原始需要，它包括衣、食、住、行等方面的需要。在实际的管理工作中，维持基本生活所需的工资待遇、维持生命健康的工作环境（如适当的温度、良好的通风设备、无毒车间等）、适当的休息时间保障、正常的家庭和个人生活等，都是用来满足这一最基本需要的方法。

（2）安全的需要。安全需要是人类要求保障自身安全、避免失业和丧失财产等威胁的需要。在管理工作中，安全需要可以通过工作合同书、长期雇用、足够的医疗和意外保险以及良好的退休福利制度等方法来满足。

（3）归属的需要。归属需要是人类对从属于某个群体或组织、与人交往、被人接纳、获得情感（如关心、友爱、爱情）等方面的需要。人是社会性的生物，当生理和安全的需要相对满足后，这类需要就突出起来。这种需要比生理、安全的需要更加细致，更加难于捉摸，它和一个人的性格、经历、教育、国籍以及宗教信仰等都有关系。管理者满足员工归属需要的措施有：建立组织和员工之间的共同利益机制（如给员工股权、期权）、鼓励和保障员工在组织之外的家庭和个人生活、鼓励在组织建立各种非正式群体、开展各种非正式的社交活动以加强员工之间的相互交往、培养成员对团队和组织的意识和认同感、组织开展各种有意义的活动增进员工之间的感情以及对组织的感情等。

（4）尊重的需要。尊重需要是指受人尊重以及自尊的需要。人们不仅需要加入一个群体，而且还需要受到群体成员的尊重和承认，并在其中享有较高的地位。这类心理需要可以通过设置各种工作头衔和职位、鼓励员工参与、听取员工意见、给有贡献的员工物质和精神奖励以及其他尊重员工个人特点的形式来满足。

（5）自我实现的需要。自我实现需要是马斯洛理论中最高层次的需要，它是指人总是希望能最大限度地发挥自身的潜能，达到自己内心真正向往的目标和境界。在实际的管理工作中，要想尽各种办法使员工有充分发挥其潜能和满足内心真实愿望的机会（如让其做自己感兴趣的工作、承担挑战性的目标和任务、员工参与决策、实行提案制度、支持员工任何好的设想），以尽量满足他们这方面的需要。

运用此理论激励员工的关键在于找出员工的真正需要，因为不同的人在同一时期有不同需要，而同一个人在不同时期也有不同需要，所以，应该注意满足不同员工的需要和员工的不同层次的需要。

马斯洛的主要理论贡献在于，他以结构的观点和方法论，将人的千差万别的需要归结为若干种基本需要，并且这些基本需要有其内在联系和相对重要性。

8.1.3.2 赫茨伯格的双因素理论

赫茨伯格（F. Herzberg）在1858年出版的专著《工作的激励因素》中提出“激励因素/保健因素”理论，简称双因素理论。

双因素理论不同于需求层次理论（由规范研究导出），而是实证研究的结果，是由赫茨伯格和他的同事在匹兹堡地区从对会计师群体和工程师群体的研究开始的，他采用关键事件法，对美国匹兹堡地区的11个工商业机构的200多个工程师和会计师进行了调查，主要是问他们在什么时候、什么情况下对工作特别满意或特别不满意以及产生的原因，调查结果见图8－5。

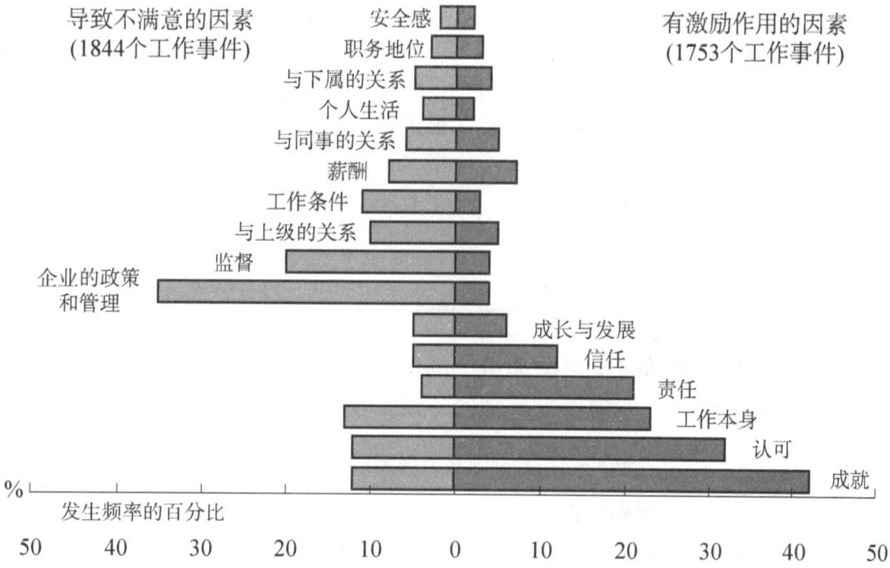

图8－5 赫茨伯格的满意与不满意因素调查结果

根据调查结果，他发现这些被访者对工作不满意的因素，大都与外部的工作环境有关，如企业政策和行政管理、监督、与主管的关系、工作条件等；而使他们感到满意的因素，一般是由工作本身产生的，如工作本身的兴趣和挑战性、工作上的成就感等。由此，赫茨伯格提出，存在着两种不同类型的激励因素：一类是能促使人们产生工作满意感的因素，称为激励因素（motivating factor）；另一类是促使人们产生不满的因素，称为保健因素（hygiene factor）。这就是双因素理论（two factor theory），这两类不同因素的具体内容，见表8－1所示。

①右列的激励因素指和工作内容紧紧联系在一起的因素，这类因素的改善，往往能给员工以很大程度的激励，产生工作的满意感，有助于充分、有效、持久地调动员工的积极性。激励因素若得不到满足，会带来员工的不满；若得到满足，除了会消除员工的不满，还会带来员工的满意。

②左列的保健因素指和工作环境或条件相关的因素，这些因素处理不当，或者说这类需要得不到基本的满足，会导致员工的不满，甚至严重挫伤其积极性；反之，满足这些需要只能防止员工产生不满情绪，而不会产生满意情绪。因而，工作中真正起激励作用的是激励因素，而不是保健因素；但保健因素若处理不当，也有一定的消极作用。

表 8－1 激励因素和保健因素的具体内容

保健因素（外在因素）	激励因素（内在因素）
·公司（企业）的政策与行政管理 ·技术监督系统 ·与上级主管之间的人事关系 ·与同事之间的人事关系 ·与下属之间的人事关系 ·工作环境或条件 ·薪酬 ·个人生活 ·职务地位 ·工作的安全感	·工作上的成就感 ·工作中得到认可和赞赏 ·工作本身的挑战意味和兴趣 ·工作职务上的责任感 ·工作的发展前途 ·个人成长、晋升的机会

赫茨伯格认为只有靠激励因素来调动员工的工作积极性，才能提高生产率。至于保健因素，所起的作用是维持性的，处理得当可消除不满。激励因素与保健因素的比较见表 8－2。

表 8－2 激励因素与保健因素的比较

项 目	激励因素	保健因素
起源	人类生存的趋向	动物生存的趋向
特征	性质上属于心理方面的长期满足 满足/没有满足 重视目标	性质上属于生理方面的短暂满足 不满足/没有不满足 重视任务
满足与不满足的来源	工作性（对个人主要是内部的）： 个人标准	工作条件（对个人主要是外部的）： 工作环境 非个人标准
相应的需要	自我实现 尊重	生理 安全 感情

从激励因素与保健因素的比较得到启示：

①不应忽视保健因素，但又不能过分地注重于改善保健因素。赫茨伯格通过研究发现，保健因素的作用是一条递减曲线。当员工的工资、奖金等报酬达到某种满意程度后，其作用就会下降，过了饱和点，还会适得其反。

②要善于把保健因素转化为激励因素。保健因素和激励因素是可以转化的，例如员工的工资、奖金，如果同其个人的工作绩效挂钩，就会产生激励作用，变为激励因素；如果两者没有联系，奖金发得再多，也构不成激励，一旦减少或停发，还会造成员工的不满。因此，有效的管理者，既要注意保健因素，以消除员工的不满，又要努力使保健因素转变为激励因素。

③要区别内在激励和外在激励。内在激励，是从工作本身得到的某种满足，如对工作的爱好、兴趣、责任感、成长感等，这种满足能促使员工努力工作，积极进取。外在激励，是

指外部的奖酬或在工作以外获得的间接满足，如劳保、工资等。这种满足有一定的局限性，它只能产生少量的激励作用。

管理者若想持久而高效地激励员工，必须注重工作本身对员工的激励，可采取如下措施：第一，改进员工的工作内容，进行工作任务再设计，实行工作丰富化；第二，对高层次的管理者来说，应简政放权，实施目标管理，减少过程控制，扩大干部员工的自主权和工作范围，使他们的聪明才智得到充分发挥；第三，对员工的成就及时给予肯定、表扬，使他们感到自己受重视和信任。

8.1.3.3 奥尔德佛的 ERG 理论

ERG 理论是奥尔德佛（P. Alderfer）在 20 世纪 70 年代提出的，它认为人有三种基本需要。

（1）生存（Existence，E）需要。这是指人全部的生理需要和物质需要，如衣、食、住、行等各个方面，组织中的报酬、工作环境和工作条件等都和这种需要有关，这一类需要大体和马斯洛需要层次中的全部生理需要和部分安全需要相对应。

（2）关系（Relatedness，R）需要。这是指在工作环境中对人与人之间的相互关系和交往的需要，这一需要可与马斯洛需要层次中的部分安全需要、全部归属需要和部分尊重需要相对应。

（3）成长（Growth，G）需要。这是人要求得到提高和发展的更高层次的需要，成长需要的满足要求充分发挥个人的潜能，有所作为和成就，并不断地创新和向前发展。这一类需要可与马斯洛需要层次中部分尊重需要和全部自我实现需要相对应。

ERG 理论有以下几个重要的观点：

①在同一层次上，少量需要被满足后，会产生更强烈的需要。譬如，不少人赚了一些钱后想赚更多的钱，刚当了基层领导后希望今后能提升到更高的位置。

②较低层次需要被满足得越充分，对较高层次的需要越强。这一点和马斯洛的观点一致，譬如，人们解决了生存条件（基本温饱），就会考虑发展问题（学习深造）。

③较高层次需要被满足得越少，低层次需要则更加强烈。譬如，一个人如果在未来发展方面感到没有希望，也许会退而求其次——好好把握现在，先满足生存和关系上的需要再说。

ERG 理论揭示以下规律（见图 8 -6）：

一是“愿望加强”律。需要得到的满足越少，则满足这种需要的渴望就越大。

二是“需要满足”律。较低层次的需要得到越多的满足，则该需要的重要性就越差，满足高层次需要的渴望就越大。

三是“需要受挫”律。当较高层次的需要遭受挫折，得不到满足时，人们就会退而求其次，对较低层次的需要的渴求就越大。

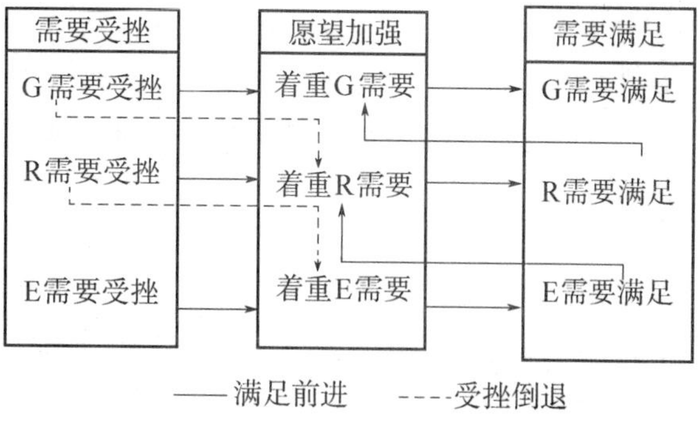

图 8 -6 ERG 理论模式

ERG 理论是对马斯洛需要层次观点的有力补充，主要表现在：

①马斯洛的需要层次论是基于“满足－前进”的逻辑，认为人较低层次需要相对满足后，会向更高层次需要前进。而 ERG 理论不仅是“满足－前进”，还包括“受挫－倒退”，即较高层次需要得不到满足时，会转向追求低层次需要。

②ERG 理论不认为激发高层次需要一定要先满足低层次需要，人由于其个性、生活经历以及所受教育的影响，可能会使其对高层次需要有特别的欲望。

③ERG 不认为剥夺是激发需要的唯一手段。个人成长需要相对满足后，可能会更增强其强烈的程度。

④按照马斯洛的需要层次论，在某一时期，人的五种需要中会有一种需要表现出主导优势。而 ERG 理论则认为，一个人可同时拥有几个需要，而且不一定表现出强度上的多大差别。

一般认为，ERG 理论很好地补充了马斯洛需要层次论的不足，更全面地反映了社会现实，是需要理论的很大进步。

8.1.3.4 麦克利兰的激励需要理论

激励需要理论是由心理学家麦克利兰（David McClelland）提出的。他认为人在较高层次上有三种需要：对成就的需要（need for achievement）、对情感的需要（need for affiliation）、对权力的需要（need for power）。

（1）对成就的需要。对成就的需要是指人渴望卓有成效地做成某种事情、任务或达成某种目标，有成就需要的人的特点是：喜欢问题和面对挑战；希望干出一番事业，往往给自己确定有一定难度和挑战性的目标；热爱本职工作，很有敬业精神；乐于接受挑战，喜欢冒风险；愿意承担责任；希望很快得到工作的反馈结果；孜孜不倦，不怕挫折；喜欢表现自己；对事情的成功和胜利有强烈的要求。

（2）对情感的需要。对情感的需要是一种希望与人为伴、归属于某些群体、获得情感的需要，有强烈情感需要的人往往希望从别人那里获得安慰和肯定，享受亲密无间的氛围；他们通常由衷地关心别人的感受，愿意做与人打交道的工作，喜欢安慰和帮助有困难的伙伴；他们喜欢建立和保持一种融洽的社会关系，而对被别人和群体拒绝感到痛苦；他们珍惜人与人之间的友爱和情谊，很富有人情味。

管理案例

提前报到的新员工

通常新员工被录用后，往往会在最后报到期限前报到上班，因为上班后就要朝九晚五地工作，不再自由，所以要利用报到前的时间走亲访友、游山玩水。但成都晶宏达化妆品公司的新员工总是急切地提前来公司报到，甚至在不领工资的情况下，提前来上班。

原来，晶宏达公司一旦决定录用某个新员工，就会把这位新员工的姓名、手机号码、特长、岗位等相关信息告知公司其他员工。还没到报到时间，新员工就会收到公司某个同事的短信：听说你要来我们公司工作，欢迎你的到来……我叫某某某，告诉我你的报到日期，我去车站接你。隔几天又会收到另一个同事的短信：听说你的医学知识、美容技术很棒，今后请多多指教，我叫某某某。在报到之前，不断有人发信息对他表示欢迎，愿意向他请教，愿意配合他的工作，在这样浓厚的人文气息下，很多新员工都迫不及待地来报到。

资料来源：连云尧．好领导会激励［M］．2011.

（3）对权力的需要。对权力的需要本质是渴望控制其环境中的各种资源，具有较高权力需要的人对施加影响和控制表现出很大兴趣。他们寻求领导位置，喜欢与人争辩，健谈、直率，头脑冷静，善于提出问题和要求，喜欢教训别人，乐于演讲。

以上这三种不同的需要反映了人不同的偏好，对一个组织来说，这三种人都是有价值的，应该合理搭配。因此，对于具有高成就需要的管理者，组织可以分配给他们具有挑战性和一定风险的工作任务，以满足他们的成就需要，激发他们的工作积极性；对于低成就需要的管理者，组织可以分配给他们一些例行的工作任务。应当认识到，高成就需要并不是与生俱来的，而是在人们的实践活动中培养起来的，所以组织应尽量创造有利条件，将他们培养和训练为具有高成就需要的人。

8.2 行为的产生、维持和改变

管理者不但要判断一个人的动机，还需要知道动机是如何转化成为组织所希望的行为，以便通过为这种转化提供相应的条件来引导员工的行为。这就是上一节（见图8－4）提及的过程型激励理论和行为调整型激励理论所研究的重点。下述的三位导师提出的理论就属于这两类理论。

8.2.1 佛隆的期望理论

期望理论（Expectancy theory）由佛隆（Victor H. Vroom）于1864年首次提出，该理论认为，个体努力的程度取决于个体行为可能带来的工作绩效的期望程度以及因绩效而获得组织的奖赏对个体的吸引力。

在任何组织中，员工会注意如下三个问题，这三个问题分别形成了期望、工具性和效价这三个因素：

（1）如果我努力的话，我能不能达到组织要求的工作绩效水平？

（2）如果我尽力达到了这一绩效水平，组织会给我什么样的报酬或奖赏？

（3）我对这种报酬或奖赏有何感想，是不是我所迫切希望得到的？

也就是说，人们只有在预期其行为有助于达到某种目标的情况下，才会被充分激励起来，产生内在的激发力量，从而真正产生行动，而这种激发力量 F 的大小等于期望值 E、效价 V 和工具性或手段性 I 的乘积。可用下面的公式表示：

$$F = \sum E \times V \times I$$

①期望值（Expectancy，E）。判断是否是其“能做之事”，指个人对其某一特定行动将会导致预期成果（或目标）的概率估计，即个人根据经验对自己所采取的行动将会导致某种预期成果之可能性的主观估计。

②工具性或手段性（Instrumentality，I）。判断是否有“回报”，指个体对一定水平的绩效会带来何种回报和其他潜在结果的认识。

③效价值（Valence，V）。判断是否是其“愿做之事”，指个人对自己所要采取的行动将会达到某一成果或目标的偏爱程度，是个体对这一成果或目标之价值的主观估计。当个人对达到某种成果或目标漠不关心时，效价值为零；当个人宁可不要出现这种结果时，效价值为负值；当个人希望达到该预期结果时，效价值为正值；当个人强烈期待出现预期结果时，效价值就很高。总之，只有在效价值大于零时，个体才会有一定的动力。效价值越高，动力越大。

管理案例

期望激发潜能

“经营之神”松下幸之助也是一个善用罗森塔尔效应（一种心理期望效应）的高手。他首创了电话管理术，经常给下属，包括新招的员工打电话。每次他也没有什么特别的事，只是问一下员工的近况如何。当下属回答说还算顺利时，松下又会说：很好，希望你好好加油。这样使接到电话的下属每每感到总裁对自己的信任和看重，精神为之一振。许多人在罗森塔尔效应的作用下，勤奋工作，逐步成长为独当一面的优秀员工，毕竟人有70%的潜能是沉睡的。

资料来源：孙科柳，孙昌华．企业瘦身与人事精简　精简人事管理20条［M］．2015.

根据期望理论，管理者要将员工积极性充分调动起来，可采取以下几个措施：

首先，根据员工的需要设置报酬和奖励措施。要使员工产生很大的激发力量，必须提高各种报酬和奖励措施在员工心中的价值。为此，必须调查、了解不同员工的需要偏好，根据不同的需要给不同员工设定报酬和奖励方案，让员工可以选择。譬如，对年轻员工来说，可能更喜欢得到进一步培训、深造的机会以及外出旅游；中年员工承受着更大的经济压力，可能更喜欢得到经济上的报酬；老年员工可能更喜欢各种送温暖和关心活动。另外，效价值也会随着个人所处的时间和场合的不同而变化，管理者应该动态地了解和把握这些变化。

其次，给员工创造良好的工作条件，增强其达到目标的信心。要使员工产生激发力量，必须提高他们对达到目标的信心，为此，要根据员工的能力和外部条件，合理地给员工设定有一定难度但又是可以经过努力达到的目标。另外，要给员工创造工作条件，投入所需要的人、财、物资源。这样员工才会信心百倍、干劲十足地去工作。

最后，建立有功必赏的奖罚分明制度，提高员工的工作热情。除了要提高员工对达到组织目标的期望值外，还要提高他们对其完成组织目标后达到个人目标的期望值，只有这样，他们的积极性才会被真正地调动起来，建立有功必赏的奖罚分明制度，这样就会增强员工的工作热情，使他们感到有奔头。

管理案例

一条鲸鱼的奇迹

假如你看到体重达8 600千克的大鲸鱼跃出水面6.6米，并为你表演各种动作，我想你一定会发出惊叹，将这视为奇迹，而确实有这么一条创造奇迹的鲸鱼。

这条鲸鱼的训练师向外界披露了训练的奥秘：在开始时他们先把绳子放在水面下，使鲸鱼不得不从绳子上方通过，鲸鱼每次经过绳子上方就会得到奖励，它就会得到鱼吃，会有人拍拍它并和它玩，训练师以此对这条鲸鱼表示鼓励；当鲸鱼从绳子上方通过的次数逐渐多于从下方经过的次数时，训练师就会把绳子提高，不过提高的速度必须很慢，不至于让鲸鱼因为过多的失败而沮丧。

无疑，鼓励的力量使得这条鲸鱼飞跃过了这一可载入吉尼斯纪录的高度。对一条鲸鱼如此，对于聪明的人类来说更是这样，鼓励、赞赏和肯定，会使一个人的潜能得到最大限度的发挥。可事实上更多的人却是与训练师相反，起初就怀着期盼定出相当的高度，一旦达不到目标，就会大失所望。所以我们常常看到，上司对下属的不满和惩罚，教师对学生的严厉批评和叱责，望子成龙的父母对孩子的埋怨和训斥……

因此，即使我们的期望值很高，可最好还是给手中的“绳子”定个适当的高度，看到对方的每一个进步，及时予以鼓励和肯定，奠定心中的信心，而不要被失望、沮丧的情绪笼罩。

资料来源：李伟．塑造你的工作使命［M］．2013.

8.2.2 亚当斯的公平理论

公平理论是美国行为学家亚当斯（Stancy J. Adams）于1867年在他的著作《奖酬不公平时对工作质量的影响》中提出来的，这一理论也称“社会比较理论”，认为人与人之间存在社会比较，且有就近比较的倾向。

亚当斯通过大量的研究发现：员工们对自己是否受到公平合理的待遇十分敏感。他们的工作动机，不仅受其所得报酬的绝对值的影响，更受其相对值的影响，也就是说每个人不仅关心自己收入的绝对值，更关心自己收入的相对值。这里的相对值，是指个人对某工作的付出与所得与他人的付出与所得进行比较，或者把自己当前的付出与所得与过去进行比较时的比值。通过比较，便产生公平或不公平感。

（1）公平理论的模式。亚当斯模式用公式表示如下：

$$\frac{O_p}{I_p} = \frac{O_r}{I_r} \rightarrow \text{报酬相当}, P\text{感到公平(满意)}$$

$$\frac{O_p}{I_p} < \frac{O_r}{I_r} \rightarrow \text{报酬不足}, P\text{感到不公平(吃亏)}$$

$$\frac{O_p}{I_p} > \frac{O_r}{I_r} \rightarrow \text{报酬过高}, P\text{感到不公平(负疚)}$$

式中：

*I*代表投入，是指所做的贡献，包括个人对自己或他人的努力、资历、知识、能力、经验、过去成绩、当前贡献的主观估计。

*O*代表产出，是指所得的奖酬，如地位、工资、奖金、福利待遇、晋升、表扬、赞赏、进修机会、有趣的挑战性工作等。

p代表当事者，r代表参照者，即所选择的比较对象。

公式中具体显示了p与r相比较后出现的三种基本心理状态：

第一，$\frac{O_p}{I_p} = \frac{O_r}{I_r}$，即报酬相当，个人感到公平。此时员工受激励的状态不变。

第二，$\frac{O_p}{I_p} < \frac{O_r}{I_r}$，感到不公平。这时员工可能出现的情况是：心理挫折和失衡；改变投入；要求改变产出；改变对自身的看法；改变对他人的看法；改变比较对象，与一个更差的人比较，或自我安慰，与自己不如现在的过去进行比较；离开现在的环境，进入新的组织去工作。

第三，$\frac{O_p}{I_p} > \frac{O_r}{I_r}$，尽管感到“不公平”，但一般都会产生满意感，受到激励。

员工产生不公平感的原因是多方面的：第一，组织在客观上确实存在不合理分配的现象；第二，不同员工在投入和所得上存在不可比性，人总是过多地估计自己的投入和别人的所得；第三，不同员工对投入和产出的认知不同，他们总是挑选对自己有利的方面与人进行比较；第四，组织中的一些绩效考评和奖励制度不透明，总是暗箱操作，增大了员工的猜测和不公平感。

管理案例

公平与动力

一家公司的一名技术骨干告诉朋友，过完年后他不想再回到公司了，尽管他的合同还没有到期，单方面毁约也会赔付一些费用，而且明年他还可以拿到令人羡慕的20万元年薪，但是他依然要走。朋友问他为什么，他的答案是："没有动力。"

朋友很奇怪地问道："20万元还没有动力吗？这是一笔不小的数字了，几乎月收入一万八千啊。"可是他的回答却和这样的年薪没有关系，他反问道："如果你看着一些根本不如你的人，业务水平和你相差甚远的人，拿着和你一样多的工资甚至比你赚的还多，你怎么想？"

资料来源：百度文库.

（2）公平理论的运用。组织中的公平分为三个维度：分配公平、程序公平和互动公平。运用公平理论激励员工给我们带来的启示有：

① 要重视了解员工的公平感。无论在西方国家还是在中国，公平比较都是客观存在的现象。我国由于多年的计划经济和"大锅饭"的影响，人们的公平比较心理较重。尤其是在改革开放、社会转型、各种经济形态并存的今天，社会不公平感和由此带来的"红眼病"现象较为普遍。因此，作为管理者，首先要注意了解员工的公平感，从而对症下药。

② 建立赏罚分明的制度。员工的不公平感有时确实是因为组织没有合情合理地奖励员工，存在着有功者不奖、无功者领赏的不良现象。组织只有消除这些不合理的现象，建立赏罚分明的制度，才能让广大员工真正感到公平。

③ 实行量化管理、增加透明度。公平感的产生很大程度上是员工主观猜测的结果，人们总是倾向于认为自己得到的比别人少，而付出的比别人多。因此，如果能在绩效考评和奖励制度上实行一定程度的量化管理，做到一切都可以打分计算，并提高整个工作的透明度，那么员工就会心服口服。但是，实行量化管理和增加透明度会给一些领导的权力造成冲击，因为领导的有些权力往往来源于一些人为和主观的操作手法。因此，要在企业中实行这种制度，阻力还是很大的。

④ 战略为主，平衡为辅，加强对员工的教育。在一个组织中，由于操作中的因素以及人们认知的差别，做到绝对公平是不可能的。组织一方面要从自身最重要的战略需要出发来建立制度，另一方面要适当地采取平衡和补偿的策略。另外，还要加强对员工的思想教育，加强沟通，以将员工由不公平感造成的负面影响降到最低程度。

8.2.3 斯金纳的强化理论

强化理论（reinforcement theory）也称操作性条件反射论，是美国当代著名心理学家、哈佛大学心理学教授斯金纳（B. F. Skinner）在巴甫洛夫的条件反射论、华生的行为主义论和桑代克的尝试学习论的基础上，提出的一种新行为主义理论，该理论认为可通过改变外部操作条件（强化），使行为方式发生稳定的相应改变（学习）。

强化理论着重研究人的行为的结果对其行为的反作用，斯金纳发现，当行为的结果有利于个体时，这种行为就可能重复出现，行为的频率就会增加。这种状况在心理学中被称为强化（reinforce），凡能影响行为频率的刺激物，即称为强化物（reinforcement）。因此，人们可以通过控制强化物来控制行为，求得员工行为的改造（behavioral modification），这一理论就称为强化理论。

在管理中，应用强化理论改造行为一般包括四种类型：正强化、负强化、惩罚和消退，见图8－7。

	令人愉快或所希望的事件	令人不愉快或不希望的事件
事件的出现	正强化 （行为变得更加可能发生）	惩罚 （行为变得不可能发生）
事件的回避	消退 （行为变得不可能发生）	负强化 （避免不符合要求的行为发生）

图8－7 强化的类型

（1）正强化（positive reinforcement）。指用某种好的结果，使得员工好的行为变得更加可能发生，强化物包括组织中的各种正面刺激，如加工资、发放奖金、荣誉表彰、认可、鼓励、赞赏以及创造令人满意的工作环境等。

管理案例

处罚最差的不如奖励最佳的

海尔公司规定，现场5S做得最差的人要接受处罚，站到一个用黄色油漆画的大脚印上以示惩戒。这种惩罚方法在国内实行的时候没有任何问题，在美国分公司实行的时候却出现问题了。

一个美国籍工人现场5S做得最差，主管要他站在“大脚印”上，他死活不肯。他说：“我承认今天我做得最差，我保证明天能做到最好。你降我的职、扣我的薪水我都愿意，但是这种有辱人格尊严、侵犯人权的处罚，我坚决不能接受。如果一定要我站‘大脚印’，我现在就离职。”公司领导正好到车间视察，就问那位美国员工：“公司规定做得最差的人站‘大脚印’，你不愿意；如果改成做得最好的人才有资格站‘大脚印’，你愿意站吗?”美国员工毫不犹豫地回答：“那当然愿意!”领导说：“好！从今天开始，只有做得最好的人才能站‘大脚印’，今天谁做得最好请站上来。”这时，一个黑人员工很自豪地站到了“大脚印”上，得意洋洋地竖着大拇指喊：“我最棒！我最棒!”大家都报以热烈的掌声。从此以后，海尔公司的现场5S得到了普遍改善。

资料来源：连云尧. 好领导会激励［M］. 鹭江出版社，2011.

（2）负强化（negative reinforcement）或回避（avoidance）。指预先告诉某种不符合要求的行为或不良绩效可能引起的不良后果，从而让员工通过按组织所要求的行为方式行事或避免不符合要求的行为来回避这些令人不愉快的后果。譬如，制造企业对新来工作的一线新员工进行安全教育，授课者会给新员工介绍正确的操作行为，还要告诉新员工不按照这种操作行为可能引起的各种不良后果的案例和照片（如发生人身伤亡的惨状），这种教育就会促进新员工今后要遵守正确的操作方法，以避免不良后果的发生。还譬如，银行对新员工进行入职教育的方式之一，就是让新员工去监狱参观，了解各种金融领域犯罪案例，从中受到教育，引以为戒。

（3）消退（extinction）。指对员工的某种行为不给予回应，以表示对该行为的轻视或某种程度的否定，从而使该员工的这种行为减少。譬如，领导发现某个员工出于某种个人目的对自己进行不恰当的吹捧奉承，他不希望员工再这样做，但也不想让这个员工难堪，所以就采取不对该员工的行为给予任何回应（即自然消退）的方式。

（4）惩罚（punishment）。指以某种带有强制性和威胁性的结果（例如，批评、降薪、降职、罚款、开除等）来创造一种令人不快甚至痛苦的环境，以表示对某些不符合要求行为的否定，从而消除这种行为重复发生的可能性，譬如，公司对泄露机密和违法乱纪的员工采取开除、追究法律责任等惩罚方式。

管理案例

制度面前人人平等

中美天津史克公司的信条“在规章制度面前人人平等”。宗旨是：“奖出十分干劲，罚出百倍小心。”总经理黄志修说：“没有这两条，再先进的管理也是纸上谈兵。”

走进史克公司的每一个科室、班组，映入人们眼帘的都是紧张、繁忙的工作场面。这并非是天津史克的员工没有惰性，而是奖励和惩罚的反差和危机感，使每一位员工在规章制度面前不敢越雷池一步。

有一次，中方副总经理到车间检查生产。清洗室里有一双刚刚洗过的袜子晾在支架上。他把袜子取下来，通知带班干部、清洗袜子的工人到办公室去一趟。不一会，一名女工来到副总经理室。她听到的回答是：没收袜子，扣除当月奖金。女工无言以对，后悔至极。要知道，一个月的奖金近百元。然而，她又庆幸总算躲过了“除名之险”。

又有一次，一名员工在工作时间去逛农贸市场，回来后态度十分蛮横。车间主任决定将他除名。报告打上去，外方总经理批示：“同意。”第二天，这位员工便离开了天津史克公司。

无时不在的危机感为天津史克公司带来了巨大活力和经济效益，他们的人均利税额和全员劳动生产率均比国内同类企业高出数十倍。

资料来源：何振民. 新编三十六计全书　指桑骂槐［M］. 北京：中央民族大学出版社，2001.

8.3 激励的基本方法

根据上述各种激励理论，管理者激励下属可采用多种方法和手段。其中最基本的激励方法是：工作激励、成果奖励和培养教育。工作激励是指通过设计合理的工作内容，分配恰当的工作来激发员工内在的工作热情；成果奖励是指在正确评估员工工作成果的基础上给予其合理的奖惩，以保持员工行为的良性循环；培养教育是指通过思想、文化教育和技能培训提高员工的素质，从而增强员工的进取精神和工作能力。

8.3.1 工作激励

通过合理地设计和分配工作，能极大地激发出员工内在的工作热情，提高其工作业绩。这就要求在设计和分配工作时，做到分配给员工的工作与其能力相适应，所设计的工作内容符合员工的兴趣，所提出的工作目标富有挑战性。

（1）工作内容要考虑到员工的特长和爱好。每一个人所拥有的知识和能力是不同的，而且不同的工作对于人的知识和能力的要求也不同，要做到“人尽其才”，就必须根据每个人的不同才能从结构上来设计和安排工作，扬长避短，力求使每一个人都从事其最擅长的工作，在条件允许的情况下尽可能地把一个人所从事的工作与其兴趣爱好结合起来。把人与工作有机地结合起来。

管理案例

激励员工发挥所长

松下电器的创始人松下幸之助是个懂得激励的企业领袖，他常对部下讲：“我做不到，但我知道你们能做到。”他要求管理者必须经常为员工“端菜”，即做服务的工作，尊重员工，激励员工，让员工最大限度地发挥他们的积极性和创造性。正是对员工创造性的充分尊重和肯定，才激发起了松下员工忘我的工作热情，共同建成了松下家电王国的丰碑。

在海尔，其员工的工资并不是最高的，只比青岛的平均工资水平略高一点儿。尽管如此，海尔的员工对自己身为海尔的一员有很强的自豪感。海尔在员工管理上最具特色的方式，是直接用员工的名字命名他们不断改进了的工作方式。据《海尔的激励模式》一书介绍，在海尔，以员工命名的“操作法”有二百余项。

资料来源：杨云生．颠覆与重建　课堂文化建设的探索与实践［M］．2016.

（2）工作目标应具有一定的挑战性。设计和分配工作，不仅要使工作的性质和内容符合员工的特点和兴趣，而且要使工作的要求和目标富有挑战性，这样才能真正激发员工奋发向上的精神。把这项有挑战性的任务交给一个能力略低于工作要求的员工，如果这位员工不努力，那么这项任务将难以圆满完成；但只要员工在工作中愿意思考与努力，较好地发挥自己的潜能，这项工作就有可能完成，目标就有可能实现，这不仅能在工作中提高员工的工作能力，而且能使员工获得一种成就感，从而较好地激发出员工内在的工作热情。

管理案例

富有挑战的工作

杰克·韦尔奇刚进通用电气公司不久，就以其积极的工作态度和出色的科研创新能力，成为 OPPO 材料研究领域的专家。但是，当时的通用电气公司有着非常严重的薪酬问题，管理层也非常没有水准，官僚主义十分严重，这让韦尔奇非常压抑，因为这个公司给他的职位令他非常不满意，他更希望能进一步研究如何将他的科研成果应用到生活中去，而不是坐办公室。当时担任通用电气公司副总裁的鲁本·加托夫闻讯后，对杰克·韦尔奇许诺以高薪，并委以重任。

杰克·韦尔奇成了 OPPO 工艺开发项目的领导人，他的任务是负责将 OPPO 转变成具有商业价值的产品。这是个十分艰巨的任务，但是韦尔奇非常快乐，因为这份工作他朝思暮想，这样艰难的任务在韦尔奇那里成为快乐的动力。他成功了，他研发出了该产品，并取名“诺瑞尔”。

1865 年，韦尔奇建议通用电气公司建造一座价值1000 万美元的工厂生产诺瑞尔。到了指定一名经理的时候，却没有人愿意接受这个工作，因为谁都不愿为一种商业价值未能明确的产品去冒险，只有韦尔奇渴望这个工作，他具有其他搞技术的人员恰恰缺乏的销售的能力。

杰克·韦尔奇果然不负众望，1868 年，到公司只有 8 年的他，成为公司史上最年轻的一位总经理，负责整个塑料事业部门。1881 年，韦尔奇成为公司总裁，领导通用电气雄踞全球500 强的第一位。

资料来源：王晓易．商界名流的“三十而立”[J]．解放日报，2010.

8.3.2 成果奖励

管理者要引导员工的行为，使得它向着有利于组织目标的方向行动，就必须针对员工的需求给予合理的报酬，奖励的多少与工作业绩的高低相挂钩。

（1）报酬必须能在一定程度上满足员工的需求。管理者首先要了解员工希望从工作中得到什么，即要了解员工的需求，据此才能确定合适的报酬。所谓报酬是指能够在一定的程度上满足人的物质和精神需求的东西。具体可分为经济性报酬和非经济性报酬，如图 8－8 所示。管理者怎样才能了解员工的真正需求呢?

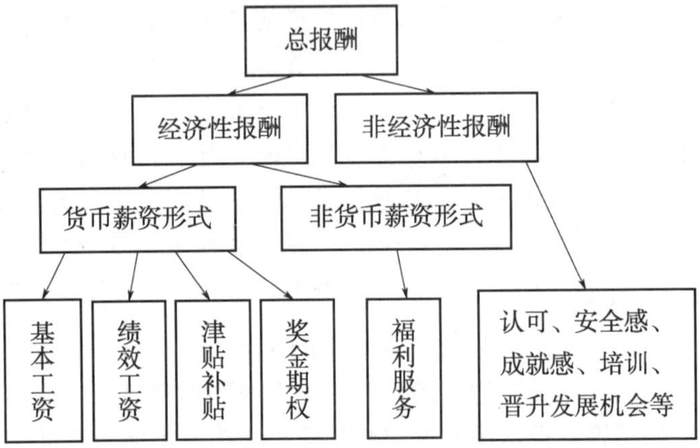

图 8－8 总报酬要素构成图

一种方法是根据前人的或组织内部进行的研究，例如，马斯洛对于人类需求的研究结果为管理者认识员工的需求提供了一个基本的框架，每年进行一次匿名的员工需求调查，有助于了解员工的整体需求和变化。

另一种方法是直接询问员工或者通过与员工一起工作与生活来体验员工的需求，直线管理人员由于经常与操作者在一起，往往可以给人事管理人员制定奖励政策提供很多有益的建议。

另外，与员工保持良好的人际关系，也会使管理者便于获得有关员工需求的信息。

知道了员工的需求以后，管理者就可以据此来设置报酬。

企业要留住员工不能单纯依靠薪酬的多少，而是要看总报酬的多少。与经济性报酬不同的是，非经济性报酬具有方向性：与员工需求相一致，能够满足员工的需求，则非经济性报酬是正的，如果与员工需求不相一致可能就是负的。

管理案例

雷尼尔效应：留住人才

美国西雅图华盛顿大学准备修建一座体育馆。消息一传出，立刻引起了教授们的反对。校方于是顺从了教授们的意愿，取消了这项计划。教授们为什么会反对呢？原因是校方选定的位置是在校园的华盛顿湖畔，体育馆一旦建成，恰好挡住了从教职工餐厅窗户可以欣赏到的美丽湖光。为什么校方又会如此尊重教授们的意见呢？原来，与美国教授平均工资水平相比，华盛顿大学教授的工资一般要低20%左右。教授们之所以愿意接受较低的工资，而不到其他大学去寻找更高报酬的教职，完全是出于留恋西雅图的湖光山色：西雅图位于太平洋沿岸，华盛顿湖等大大小小的水域星罗棋布，天气晴朗时可以看到美洲最高的雪山之一——雷尼尔山峰，开车出去还可以到一息尚存的火山——海伦火山。

运用到企业管理当中，企业也可以用“美丽的风光”来吸引和留住人才。当然，这里的“美丽的风光”是指一个良好的工作环境和企业文化氛围。它作为一种重要的无形财富，起到了吸引和留住人才的作用。

资料来源：尹青．葡萄柠檬心理学［M］．2009.

（2）报酬应与员工的工作业绩挂钩。管理者奖励员工的目的是为了使员工的行为有助于组织目标的实现，如果报酬不与员工的工作业绩挂钩，那么奖励也就失去了意义。那么，怎样才能把报酬与员工的工作业绩挂起钩来呢？在实践中，管理者提出了各种各样的方法，常见的有以下几种：

① 按绩分配，即直接根据工作业绩的大小支付报酬。这是最古老的奖励方法。它使每一位员工都专注于自己的工作，根据工作成果领取报酬，业绩越好，报酬越多。属于这类方法的有绩效工资制等。

② 按劳分配，即根据其工作量支付报酬。很多工作无法用客观的标准来衡量业绩的大小，而且一个组织中的很多工作的完成得益于群体的努力，很难完全按个人的工作业绩来进行奖励。在这种情况下，管理者就只好根据对每一位员工工作量大小的评估进行奖惩，例如，计时、计件工资制等。

③ 效益分享，即把奖励与员工对组织的贡献直接挂钩。这是组织生产率的提高与员工的收入相联系的管理方法，有助于鼓励员工群策群力，以积极的态度去解决组织在质量、生产率和其他方面存在的问题。根据其所带来的组织业绩的提高，员工将获得相应的报酬。例如，合理化建议奖、新产品开发奖、利润分享制度、差额结算制等。

④ 目标考核法，通过事先确定目标和考评标准，然后对实际业绩进行衡量，最终根据目标达成度给予相应的奖惩。例如，经济责任制等。

不管采用哪一种方法，在对员工进行成果评价时都必须做到客观公正。因为按照公平理论，人们会对报酬进行比较，并根据比较的结果采取相应的行动。

8.3.3 通过教育培训，增强员工自我激励的能力

员工的工作热情和工作积极性通常与他们的素质高低有极大的关系。一般而言，自身素质好的人，自信心和进取心就强，比较注重高层次的追求，因此，相对来说比较容易自我激励，在工作中表现出高昂的士气和工作热情。所以，通过教育和培训，增强员工的工作能

力，提高员工的思想觉悟，从而增强其自我激励的能力，是管理者激励和引导下属行为的一种重要手段。教育培训的内容主要包括思想教育和业务知识与能力的培训。

（1）通过思想教育，树立崇高的理想和职业道德。帮助员工正确地认识自身的价值，树立正确的职业道德观，形成崇高的理想和抱负，从而促使他们在工作中认真负责、勇于进取、积极肯干。管理者在进行思想教育时要注意理论联系实际，防止空洞说教；平等对待员工防止以“教育者”自居；注意表扬与批评相结合，以表扬为主；在注重提高员工思想认识的同时，切实解决员工在工作和生活中遇到的实际困难；要以身作则，用行动去影响员工。只有这样，才能使思想教育对员工有吸引力、说服力，从而起到预期的激励效果。

（2）通过专业技能培训，提高员工的工作能力。进取心与个人的业务素质是相互促进的：强烈的进取心会促使员工努力掌握新的工作技能，而良好的素质使一个人有较多的成功机会，成功及由此而带来的心理满足的体验又会促使其在事业上攀登新的高峰。正因为如此，对员工进行专业技能培训，对于激发员工的进取心和提高员工的工作业绩是十分重要的。专业技能培训应根据本组织的特点和员工个人的特点有计划、有组织、有重点地进行。例如，对于管理人员，既要注意通过理论学习，使他们掌握现代化管理的新知识和新方法，又要注重在实践中培养，以提高他们解决实际管理问题的能力；对于一般员工，既要进行基础教育，提高他们的文化水平，又要结合本职工作，进行相关作业的基本技能训练；对于工程技术人员，既要使他们能够通过各种方式及时了解本学科的发展动态，又要让他们有更多运用新知识的机会。只有从业务理论和实际操作技能这两个方面根据员工的工作特点去组织培训工作，才能收到较好的效果。

以上三种激励手段，不管采取何种形式，它们都是外在激励与内在激励的统一。

管理案例

关于华为的人才激励制度

华为的人才激励机制，主要有以下几个方面：

1. 建立以自由雇用为基础的人力资源管理体系，不搞终身雇用制。在1986年通信市场爆发大战前，华为的市场体系有30%的人下了岗，其中有曾经立下汗马功劳而又变为落后者的员工。这一次变革，让华为人认识到：“在市场一线的人，不允许有思想上、技术上的沉淀。必须让最明白的人、最有能力的人来承担最大的责任。”从此，华为形成了干部没有任期的说法。那些居功自傲、故步自封的人，不得不在企业快速发展的压力下，不断提高个人素质，不断提高工作能力。

2. 建立内部劳动市场，允许和鼓励员工更换工作岗位，实现内部竞争与选择，促进人才的有效配置，激活员工，最大限度地发现和开发员工潜能。对于一个空出或即将空出的职位，公司就发布内部招聘信息，并且召开竞聘大会。应聘者要作十五分钟的演讲，接受评委和观众的提问，由高层领导和专家组成评审委员会，根据竞聘报告和现场表现，当场拍板任职人选。竞聘给了希望向上发展的员工机会，也为公司发现了人才，整个竞聘过程更是激励了全体员工奋发向上的精神。

3. 高工资。华为称为“三高”企业，指的是高效率、高压力和高工资。任正非坚信高工资是第一推动力，华为提供的是外企般的待遇。除了高工资，还有奖金、股票分红，内部职工投资回报率每年都超过70%，有时高达80%。经济利益是最直接最明显的激励方式，高收入诱导高付出。

4. 提供持续的开发培训。华为实行在职培训与脱产培训相结合，自我开发与教育开发相结合的开发方式，让员工素质适应企业的发展，同时充分让员工有机会得到个人能力的提高。每年华为都要派遣大量的管理人员、技术人员到国外考察、学习、交流。开发培训优化了重要领域的人员素质，为有进取精神的人才提供了提高知识和素质的机会，这个机会是高素质人才最看重的，有着很强的激励效果。

5. “公平竞争，不唯学历，注重实际才干”。华为看重理论，更看重实际工作能力，大量起用高学历人才，也提拔读函大的学生。在华为有年仅18岁的高级工程师，也有工作七天就提升为高级工程师的。不论资排辈，只重实际能力，华为大胆地起用年轻人，一位只有25岁的华中科技大学毕业生就当上了带领500多人的中央研究部主任，这在其他企业是难以想象的。中科大毕业的李一南到华为的第二天就被提升为工程师，两个星期后成为主任工程师，半年后任中央研究部副总经理，一年后升任中央研究部总经理，次年，23岁的李一南成为公司最年轻的副总裁。华为大胆的用人策略，让员工看到了希望，激发了员工的事业心，使大批年轻人成为公司的中坚力量。

6. 客观公正的考评。考评工作有着严格的标准和程序，是对员工全方位的考评，考核的依据依次是：才能、责任、贡献、工作态度与风险承诺。对于绩效的考评是重点，宜细不宜粗；对于工作态度和工作能力看重长期表现，宜粗不宜细。客观公正的考评，是对人才工作绩效的正确评价，是实行激励方案的保证。根据斯金纳的强化理论，人的行为会受到外界正强化、负强化和消退强化的影响，而对员工采用的强化手段，是要以考评结果为依据。

7. 知识资本化、知识职权化。华为的员工持股制度，是按知识分配的，把员工的知识劳动应得的一部分回报转化为股权，即转化为资本，股金的分配又使得由股权转化来的资本的收益得到体现，通过股权和股金的分配来实现知识资本化。还有组织权力，也按照知识的价值来分配，组织权力的分配形式是机会和职权，因而知识可以通过职权分配来表现。员工的股份是不可转让的，如果要退出公司，只能以初始出资价出售给公司，这样想离开公司的代价就会变得很高。越是公司重要的人员，持有的股份越多，离开的代价也越大，所以这是企业的一项长期激励方法，体现了知识的价值，保证了企业的稳定。

资料来源：汤少梁．现代企业管理［M］．2015.

本章提要

激励指调动人们的积极性，有三层含义：对应于个体，即激发动机（Motive）；对应于群体，即鼓舞士气（morale）；对应于组织，即塑造文化（culture）。

对人的认识应该是对人的本身特性和人们所处环境特性的综合认识，这些认识便构成了所谓“人性”的假设。最具代表性的人性假设理论就是美国行为科学家道格拉斯·M. 麦格雷戈（Douglas M. McGregor）提出的“X理论-Y理论”和美国行为科学家埃德加·H. 沙因（Edgar H. Schei）提出的“四种人性假设理论”（“经济人假设”“社会人假设”“自我实现人假设”和“复杂人假设”）。

激励理论可以归纳为三大类：内容型激励理论、过程型激励理论、调整型激励理论。

内容型激励理论关注引发动机的因素，即激励的内容进行研究，主要包括：马斯洛的需要层次论、赫茨伯格的双因素理论、奥尔德佛的ERG理论以及麦克利兰的激励需要理论。

过程型激励理论关注行为目标的选择，即对动机的形成过程进行研究，主要包括：佛隆的期望理论、亚当斯的公平理论、洛克的目标设置理论等。

调整型激励理论也称行为改造型理论，关注达到激励的目的，即调整和转化人的行为进行研究，主要包括强化理论、挫折理论。

在线资源

在线测试　拓展视频　拓展阅读　拓展案例　相关管理定律　相关管理大师

讨论问题

1. 有的人愿意在正规化、有严格规章制度的组织中工作；有的人却需要更多的自治和更多的责任，需要有更多发挥创造性的机会。你认为这两种人各是“X 理论 - Y 理论”描述的哪一种人，对这两种人要用什么管理方法？

2. 马斯洛认为人类需要有哪些？人类需要有何特征？

3. 简述亚当斯的公平理论。

4. 在具体实施激励的过程中一般有哪两种方法？分别包括什么？

综合案例

十佳的林肯电气公司

林肯电气公司年销售额为 44 亿美元，拥有 2400 名员工，形成一套独特的激励员工的办法。该公司 90% 的销售额来自生产弧焊设备和辅助材料。林肯电气公司的生产工人按件计酬，他们没有最低小时工资，员工为公司工作两年后，便可分享年终奖金。

在过去的 56 年中，平均奖金额是基本工资的 95.5%。近几年经济发展迅速，员工年均收入为 44 000 美元左右，远远超出制造业员工年收入 17 000 美元的平均水平。公司自 1958 年开始一直推行职业保障政策，从那时起，他们没有辞退过一名员工。当然，作为对此政策的回报，员工也相应要做到几点：在经济萧条时他们必须接受减少工作时间的决定，而且要接受工作调换的决定，有时甚至为了维持每周 30 小时的最低工作量，而不得不调整到一个报酬更低的岗位上。林肯公司极具成本和生产率意识，如果工人生产出一个不合标准的部件，那么除非这个部件修改至符合标准，否则这件产品就不能计入该工人的工资中。严格的计件工资制度和高竞争性的绩效评估系统，形成了一种很有压力的氛围，有些工人还因此产生了一定的焦虑感，但这种压力有利于生产率的提高。据该公司的一位管理者估计，与竞争对手相比，林肯公司总体生产率是他们的两倍。该公司还是美国工业界中工人流动率最低的公司之一。前不久，该公司的两个分厂被《财富》杂志评为“全美十佳管理企业”。

资料来源：蒋贵凰. 战略管理与组织行为学案例教程 [M]. 北京：清华大学出版社，2013. 05.

思考：

1. 结合激励理论的相关知识，你认为林肯公司使用了何种激励理论来激励员工的工作积极性？

2. 为什么林肯公司的方法能够有效地激励员工工作？

3. 你认为这种激励系统可能给管理层带来什么问题？

实践练习

1. 如果你是一位企业人事主管，请针对一位刚毕业不久的技术人员的需求，设计一套激励制度。

2. 假设你是一名老师，你怎样用强化理论来提高学生的学习积极性？

与人交谈一次，往往比多年闭门劳作更能启发心智。思想必定是在与人交往中产生，而在孤独中进行加工和表达。

——列夫·托尔斯泰

第9章 沟 通

学习目标

1. 解释为什么有效的沟通对于管理者来说是重要的。
2. 定义沟通，详述沟通的功能。
3. 解释沟通过程的七个要素。
4. 区分人际沟通和组织沟通。
5. 解释沟通有哪些障碍以及如何克服。
6. 有效沟通有哪些技巧和方法。

能力目标

1. 在平时的沟通中会注意信息的反馈，能较好地接收和理解信息。
2. 在自己表达信息的时候会注意结合环境、氛围和肢体语言等让自己的表达更为清楚。
3. 改善自己的人际沟通现状。

本章关键词

沟通（communication）
正式沟通（formal communication）
非正式沟通（informal communication）
上行沟通（upward communication）
下行沟通（downward communication）
横向沟通（horizontal communication）
斜向沟通（diagonal communication）
语言沟通（verbal communication）
口头沟通（oral communication）
书面沟通（written communication）
非语言沟通（nonverbal communication）
身体语言沟通（body language communication）
副语言沟通（paralanguage）
物体的操纵（manipulation of objects）
单线式（single-strand type）
流言式（rumors type）
偶然式（accidental type）
集束式（the cluster type）

开篇案例

不会沟通，从同事到冤家

小贾是公司销售部一名员工，为人比较随和，不喜争执，和同事的关系处得都比较好。但是，前一段时间，不知道为什么，同一部门的小李老是处处和他过不去，有时候还故意在别人面前指桑骂槐，对跟他合作的工作任务也都有意让小贾做得多，甚至还抢了小贾的好几个老客户。

起初，小贾觉得都是同事，没什么大不了的，忍一忍就算了。但是，看到小李如此嚣张，小贾一赌气，告到了经理那儿。经理把小李批评了一通，从此，小贾和小李成了绝对的冤家了。

资料来源：飞成. 创业能力［M］. 2012.

在这个案例中，小李没有说明什么就突然跟小贾过不去，而小贾在面对小李突如其来态度的转变，没有选择与小李面对面地沟通，而是选择了在忍无可忍的时候告状，让小李难堪。致使他们之间的误会更深了。若是小李一开始能对小贾说明他不满的原因，若是小贾在意识到小李态度转变之后能找他谈一谈，他们或许就不是冤家了。这些都是缺乏沟通导致的现象。在这一章里将会学到什么是沟通，怎么去跟别人沟通。

9.1 沟通的定义和过程

9.1.1 沟通的定义

沟通（communicate）是指信息从发送者到接收者的传递过程。沟通在管理的各个方面得到了广泛的运用。通过思想和信息的交换，使组织成员间得以相互了解和信任；通过信息传递，可以把组织抽象的目标和计划转化成能够激发员工行动的语言，使员工明白应该做什么和怎么做才有利于组织目标的实现；通过沟通，可使一个组织紧密团结，朝着共同的目标前进。

沟通是管理者开展各项工作所必须掌握的基本技能之一。管理者的计划、组织、控制职能的履行和领导者指导、协调、激励职责的履行，都是建立在与他人良好沟通的基础之上的。即使是在日常工作和生活中，我们每一个人也都要花很多的时间与他人沟通：打电话、发短信、发邮件、参加会议、找人谈话、与人协商、和人谈判，等等。从某种意义上来说，一个组织甚至一个人的人生处处需要沟通。没有沟通，组织就无法协作；没有沟通，个人也很难融入集体。

9.1.2 沟通的过程

一般来说，一个完整的信息沟通过程（见图9－1）由以下几个步骤组成：

步骤1：信息发送者（sender）明确要进行沟通的信息内容。信息发送者发出信息是由于某种原因希望接收者（receiver）了解某些事或希望接收者采取某种行动，因此首先要明确信息内容。

步骤2：信息发送者把信息（message）转换成一种双方都能够理解的符号，如语言、文字、手势等。要发送的信息只有转换成可理解的符号，才能使信息通过媒体（medium）得以传递。为了有效地进行沟通，所采用的符号应符合适当的媒体：若媒体是书面报告，符号形式可选择文字、图表或照片；若媒体是讲座，则应选择语言、板书和手势等。

步骤3：通过某种方式，如口头交谈、书面文件、电话等，将信息符号传递给接收者。信息的传递主要以语言为主要形式展开，在相互沟通中，存在着文件、会议、电话、面谈等多种具体形式。

步骤4：接收者根据这些信息、符号传递的方式，选择相对应的接收方式接收这些信息符号。这些信息符号是通过口头传递的，接收者就要通过倾听来接收这些信息符号，否则信息就会丢失。

步骤5：接收者将这些符号转换成具有特定含义的信息，了解和研究所收到的信息的内容和含义。这个“翻译”过程直接关系到接收者能否正确理解信息，搞得不好，信息就会被误解。

步骤6：接收者把所收到的或所理解的信息再反馈到发送者那里，供发送者核查。发送者和接收者对信息的理解和接受程度，受到专业水平、工作经验及环境等多种因素的影响，对同一个信息，不同的人会有不同的看法。为了查核纠正可能发生的某些偏差，就要借助于反馈。

步骤7：发送者根据反馈回来的信息、再发出信息，肯定原有的信息传递，或指出已发的某些偏差并加以纠正。步骤6和步骤7有时并不发生。

步骤8：接收者按所接收到的信息采取行动，或做出自己的反应。信息传递的目的是发送者要看到接收者采取发送者所希望的正确行动，如果这个目的没有达到，则说明信息不灵，沟通发生了问题。

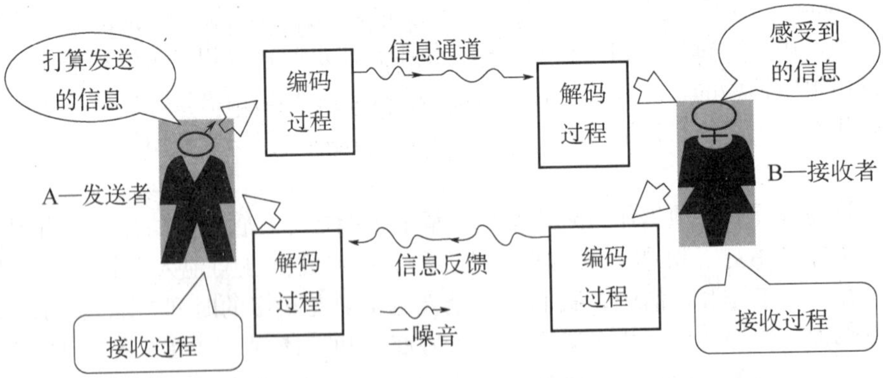

图9-1 信息沟通过程

管理案例

有关3只企鹅的对话

某人开车到加油站，加油站的服务员注意到车后座上有3只企鹅，非常好奇，便问起企鹅的事。

那人说：“我不知道它们怎么会在这儿，我今天早上把车开出车库时企鹅就已经在那里了。"服务员想了一会儿，说："为什么不把它们带到动物园去呢?""好主意"，那人说着开车离开了。

第二天，这个人又回到加油站，那三只企鹅依然在车后座上，但戴上了太阳镜。服务员惊讶地看着车，说："我原以为你已经把它们带去动物园了!"那人说："我是带它们去了，并且它们在那儿玩得很愉快，今天我要带它们去海滩。"

在这一事例中，加油站服务员想表达的是"把企鹅送回动物园"，车主却理解成"带它们去动物园玩"。

资料来源：刘飞燕、史丽华. 管理学原理 [M]. 2014.

思考：在信息传递过程中，接收者会因为误解了传递者的信息内容而做出不同行为。

9.1.3 沟通的重要性

管理者每天的工作都离不开沟通。人与人之间的交往，与上司、下属和周围的人之间的协调、决策、计划、组织、领导和控制的开展都离不开沟通。

（1）沟通把组织与外部环境联系起来，从而使组织得以与时俱进。企业管理通过信息交流了解客户的需要、供应商的供应能力、股东的要求、政府的法规条例及社会团体关心的事项等。组织要与外界需要保持持久的全方位的沟通，以把握变化所带来的机会，避免变化可能产生的风险。

（2）对组织内部来说，沟通使组织成员团结一致、共同努力以达成组织目标。没有良好的沟通，一个群体的活动就无法进行，既不可能实现相互协调合作，也不可能做出必要而及时的调整变革。

（3）沟通也是管理者激励下属、履行领导职责的基本手段。一个管理者不管他有多么高的领导艺术，有多么高的威信，都必须通过沟通将自己的意图和要求告诉下属，通过沟通了解下属的想法，从而进行有效的指导、协调和激励。

人们进行沟通的目的是为了取得他人的理解和支持。在组织管理中，通过有效的沟通，可以使组织内部分工合作更为协调一致，保证整个组织体系的统一指挥，统一行动，实现高效率的管理；通过有效的沟通，可使组织内外环境更好地配合，从而增强应变能力，保证组织的生存和发展。

因此，沟通是管理者开展工作的重要手段，良好的沟通是组织内外部协调一致的重要基础，是组织制定、落实和完成工作的必要条件。

9.2 人际沟通

9.2.1 沟通类型

按沟通所借用的媒介的不同，可划分为语言沟通与非语言沟通，见图9-2所示。

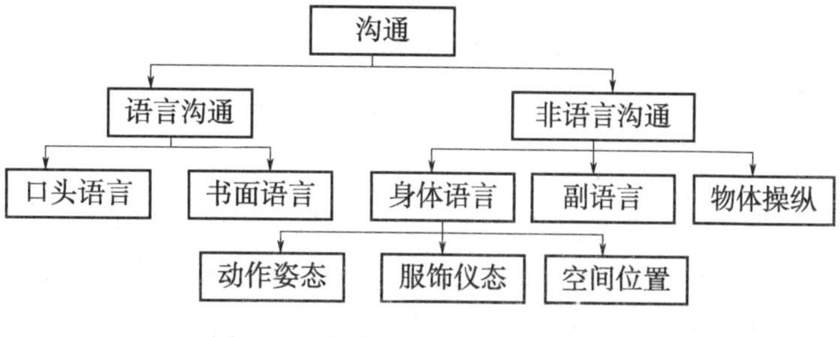

图9-2 语言沟通与非语言沟通

9.2.1.1 **语言沟通**

语言沟通（verbal communication）指使用正式语言符号的沟通，可细分为口头语言沟通和书面语言沟通两种形式。

（1）口头语言沟通。口头语言沟通指借助口头语言进行的信息传递与交流，如演讲、会谈、讨论、电话联系等。口头沟通是所有沟通形式中最直接的方式，其优点是：简便易行、灵活迅速，特别是在面对面的口头交流中，往往伴有手势、体态与表情，可以直接进行情感交流，增加亲切感与提高沟通的效果。缺点是：沟通范围有限，尤其是在团体沟通场合，使用起来有困难；随机性强，使得发信息者与收信息者有时会提出一些不应提的问题，传递“多余的”信息，浪费时间，影响效率；沟通双方采取面对面的方式，会增加彼此的心理压力，造成心理紧张，影响沟通效果。

（2）书面语言沟通。书面语言沟通是以书面文字的形式所进行的沟通，如布告、通知、书信、调查报告等。较之口头沟通，其优点是：受时间与空间的限制较小，有利于长期保存，反复研究，具有一定的严肃性与规范性。缺点是：沟通效果受文化修养的影响较大，对情况变化的适应性较差。

9.2.1.2 **非语言沟通**

非语言沟通是指借助语言之外的工具或媒介所进行的沟通。研究和实践都证实，人们之间所进行的沟通大部分是借助非语言实现的。非语言沟通的内涵十分丰富，最为人们所熟知的有三个方面：身体语言沟通、副语言沟通以及物体的操纵。

（1）身体语言沟通。身体语言沟通是指通过动态无声性的目光、表情、手势等身体运动，或静态无声性的身体姿势、空间距离及衣着打扮等形式来实现的沟通：

①人们首先可以借助面部表情、手势动作等身体运动来传递诸如攻击、恐惧、腼腆、傲慢、愉快、愤怒等意图或情绪。可以说，人们的喜、怒、哀、乐等情绪均可通过诸如面部表情、手势动作等来表达和传递。如欢喜或高兴时的笑逐颜开、手舞足蹈等；愤怒时的青筋暴露、张牙舞爪；害羞时的面若桃花、手足无措；抑郁时的满脸愁云、神疲力乏；等等。值得注意的是，身体上的任何动作固然可以将一些信息传递给接收人，但是，人们必须根据其过去与各种不同类型人物交往的经验，而不是眼前的情况，来对人下定论并依此选择身体动作，以免造成误解。

管理案例

“我以为”，很容易出错！

有一天，社团要举办一个活动，活动前需要准备各种物资。部长叫我和陈同学去买奖品作为颁奖用品。由于那段时间我比较忙，部长讲完我就使眼色给陈同学，希望他去买。然后，他向我点头，我以为他懂我的意思，他会去买。最后，获奖的选手没有奖品。事后，经我们俩沟通才知道，那天他点头是以为我会去买，所以向他使眼色，叫他不用买。

资料来源：百度文库.

思考：现实生活中，还有很多这种“我以为”，其实只是你以为而已，每个人的成长环境和经历都不同，思维方式都不一样，所以人家不一定懂你。总结得出，人与人之间的沟通还需要是有效的，不仅可以知道对方的想法，甚至可以综合双方的想法而得出最优的解决方案。

②沟通时，人与人之间的空间位置关系也会传递出相关信息并直接影响整个沟通过程。比如，在特定的场合，我们完全可以根据谈话双方所处的空间位置与空间距离来判断双方的相对情况（地位、身份等）及相互关系（亲疏远近）。同时，沟通中的空间位置也直接影响沟通双方在沟通中的地位和影响力。比如，同样一种发言，在台上主讲与在台下自由发言，其影响力与影响效果是完全不同的，因为高高的讲台本身就代表着某种权威性。

③沟通者的穿着打扮往往也扮演着信息发送源的角色。研究表明，在组织环境中，组织成员所穿的服装会传送出有关他们的能力、严谨性和进取性等方面的信息；信息接收者无意识地给各种服饰归结出了某种定型的含义，如笔挺的西装或中山装代表着严谨，运动装与休闲装代表着休闲与随意，而各种职业装则映射出不同职业所固有的气质特点等。一般而言，人们往往会从他人的穿着打扮上来获得某种信息。

（2）副语言沟通。心理学家称非语言的声音信息为副语言。副语言沟通是通过非语言的语音、语调、语气、节奏等来实现相关信息的传递。研究表明，副语言在沟通过程中起着十分重要的作用。一句话的含义往往并不仅仅取决于其字面上的意义，还取决于其“弦外之音”，语音、语调、语气及节奏的变化可以使字面相同的一句话具有完全不同的含义：如一句简单的口头语“真棒”，当语调较低、语气肯定时，它所表达的是由衷的赞赏；反之，当语调升高、语气抑扬时，则完全变成了一种刻薄的讥讽和幸灾乐祸。

（3）物体的操纵。除了运用身体语言和副语言外，人们也能通过对物体的运用、环境的布置等手段来传递相关信息。比如，一位车间主任在和工长讲话时，心不在焉地拾起一小块碎砖。他刚一离开，工长就命令全体员工加班半小时，清理车间卫生。实际上，车间主任并未提到任何有关车间卫生问题的词语，他运用的就是物体操纵这一信息传递方式。另外，诸如各种会场或办公场所的布置等都是运用物体操纵的方式来传递相关信息的例子。

值得指出的是，尽管非语言内涵丰富，可以大大强化语言沟通的实际效果，在人际沟通过程中起着十分重要的作用，但因其含义的隐含性与灵活性，使人只能意会，无法言传。因此，非语言的传送距离有限，且界限模糊，一般适用于面对面沟通，在书面沟通中无法体现其价值。

9.2.2 影响有效沟通的障碍

在沟通过程中，由于受环境、发送者和接收者沟通的水平，发送者和接收者之间存在的客观差异等因素的影响，沟通中信息失真、误解等现象会经常出现。根据对沟通模式和人们日常沟通行为的分析，人际沟通中的障碍主要来自以下几个方面：

（1）语言问题。语言不通是人们相互之间难以沟通的原因之一。当双方都听不懂对方的语言时，尽管也可以通过手势或其他动作来表达信息，但其效果将大为减弱。即使双方使用的是同一语言，有时也会因一词多义或双方理解能力的不同而产生误解。

（2）理解问题。语义曲解是另一个问题。由于一个人的知觉过程受多种因素的影响，常使得人们对同一事物会有不同的理解。例如，当上司信任你，分配你去从事一项富有挑战性的新工作时，你可能会误解为上司对你原有的工作业绩不满意而重新给你分配工作。我们常常认为别人也会像我们自己一样来理解这个世界，一旦对方的理解与自己不一样时，就奇怪怎么会这样。事实上，当人们面对某一信息时，是按照自己的价值观、兴趣、爱好来选择、组织和理解这一信息的含义的，一旦理解不一致，信息沟通就会受阻。特别是在国际环境中，由于各国的文化不同，沟通更容易因理解不一而受阻。

（3）信息含糊或混乱。指信息发送者没有准确地表达清楚所要传递的信息，以至于接收者难以正确理解。这可能与发送者的表达能力有关，也可能是由于受时间等的限制而未能很好地表达清楚。在这种情况下，接收者不是不知所措，就是按自己的理解行事，以至于发生与信息发送者原意可能大相径庭的后果。信息混乱则是指对同一事物所传递的有多种不同的信息。

（4）环境干扰。环境干扰是导致人际沟通受阻的重要原因之一。嘈杂的外部环境和杂乱的内心会使信息接收者难以全面、准确地接收（听清或记住）信息发送者所发出的信息。诸如交谈时相互之间的距离、所处的场合、当时的情绪、电话等传送媒介的质量等都会对信息的传递产生影响。环境的干扰往往造成信息在传递途中的损失和遗漏，甚至歪曲变形，从而造成错误的或不完整的信息传递。

（5）抵触情绪。当个体面临所接收到的信息与其观念相冲突时，就有可能表现出抵触情绪。抵触是人们为了避免认可他人的能力而降低自尊所做出的下意识调整。每个人都有一个对自我的设想，一旦出现与其设想不一致的情况，他就可能会努力通过抵触来维护自尊或减轻焦虑。例如，当某人因业绩差而受到指责时，他的第一反应常常是否认自己的业绩差。通过否认自己的错误，可以避免对自己能力的质疑。抵触情绪会使人歪曲事实或不肯正视事实，从而影响沟通的效果。既然沟通效果与所进行沟通的行为主体的个体行为密切相关，那么，为了提高沟通的效果，就必须了解个体行为对沟通的影响。从信息沟通过程分析，个体行为对沟通的影响主要表现在以下几个方面：

①态度：影响个体沟通行为的首先是态度，态度决定了一个人的沟通行为。一般而言，人们对自己感兴趣的东西会比较关注，喜见乐闻；对自己不喜欢的事物会采取疏远的行为，沉默寡言或“听而不闻，视而不见”；而对自己讨厌的人或事，则会采取拒绝的行为。

②个性：一个人的个性会影响他习惯采用的沟通方式。例如，权力欲望比较强的人在与人沟通的过程中所考虑的重点往往是如何制服对方，总想通过各种沟通渠道，施展各种技巧去控制与支配对方；自我感觉比较好的人常常刚愎自用，无视客观事实和逻辑分析，听不进别人的意见；比较刻板的人则不允许哪怕是很小程度的含糊不清，不能容忍在沟通中出现诸如“大概”“可能”之类使人感到模糊的状况，对每件事都要求有精确的表述；自尊心强的人为了维护自尊有时会采取“顺我者昌，逆我者亡”的沟通方式。再如，外向的人在沟通过程一般有话直说，喜怒于色；内向的人则大多听得细心、说得谨慎。不同的个性决定了不同的沟通方式，不同的思维模式则直接影响与他人沟通的效果。

③情绪：人的情绪会影响信息接收。一个人接收信息从其受到外界的刺激开始。外界的刺激分为两种：一种是显性刺激，它会使人有意识地明显地感受到信息的刺激；另一种是隐性刺激，它只是使人感受到，但不一定意识到某种信息的刺激。例如，有些事情听他人讲过，当时并没有意识到什么，直到后来才醒

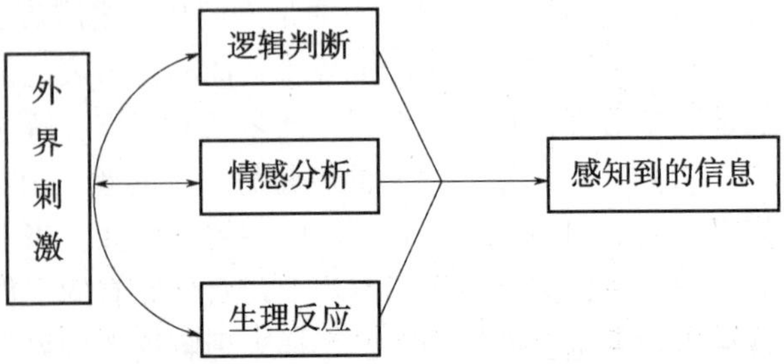

图9-3 接收信息的知觉过程

悟过来，这种信息刺激，在当时来说就是隐性的。接收者还要经过一个选择的知觉过程（见图9－3），个体所接收的只是那些他认为比较重要的那一部分信息。例如一个十分关注投资额的管理人员，在审查项目建议书时，可能只注重报告中有关预算的部分，而对其他一些他认为无关的部分则一带而过。

④知觉和理解：对于不同的人，其知觉过程和理解能力是不同的。在信息沟通过程中，接收者的个性、发送者的行为、信息传递的方式、信息传递时所处的环境都会影响接收者对信息的知觉和理解，而知觉和理解又在很大程度上影响着接收者接收信息后所采取的行动。对同一信息，由于理解力的不同，会产生不同的理解，从而产生不同的行为。例如，当高层管理人员强调“要千方百计地提高经济效益”时，部分管理人员理解为“要千方百计地多赚钱”，并因此在生产过程中以次充好、偷工减料，这在一定程度上就是由于理解上的差异所导致的。

管理案例

对方为何总是理解不了我的意思？

有一次，我和一个朋友电话聊天提到了有关对爱情和友情的看法。

我说：“不是什么事情都要和男朋友讲的，有时和朋友讲更适合。”她说：“虽然不是什么都必须和男朋友讲，但也不能什么都不跟他讲。”

我说：“我不是说什么都不跟他讲，只是有些事情不适合跟男朋友讲。”她说：“那男朋友重要还是朋友重要，有什么事是不能跟男朋友讲的？”

我说：“两者对于我来说同样重要，只是这种情况不能说明男朋友就不重要吖。”她说：“既然两者同样重要，那跟朋友讲和跟男朋友讲还有什么不一样的？”

说到这里，我都不知道我该怎么回答她了，我也不知道怎样才能跟她阐述清楚我的观点了。

资料来源：百度文库.

思考：“她”为何理解不了“我”的意思？

9.2.3 提高沟通技巧

由上可见，人际沟通效果取决于沟通行为主体的个体行为，要提高人际沟通效果，就必须提高信息发送者和信息接收者的沟通水平。

根据有效沟通的条件和前述的沟通障碍、个体行为对沟通的影响，作为信息发送者要做好以下几点：

（1）要有勇气开口，成为信息发送者。作为信息发送者，首先要有勇气开口，只有当你把心里的想法表达出来时，才有可能与他人沟通。人与人之间存在很多矛盾的一个主要原因，就是当事人都只在自己心里想，而没有勇气把自己的想法说出来，从而导致很多的误解。

（2）态度诚恳，使对方成为信息的接收者。人是有感情的，在沟通中，当事者相互之间所采取的态度对于沟通的效果有很大的影响。由于态度决定沟通行为，且人们常常会对不可知的东西抱有戒备心理，因此只有当双方坦诚相待时，才能消除彼此间的隔阂，求得合作。

做到态度诚恳的雷鲍夫法则见图9－4。

雷鲍夫法则 ：在你着手建立合作和信任时要牢记我们语言中：
1. 最重要的八个字是：我承认我犯过错误
2. 最重要的七个字是：你干了一件好事
3. 最重要的六个字是：你的看法如何
4. 最重要的五个字是：咱们一起干
5. 最重要的四个字是：不妨试试
6. 最重要的三个字是：谢谢您
7. 最重要的两个字是：咱们
8. 最重要的一个字是：您

图9－4 雷鲍夫法则

（3）注意选择合适的时机，创建良好的沟通氛围。由于所处的环境气氛会影响沟通的效果，所以信息交流要选择合适的时机。对于重要的信息，要在办公室等正规的地方进行交谈，有助于双方集中注意力，从而提高沟通效果；而对于思想上或感情方面的沟通，则适宜在比较随便、独处的场合下进行，这样便于双方消除隔阂。要选择双方情绪比较冷静时进行沟通，不要让情绪影响沟通效果。要开好头，消除陌生感，寻找共同语言，创建相互配合的氛围。

（4）提高自己的表达能力，准确传递信息。对于信息发送者来说，无论是口头交谈还是书面交谈，都要力求准确地表达自己的意思。有效的沟通不仅需要信息被接收，而且需要信息被理解。为此，信息发送者要了解信息接收者的文化水平、经验和接受能力，简化语言并注意根据对方的具体情况来确定自己表达的方式和用词等；选择准确的词汇、语气、标点符号；注意逻辑性和条理性，对重要的地方要加上强调性的说明；借助手势、动作、表情等来帮助思想和感情上的沟通，以加深对方的理解。其中最重要的一点是要用对方能够理解的语言来传递自己所要表达的信息。

（5）注重双向沟通，及时纠正偏差。由于信息接收者容易从自己的角度来理解信息而导致误解，因此信息发送者要注重反馈，提倡双向沟通，要善于体察别人，鼓励他人，不清楚就问，注意倾听反馈意见，或者让信息接收者重述所获得的信息或表达他们对信息的理解，从而检查信息传递的准确程度和偏差所在。

（6）积极地进行劝说，达成沟通目的。人是复杂的，为了达到沟通目的，在沟通过程中人们不仅要晓之以理、动之以情，必要时还要诱之以利。由于每一个人都有自己的情感，为了使对方接受信息，并按发送者的意图行动，信息发送者常有必要进行积极的劝说，从对方的立场上加以开导，有时还需要通过反复的交谈来协商，甚至采取一些必要的让步或迂回。为此，交谈时间应尽可能地充分，以免过于匆忙而无法完整地表达意思；要控制自己的情绪，不要采取高压的办法而导致对方的对抗；尽可能开诚布公地进行交谈，耐心地说明事实和背景，以求得对方的理解；耐心地聆听对方的诉说，不拒绝对方任何有益的建议、意见和提问；当大家都理解，但感情上不愿意接受时，则信息发送者身体力行可能是最好的沟通方式。

沟通是双向交流的过程，信息发送者讲或写，接收者听（或读）和响应。作为信息接收者，则要注意仔细地聆听。以前人们常常只注重说写能力的培养，而对听的能力则不那么重视。事实上，倾听的技术在进行有效沟通的过程中同样是非常重要的。作为管理者，要花大量的时间与其他人接触，以收集和发布信息，若不善于听，则难以收集到有用的信息，沟通就可能无的放矢。

倾听是一种完整地获取信息的方法。从总体上看（见图9－5），倾听包括五个层次，即充耳不闻、假装性听、选择性听、专注性听、同理性听。

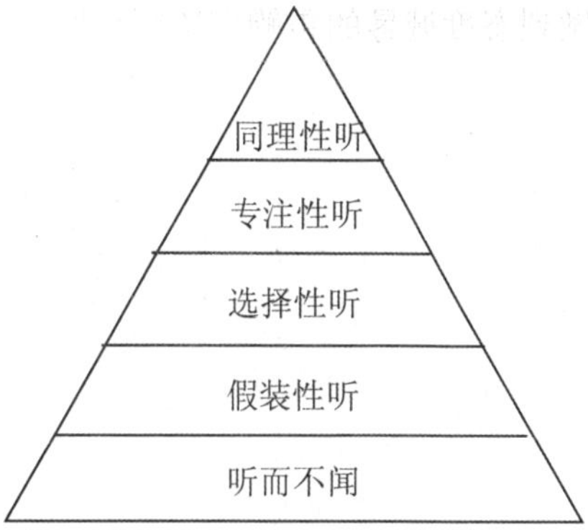

图9－5 倾听的层次

管理案例

双方都不愉快的对话

小刘刚办完一个业务回到公司，就被经理马林叫到了他的办公室。

马经理问："小刘哇，今天业务办得顺利吗?"

"非常顺利，马经理，"小刘兴奋地说，"我花了很多时间向客户解释我们公司产品的性能，让他们了解到我们的产品是最合适他们使用的，并且在别家再也拿不到这么合理的价钱了，因此很顺利地就把公司的机器，推销出去一百台。"

"不错，"马林赞许地说，"但是，你完全了解了客户的情况了吗，会不会出现反复的情况呢？你知道我们部的业绩是和推销出的产品数量密切相关的，如果他们再把货退回来，对我们的士气打击会很大，你对那家公司的情况真的完全调查清楚了吗?" "调查清楚了呀，"小刘兴奋的表情消失了，取而代之的是失望的表情，说："我是先在网上了解到他们需要供货的消息，又向朋友了解了他们公司的情况，然后才打电话到他们公司去联系的，而且我是通过你批准才出去的呀!"

"别激动嘛，小刘，"马林讪讪地说，"我只是出于对你的关心才多问几句的。"

"关心?"小刘不满道，"你是对我不放心才对吧!"

资料来源：裴培．职场礼仪与沟通技巧［M］．2015.

思考：究竟是谁的错误?

9.3 组织沟通

9.3.1 组织沟通类型和形式

组织既是一个由各种各样的人所组成的群体，又是一个由充当着不同角色的组织成员所构成的整体。在一个组织中，既有非正式的人际关系，又有正规的权力系统。因此，组织沟通也可分为两大类：正式沟通和非正式沟通。

9.3.1.1 正式沟通

正式沟通（formal communication）是指通过正规的组织程序，按权力等级链进行的沟通，或进行某项任务所必需的信息交流。当上司向其下属布置任务或下属向上司请示某个问题时，当两个销售员为协调某一顾客的订单而进行联系时，他们所进行的都是正式沟通：

组织内的正式沟通主要包括自上而下的沟通、自下而上的沟通、横向沟通和斜向沟通四种形式。

（1）自上而下的沟通（downward communication）。是指信息按照组织上下级的隶属关系，从较高的组织层次向较低的组织层次传递的形式。这种形式常用于命令、指导、协调和评价下属。当管理者给下属设置目标、布置任务、通报组织的有关政策和规定、指出需要注意的问题时，他们用的都是自上而下的沟通方式。这种沟通往往带有权威性、指令性。

（2）自下而上的沟通（upward communication）。是指信息按照上下级隶属关系，从较低的组织层次向较高的组织层次传递的沟通形式，通常表现为下级对上级信息的反馈和下层问题的反映。它是管理者掌握基层动态和组织运转情况、发现存在的问题以改进工作的基本手段，一般采用汇报制度、建议箱、座谈会、接待日等来加以实施。这种沟通有时会受到不同层次的主管人员的阻塞，他们在向上传递信息时常常对信息进行过滤，以去掉对自己不利的信息。所以，在现代，人们常常辅以电子邮件沟通方法，在向直接上级传递信息的同时抄送间接上级。自下而上的沟通往往带有民主性、主动性，因此它依赖于良好的组织文化和便利的沟通渠道的建立。

（3）横向沟通（horizontal communication）。是指发生在工作群体内部同级同层次成员之间的信息沟通。命令的统一性要求信息传递上下垂直地通过等级链进行，这给横向交流带来了麻烦。死板地按等级链办事，也许会延误时机，因此，不少组织规定有些信息可以进行横向沟通。这种沟通的目的是为了谋求组织内部各单元之间的了解和工作上的协作配合，因此它往往带有协商性和双向性。

管理案例

沟通的位差效应：平等交流是企业有效沟通的保证

沟通的位差效应是美国加利福尼亚州立大学对企业内部沟通进行研究后得出的重要成果。他们发现，来自领导层的信息只有20% ～25%被下级知道并正确理解，而从下到上反馈的信息则不超过9%，平行交流的效率则可达到90%以上。进一步研究发现，平行交流的效率之所以如此高，是因为平行交流是一种以平等为基础的交流。为试验平行交流在企业内部实施的可行性，他们试着在整个企业内部建立一种平等沟通的机制。结果发现，与建立这种机制前相比，在企业内建立平等的沟通渠道，可以大大增加领导者与下属之间的协调沟通能力，使他们在价值观、道德观、经营哲学等方面很快地达成一致；可以使上下级之间、各个部门之间的信息形成较为对称的流动，业务流、信息流、制度流也更为通畅，信息在执行过程中发生变形的情况也会大大减少。这样，他们得出了一个结论：平等交流是企业有效沟通的保证。

资料来源：孙东雅．世界500强企业员工高效工作法［M］．2013.

（4）斜向沟通（diagonal communication）。是指发生在组织中不属于同一部门和等级层次的人员之间的信息沟通。当财务部的一位主管会计直接与等级比他高的销售部经理联系时，他采用的是斜向沟通渠道。斜向沟通的目的主要是为了加快信息的传递，所以它主要用于相互之间的情况通报、协商和支持，带有明显的协商性和主动性。职能权力的实施采用的也大多是斜向沟通。为了克服其对等级链的冲击，斜向沟通往往伴随着自上而下的沟通或自下而上的沟通。

以上组织中正式沟通的四种形式可形象表示如图9－6所示。

图9－6　组织中正式沟通的四种形式

9.3.1.2　非正式沟通

非正式沟通（informal communication）是指没有列入管理范围，不按照正规的程序、隶属关系、等级系列来进行的沟通。在一个组织中，除了正式设立的部门外，不同部门的人还存在着朋友关系、兴趣小组等非正式群体，因此非正式沟通的存在也就有它的必然性。非正式沟通一方面可满足组织成员社会交往的需要，另一方面可弥补和改进正式沟通的不足。因为非正式沟通比正式沟通传播速度快、传播范围广。通过正式沟通渠道需要经过几个层次、花几天时间才能得到回复的信息，通过非正式沟通渠道，可能只需要在电话里与朋友谈上5分钟就可得到回复。但非正式沟通由于不负有正式沟通所具有的责任且不必遵循一定的程序，因此其随意性较强、信息失真的可能性也较大。有时也会给组织带来一定的危害。非正式沟通有四种信息传递形式（见图9－7）：

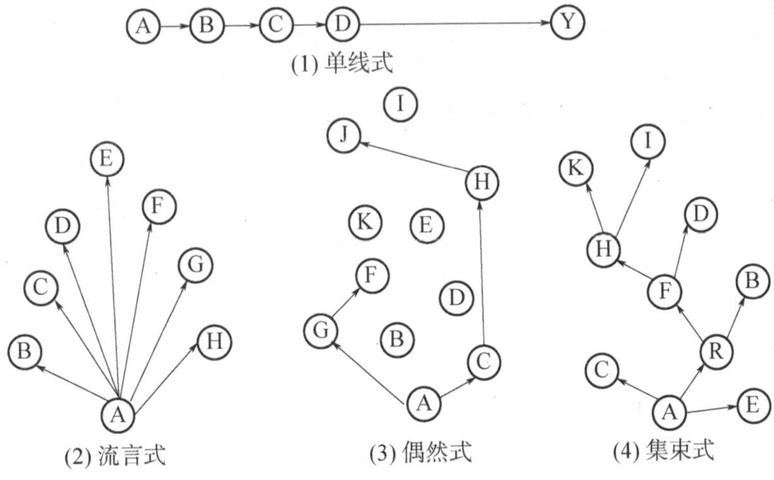

图9－7　非正式沟通的信息传递形式

（1）单线式：即一个人传递给另一个人，通过一长串的人际关系来传递信息，而这一长串的人之间并不一定存在着正规的组织关系。

（2）流言式：是指信息发送者主动寻找机会，通过闲聊等方式向其他人散布信息。

（3）偶然式：每一个人都是随机地传递给其他人，信息通过一种随机的方式传播。道听途说就是其中的一种形式。

（4）集束式：是指信息发送者有选择地寻找一批对象传播信息，这些对象大多是一些与其亲近的人，而这些对象在获得信息后又传递给自己的亲近者。

人们常认为单线式是非正式沟通的主要形式，但事实表明，集束式才是最普遍的非正式沟通方式。在非正式沟通中，谁是信息发送者取决于所传递的信息内容。如果某个人对这一信息内容感兴趣，他就会忍不住要告诉其他人；一个人如果听到的是一个他不感兴趣的信息，那么他也就不会再进一步传播这一信息。从信息传递效果分析，集束式传播速度最快，面最广，而单线式和偶然式传递速度最慢，失真可能性也最大。

非正式沟通几乎在所有的组织中都非常活跃，一个组织越是依赖于有限的或正规的沟通渠道，"小道消息"就越可能盛行。非正式沟通的存在有它的客观必然性，管理者不能阻止它的发生，而只能引导它、利用它。例如，管理者可以通过非正式沟通途径有计划地传递某些信息给特定的个人，也可利用非正式沟通散布一些待决定的问题或计划出台的措施，通过观察员工的反应来进一步修改决定，从而避免与员工的正面冲突等。

9.3.2 组织沟通的主要障碍

无论采用何种信息沟通网络，在组织信息沟通过程中，除了会发生人际沟通过程中发生的同样问题外，还会遇到一些组织沟通所特有的问题。影响组织良好沟通的特殊障碍主要表现在以下几个方面：

（1）等级观念的影响。由于在组织中建有等级分明的权力保障系统，不同地位的人拥有不同的权力，这就使得组织中的人们在信息传递过程中，经常首先关注信息的来源——是谁讲的，其次才是信息内容。同样的信息，由不同地位的人来发布，效果会大不一样，这种等级观念的影响，常使得地位较低的人传递的重要信息不被重视，而地位较高的人发布的不重要信息则得到不必要的过分重视，从而造成信息传递失误。

（2）小集团的影响。为了达到分工协作的目的，组织在形成过程中建立了各种各样的部门或机构，从而把组织分成了若干群体。由于每一群体都有其共同的利益，因此在组织信息传递过程中，为了维护小团体自身的利益，他们可能会扭曲、掩盖甚至伪造信息，使信息变得混乱而不真实。在小集团思想的影响下，圈子外发出的信息不被重视，而对圈子内的信息则很重视，造成了组织中"县官不如现管"的状况。另一方面，由于各部门看问题的角度不同，对同一个问题就会产生不同的看法，当不同的部门只从自己的部门角度出发来理解问题时，也会无形中阻碍组织中的沟通。

（3）利益的影响。由于信息的特殊作用，人们在传递信息时常常会考虑所传递的信息是否会对自己的利益产生影响。当人们觉得此信息对自己的利益会产生不利影响时，就会自觉或不自觉地从心理上到行动上对此信息的传递采取对抗或抵制的态度，从而妨碍组织沟通。例如，由于信息是决定组织中某个人的影响力大小的因素之一（这是因为信息对组织来说不仅短缺而且重要。在一个组织中，信息对于正确决策是十分重要的，而重要信息又不是人人都可以获得的，这就使得组织中那些掌握着别人不知道的重要信息的人比其他人显得更有权威性），因此通常处于信息网络中心、能够获得别人得不到的重要信息的管理者，常常会为了增强自己的影响力而截留信息，或有目的地修改来自上级或下级的信息，从而导致信息失真。

（4）信息的超负荷。现代组织中的信息传递快而且多。在高节奏的工作环境中，信息传递的任何延误都会造成重大损失；而信息大量地增加，会使人觉得难以抉择，无所适从。公文传递及召开会议本是使组织准确而迅速地传递信息的好形式，但若在组织设计中未能好好确定哪些人应通过哪些渠道获得哪些信息，就会由于信息混杂而出现超负荷。例如，由于电子信息传播非常便利，往往会使管理者和员工的电子邮箱中积压大量的邮件，以至于他们常常没有时间来阅读与工作相关的所有电子信息。信息的超负荷不仅造成了"文山会海"，而且导致了人们对所传递信息的麻木不仁——当人们面对着众多信息时，可能会无视某些信息或将其束之高阁。

9.3.3 改善组织沟通的方法

组织沟通的改善需要依据组织的具体情况来对症下药。创造一种信任和公开的组织气氛，并在组织设计时明确各部门间的分工合作关系、经常进行信息沟通检查、完善信息沟通的准则、借助信息技术改进信息沟通的手段等，都可改进组织中的信息沟通。

9.3.3.1 创造一种信任和公开的组织气氛

首先应该创造一种相互信任、鼓励畅所欲言的组织文化。如果管理者与员工之间相互猜疑，则他们在组织中都不太可能坦率地表达自己的想法。要形成组织中良好的沟通氛围，管理者应鼓励人们开诚布公地与他人沟通，并愿意为下属开发多种信息沟通渠道；对于下属提出的任何意见和看法，能够以某种方式予以响应，下属可以向上级报告坏消息而不必担心受到责备。

公开沟通意味着在公司内共享各种信息，它要求企业能够经营透明化，使员工得到全局的信息，知道公司的发展目标、发展战略和现实情况。另一种创造团队精神的方法是通过对话，对话（dialogue）是团队沟通的方法，通过这种沟通方式，可以使团队成员了解彼此并分享看法，人们也许是从相对立的极端观点看问题的，但通过彼此开诚布公的交谈，可找到共同点，并就建立一个更美好的未来达成共识。

9.3.3.2 开发和使用多种信息沟通渠道

任何信息都必须通过相应的沟通渠道才能得以沟通，要改善组织内部的正式沟通，鼓励非正式沟通，就要依赖于多种信息渠道的开发和使用。

通过举行部门聚会、野餐等非正式聚会，编辑公司出版物，定期进行匿名的员工满意度调查，建立正式申诉制度，开设合理化建议邮箱等，有助于改善自下而上的沟通。通过会议、管理信息系统或内部网络、面对面的沟通、巡视等，有助于改善自上而下的沟通。绝大多数组织通过信息管理系统管理着组织中的大量信息。电子会议的形式也越来越普遍，异地的管理者可以在当地参加公司组织召开的会议。

9.3.3.3 建立合理的组织结构以促进沟通

在设计组织结构时，应明确各部门各岗位的信息渠道、传递职责，落实各部门各岗位获得相关信息的权力，明确组织内信息沟通的规则，建立尽可能短的信息联络线，以确保信息能够促进组织内的分工协作，并有助于问题的迅速发现和及时解决。例如，为了增进部门之间的沟通，可以在相应部门中设立联络员岗位；可设立临时的各种委员会和工作组来定期讨论和解决共同问题，并确保相关部门间的沟通与协调。

本章提要

沟通是指信息从发送者到接收者的传递过程。一个完整的信息沟通过程由以下的几个步骤构成：信息发送者确定信息内容、把信息转换成某种接收者所能理解的语言、选择合适的沟通方式将信息传递给接收者，接收者接收信息并加以理解，将所理解的信息反馈给发送者；发送者对反馈回来的信息加以核查和纠偏，信息接收者对所接收到的信息做出相应的反应。

信息沟通可以多种形式进行，其中最常见的有口头交谈、书面文书、非语言和文字的形式、电子媒体等。这几种沟通方式各有优缺点，适用于不同的场合、不同的沟通内容和目的。

一个人在沟通时的态度、个性、情绪和知觉能力，对于沟通的效果有重大的影响。态度决定了个体的沟通行为，个性影响了一个人的沟通方式，情绪影响了个体所接收的信息，知觉影响个体对所接收到的信息的理解。

在一个组织中存在着正式沟通和非正式沟通两大类别沟通，它们在组织沟通中起着各自不同的作用。正式沟通是指通过正规的组织程序，按权力等级链进行的沟通，或进行完成某项任务所必需的信息交流；非正式沟通是指没有列入管理范围，不按照正规的组织程序、隶属关系、等级系列来进行的沟通。

正式沟通有自上而下的沟通、自下而上的沟通、横向沟通和斜向沟通四种不同的形式。非正式沟通也有单线式、流言式、偶然式、集束式四种形式。不同的沟通形式的组合就形成了一个组织所特有的信息沟通网络。

影响组织沟通的特殊障碍主要是：等级观念的影响、小集团的影响、自身利益的制约和信息的超负荷。通过创造一种信任和公开的组织氛围、开发和使用多种信息沟通渠道，将有助于减少和克服这些沟通障碍。

在线资源

在线测试　拓展视频　拓展阅读　拓展案例　相关管理定律　相关管理大师

讨论问题

1. 简述人与人之间沟通的特殊性。
2. 简述沟通原则和有效沟通要求。

综合案例

研发部的梁经理

研发部梁经理进公司不到一年，工作表现颇受主管赞赏，不管是专业能力还是管理绩效，都获得大家肯定。在他的缜密规划之下，研发部一些延宕已久的项目，都在积极推行当中。

部门主管李副总发现，梁经理到研发部以来，几乎每天加班。他经常第2天来看到梁经理电子邮件的发送时间是前一天晚上9点多，接着甚至又看到当天早上7点多发送的另一封邮件。这个部门下班时总是梁经理最晚离开，上班时第1个到。但是，即使在工作量吃紧的时候，其他同仁似乎都准时走，很少跟着他留下来。平常也难得见到梁经理和他的部属或是同级主管进行沟通。李副总对梁经理怎么和其他同事、部属沟通工作觉得好奇，开始观察他的沟通方式。原来，梁经理都是以电子邮件交代下属工作。他的属下除非必要，也都是以电子邮件回复工作进度及提出问题，很少找他当面报告或讨论。对其他同事也是如此，电子邮件似乎被梁经理看作和同仁们合作的最佳沟通工具。

但是，最近大家似乎开始对梁经理这样的沟通方式反应不佳。李副总发觉，梁经理的部属对部门逐渐没有向心力，除了不配合加班，还只执行交办的工作，不太主动提出企划或问题。而其他各部门主管，也不会像梁经理刚到研发部时那样主动到他房间聊天，大家见了面只是客气地点个头。开会时的讨论，也都是公事公办的味道居多。

李副总趁着在楼梯间抽烟碰到另一部门的陈经理时以闲聊的方式提及梁经理，陈经理说："梁经理工作相当认真，可能对工作以外的事就没有多花心思。"李副总也就没再多问。

这天，李副总刚好经过梁经理房间门口，听到他打电话，讨论内容似乎和陈经理业务范围有关。他到陈经理那里，刚好陈经理也在说电话。李副总听谈话内容，确定是两位经理在谈话。之后，他找了陈经理，问他怎么一回事。明明两个主管的办公房间就在隔邻，为什么不直接走过去说说就好了，竟然是用电话谈。

陈经理笑答，这个电话是梁经理打来的，梁经理似乎比较希望用电话讨论工作，而不是当面沟通。陈经理曾试着要在梁经理房间谈，而不是电话沟通，但梁经理不是以最短的时间结束谈话，就是眼睛一直盯着计算机屏幕，让他不得不赶紧离开。陈经理说，几次以后，他也宁愿用电话的方式沟通，免得让别人觉得自己过于热情。

了解这些情形后，李副总找了梁经理聊天，了解到梁经理觉得效率应该是最需要追求的目标。所以他希望用最节省时间的方式达到工作要求。李副总以过来人的经验告诉梁经理：工作效率重要，但良好的沟通绝对会让工作进行顺畅许多。

资料来源：张静. 组织行为学［M］. 2015.

思考：

1. 你认为该公司梁经理的沟通方式正确吗？如果你是李副总，对于梁经理的沟通方式，你会怎样和他聊？

2. 为什么梁经理的属下失去了向心力？如果你是梁经理，听过李副总的话后，你会怎样改善和属下的沟通方式?

3. 梁经理的日常沟通属于哪种沟通类型?

4. 你认为对沟通应如何正确理解?结合案例谈谈自己的看法。

实践练习

倾听技能调查(见表9-1)

目的:

1. 衡量你的倾听技能。
2. 剖析决定良好倾听习惯的因素。
3. 掌握成为好的倾听者的技能。

说明:

1. 单独完成如表9-1所示的倾听技能调查表。
2. 在小组内,比较得分情况,讨论调查项目,准备回答讨论问题。
3. 在班组集合之后,小组发言人报告小组的发现。

讨论问题:

学生们对此调查的态度,赞同还是反对?如何解释赞同或反对的理由?本调查的结果有何实用意义,怎样应用?

表9-1 倾听技能调查表

为了衡量你的倾听技能,在确认的数字处画圆圈,圈出每个项目的赞同程度

倾听技能	非常赞同	赞同	中立	反对	强烈反对
1. 我通常耐心听讲,在做出反应之前确定对方已经把话说完了。	5	4	3	2	1
2. 在听别人说话时,我不会乱画乱动而走神。	5	4	3	2	1
3. 我试图理解说话人的观点。	5	4	3	2	1
4. 我不会用争论和批评挑战说话者。	5	4	3	2	1
5. 在听说话时,我关注说话人的情感。	5	4	3	2	1
6. 说话人的讨厌方式会分散我的注意力。	5	4	3	2	1
7. 别人说话时,我仔细注意其表情和形体语言。	5	4	3	2	1
8. 在别人想说什么时,我从不说话。	5	4	3	2	1
9. 说话中,小段的沉默都使我感到尴尬。	5	4	3	2	1
10. 我只想别人把事实告诉我,然后我做决定。	5	4	3	2	1
11. 当人家把话说完时,我对其感情做出反应。	5	4	3	2	1
12. 只有当别人把话说完时,我才会对其话语做出评估。	5	4	3	2	1
13. 当别人还在说话时,我就对其做出反应。	5	4	3	2	1

续上表

倾听技能	非常赞同	赞同	中立	反对	强烈反对
14. 我从不假装我正在倾听。	5	4	3	2	1
15. 即使别人表达得很糟，我也能关注其表达的信息。	5	4	3	2	1
16. 我通过点头、微笑和其他形体语言鼓励别人说下去。	5	4	3	2	1
17. 有时我能预知别人下面要说什么。	5	4	3	2	1
18. 即使说话的人使我恼怒，我也控制住怒火。	5	4	3	2	1
19. 我和说话人保持很好的眼神接触。	5	4	3	2	1
20. 我试图注意说话人所要表达的信息，而非言语本身。	5	4	3	2	1
21. 如果我未弄懂，在明白之前我不会做出反应。	5	4	3	2	1

若不能衡量他，就不能管理他。

——彼得·德鲁克（美国当代著名管理学家）

第10章
控　制

学习目标

1. 定义控制。
2. 解释控制为何重要的原因。
3. 解释计划与控制之间的联系。
4. 描述控制过程的三个步骤。
5. 辨别有效控制的特征。
6. 比较前馈控制、现场控制和反馈控制。
7. 解释何种场合使用何种控制方式。

能力目标

1. 判断当前工作控制方法是否得当。
2. 针对管理过程和对象，提出有效的控制方法，并操作。

本章关键词

控制（control）
控制（controlling）
控制过程（control process）
控制点（focus of control）
标杆（benchmark）
标杆比较（benchmarking）
反馈控制（feedback control）
前馈控制（feed forward control）

开篇案例

蝴蝶效应

一只南美洲亚马孙河流域热带雨林中的蝴蝶，偶尔扇动几下翅膀，可以在两周以后引起美国得克萨斯州的一场龙卷风。其原因就是蝴蝶扇动翅膀的运动，导致其身边的空气系统发生变化，并产生微弱的气流，而微弱的气流的产生又会引起四周空气或其他系统产生相应的变化，由此引起一个连锁反应，最终导致其他系统的极大变化。

蝴蝶效应（butterfly effect）是指在一个动力系统中，初始条件下微小的变化能带动整个系统长期巨大的连锁反应。

蝴蝶效应是1963年由美国麻省理工学院气象学家罗伦兹（Lorenz）提出的。他为了预报天气，用计算机仿真求解地球大气的13个方程式，意图利用计算机的高速运算来提高长期天气预报的准确性。一次试验中，为了更细致地考察结果，他把一个中间解0.506取出，提高精度到0.506127再送回。而当他到咖啡馆喝了杯咖啡回来后再看时却大吃一惊：本来很小的差异，结果却偏离了十万八千里！再次验算发现计算机并没有毛病，由此罗伦兹发现，由于误差会以指数级增长，所以在这种情况下，一个微小的误差随着不断推移将会造成截然不同的后果。他于是认定其为“对初始值的极端不稳定性”，即“混沌”，又称“蝴蝶效应”。

“蝴蝶效应”在企业界有诸多例子。2011年“3·11”日本大地震一月有余，汽车零部件供应链中断对全球汽车行业的深度影响在4月开始大面积爆发，众多日系车企海外工厂甚至是欧美系车企都陆续确认将因此而停工。全球市场调查机构IHS Automotive Insight发布报告称，由于汽车厂商保持不同的存货水平，到4月中旬，零部件短缺现象更突出，在最坏的情况下，全球汽车产量可能骤减30%。

由于日本三大车企震后相继宣布减产或者停产，对杭州汽车及零部件产业的快速发展是个契机。同时日本化纤纺丝产业受重创，使得杭州化纤纺丝产业的国际竞争优势有所增强。

此外，日本地震后，进一步将产业扩张到海外，这对杭州对日招商引资，引进日本高新技术产业和先进制造业是一个很好的契机。同时日本震后经济的重建，会为杭州企业提供出口钢材、建材以及国际工程承包和劳务输出等机会。

“蝴蝶效应”在社会学上也有一个启示：一个坏的微小的机制，如果不加以及时地引导、调节，会给社会带来非常大的危害，戏称为“龙卷风”或“风暴”；一个好的微小的机制，只要正确指引，经过一段时间的努力，将会产生轰动效应，或称为“革命”。

资料来源：张春华．网络舆情 社会学的阐释 net-mediated public sentiment［M］．2012.

思考：

1．你是如何理解“蝴蝶效应”的？
2．你能在现实中举出“蝴蝶效应”的例子吗？
3．“蝴蝶效应”在管理上有何启示？

《礼记·经解》:"君子慎始，差若毫厘，谬以千里。"《魏书·乐志》:"但气有盈虚，黍有巨细，差之毫厘，失之千里。"一个微小的偏差，在出现之初不加以控制和纠正，就会给最终结果带来巨大损失。就像民谣里说的那样："丢失一个钉子，坏了一只蹄铁；坏了一只蹄铁，折了一匹战马；折了一匹战马，伤了一位骑士；伤了一位骑士，输了一场战斗；输了一场战斗，亡了一个帝国。"

组织工作千头万绪，人员众多，再详细的计划都难免出现偏差。那么一旦出现偏差，如何衡量？如何监控？控制过程如何？控制点在哪里？用什么方法控制？本章将探讨这些问题。

10.1 控制的概念

控制（control）是确保各项活动按计划进行并纠正各种显著偏差的监视活动过程，是管理工作的最重要职能之一。控制工作的主要内容包括确立标准、衡量绩效和纠正偏差，通过控制过程来监督计划、组织、领导、创新等管理活动的效果。有效的控制可以保证各项活动朝着组织目标的方向进行，有效的控制系统是适当调整目标、纠正偏差、应对危机的发生、提高效率的基础。

10.1.1 一般控制论中的控制含义

我们从下面的一个具体例子，抽象出一般控制论中控制的含义。如图 10－1 所示，恒温箱的温度是如何保持恒温的呢？温度计中的水银面随恒温箱中的温度升高而上升，当水银面与 P 点接触时，电路 II 接通，电磁继电器 A 工作而吸引开关 S；此时电路 I 断路，恒温箱停止加热；当恒温箱中的温度低于 P 点时水银面随之下降，与 P 点分开，电路 II 被切断，电磁继电器停止工作失去吸力，开关 S 被弹簧 D 拉回，电路 I 被接通，对恒温箱再进行加热，如此调节，使恒温箱维持在恒定的温度。

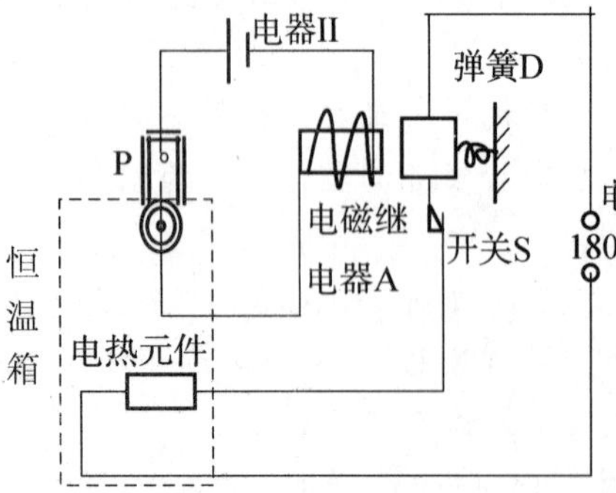

图 10－1　恒温箱自控系统

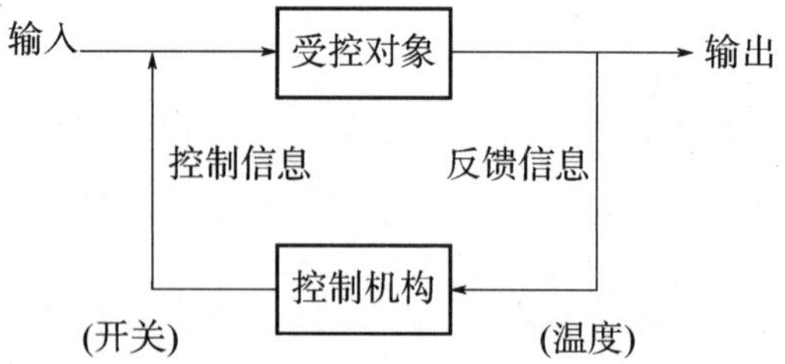

图 10－2　控制过程图

一般控制论中的控制过程就像恒温箱自控系统的控制过程，其原理如图 10－2 所示。不难看出，控制是一个信息反馈过程，它有两个前提条件：一是有受控对象和控制标准（如本例中恒温箱的温度 P）；二是有控制机构和信息反馈传导系统（如本例中的继电器和电路 II）。其控制过程包括三个基本步骤，即制定控制标准、衡量输出成效、纠正输出偏差。

10.1.2 管理控制的含义

管理控制是指主管人员对下属的工作成效进行测量、衡量和评价，并采取相应纠正措施的过程。管理控制与一般机电控制相比，在含义上基本相同。但又有其特殊性。相同点：①也是一个信息反馈系统；②也有两个前提条件（即计划指标在控制工作中转化为控制标准、有相应的监督控制机构和人员）；③也有三个基本步骤（即拟定标准、衡量成效、纠正偏差）；④也是一个有组织的系统。

管理控制与一般控制不同的地方是：

（1）一般机电控制是一个简单的信息反馈过程，它的纠正措施往往是即刻就付诸实施的，而且，若在自动控制系统中，一旦给定程序，衡量成效和纠正偏差往往都是自动进行的。而在管理控制中，主管人员要计量实际的成效情况，并把它与标准相比较，还要明确地分析出现的偏差及原因，并做出必要的纠正措施。这个过程是比较具体、复杂、费时和费力的。

（2）一般机电控制的目的是设法使系统运行产生的偏差不超出允许范围而维持系统活动在某一平衡点上。而在管理控制中，管理控制的目的，一方面是使系统的活动维持在一个平衡点上，另一方面还要使系统的活动在原平衡点的基础上能够螺旋上升，即管理突破。

在管理工作中，控制的对象是什么就叫“什么”控制，例如质量控制、财务控制、成本控制等。我们把管理中的控制工作简称管理控制。

10.1.3 控制的必要性

为什么需要控制？理想状态并不存在，无论计划如何周密，在执行计划的活动中总会出现与计划不一致的现象。因为：

（1）环境的变化。要求对计划和经营活动做出调整。

（2）管理权力的分散。任何企业的管理权限都制度化或非制度化地分散在各个管理部门和层次。企业分权程度越高，控制就越有必要。

（3）工作能力的差异。由于组织成员认识能力的不同和工作能力的差异，他们的实际工作结果可能在质和量上与计划要求不符，而且某个环节可能产生的偏离计划的现象会对整个企业的活动造成冲击。

因此，控制是管理过程中不可缺少的一个环节。控制的重要性可以从两个方面来理解：一方面，任何组织、任何活动都需要进行控制；另一方面，控制工作的重要性还体现在管理的五个职能中所处的地位及其相互关系。控制工作通过纠正偏差的行动与其他三项职能紧密地结合在一起，使管理过程形成了一个相对封闭的系统。控制工作存在于管理活动的全过程中，它不仅可以维持其他职能的正常活动，而且在必要时还可以采取纠正偏差的行动来改变其他管理职能的活动。

管理案例

事故是量变到质变的结果

海恩法则是德国飞机涡轮机的发明者帕布斯·海恩提出的一个在航空界关于飞行安全的法则。海恩指出：每一起严重事故的背后，必然有29次轻微事故和300起未遂先兆以及900起事故隐患。法则强调两点：一是事故的发生是量的积累的结果；二是再好的技术，再完美的规章，在实际操作层面，也无法取代人自身的素质和责任心。

海恩法则告诉我们，事故案件的发生看似偶然，其实是各种因素积累到一定程度，由量变到质变的必然结果。任何重大事故都是有端倪可查的，其发生都是经过萌芽、发展到发生这样一个过程。如果每次事故的隐患或苗头都能受到重视，那么每一次事故都可以避免。据报道，为确保“嫦娥一号”卫星的安全，几乎每个系统、每台仪器都配有应对“意外”的备份，即“故障对策”。可见，平时只有精心，关键时才能放心；平时只有周全，关键时才能安全。能不能做到精心、周全，一丝不苟，说到底是事业心、责任感问题。所以，在日常安全管理工作中，我们应当消除事故案件“难免”的消极思想，坚定“可防”的信心，以高度的责任感和积极主动的态度，把安全稳定工作抓到位。

资料来源：刘炜光．企业设备综合管理［M］．2014.

10.2 控制的类型

下面介绍几种典型的控制分类方式。

10.2.1 按控制主体划分

按照控制的主体可把控制分成内部控制和外部控制两种类型。

1. 内部控制

内部控制（internal controls）是一种自我责任控制，通过增加责任感，自觉完成各项既定目标和标准，在工作中实行自我管理。比如：预算管理办法、财务管理办法、资金计划管理办法等内部控制规章制度等。

2. 外部控制

外部控制（external control）是一种强制性控制，是通过行政权力系统实现的，要严格执行各种标准和各种规章制度。比如：注册会计师对企业的审计以及政府部门对企业的控制等。

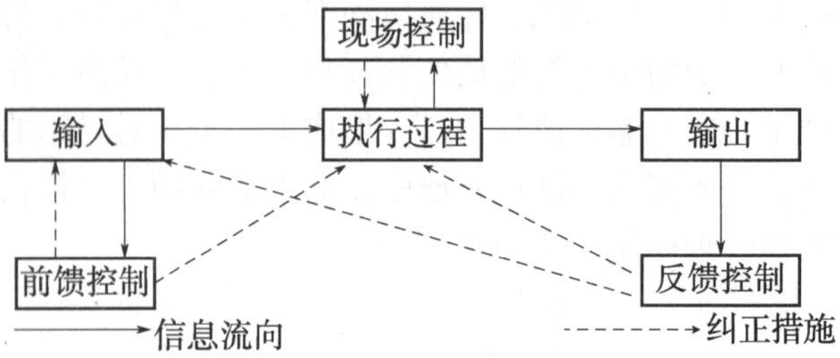

图10－3 三种不同反馈控制

10.2.2 按控制时间划分

管理中的控制手段可以在行动开始之前、进行之中或结束之后进行，也就是纠正措施的作用环节不同。根据控制时间（纠正措施的作用环节）不同，控制可分为前馈控制、现场控制和反馈控制（见图10－3）。

1. 前馈控制（事前控制）

前馈控制（feed forward control）又称事前控制或预先控制。这是在偏差事件发生之前就采取预防性措施的一种科学控制法。是对输入环节进行控制，其优点是具有事先性和预防性，克服了反馈控制中时间滞后效应的缺陷。前馈控制虽然能起到很好的预防作用，但是，它对管理信息的广泛性、及时性和可靠性要求较高，否则就难以进行事先控制。

前馈控制在企业管理中的应用非常广泛，企业日常管理所制定一切规章制度、工作程序以及原材料进厂时的质量检查等都属于事先控制。又如：农业企业往往是根据当年的虫情预报提前做好农药储备，而不是等到出现了虫害才去组织货源。

相对而言，前馈控制有其优点：首先，前馈控制是在工作开始之前进行的控制工作，因此可以做到防患于未然，避免了事后控制对于已铸成的差错无能为力的弊端。其次，前馈控制是在工作开始之前针对某项计划行动所依赖的条件进行控制，不针对具体人员，因而不易造成面对面的冲突，易于被员工接受并付诸实施。

2. 现场控制（事中控制）

现场控制（concurrent control）又称同步控制或即时控制，是指在企业生产经营运行现场进行控制，即管理者通过深入现场亲自监督检查和指导下属人员的工作，发现问题即时采取措施给予纠正。现场控制的特点是控制过程与生产经营过程同步。其控制的有效性取决于管理人员的个人素质和“言传身教”的表达方式与方法。由于现场控制活动与生产经营同步，能及时发现问题，消除隐患，所以，也具有一定程度的预防性。

但是，现场控制也存在以下弊端：①现场控制的效率受管理者的时间、精力、业务水平等的制约，不可能事事都采取现场控制的方法，只能在关键时间、关键项目上使用现场控制；②现场控制的应用范围较窄，一些难以计量的工作，就很难进行现场控制；③现场控制容易在控制者和被控制者之间形成对立情绪，给工作者造成心理压力，影响工作者的积极性和主动性。所以，现场控制不可能成为日常的控制方法。

对不同层次的管理者而言，现场控制运用的频率是不一样的，高层管理者对现场控制的运用比基层管理者要少，因为高层管理工作很多都无法进行现场控制，而大部分作业可以进行现场控制。

3. 反馈控制（事后控制）

反馈控制（feedback control）又称事后控制。这是在工作的实际运行结果发生后才进行的控制，其目的在于防止偏差在下一个生产过程中再度发生或向更坏的方向继续发展。事后控制不单纯是在事发后采取补救措施，其主要是把注意力集中在寻找实际结果与标准之间产生偏差的原因上，以便运用科学的方法和手段进行有的放矢的控制，并将其作为未来行动的基础。反馈控制并不是最好的控制方法，但目前仍被广泛地使用着。这是因为，有许多工作还没有有效的预防办法，而且受主、客观条件的限制，人们往往在执行计划的过程中出现种种失误，所以，反馈控制仍然必不可少。目前，在企业中应用最广泛的反馈控制方法有以下四种：财务报告分析、标准成本分析、质量控制分析和工作人员成绩考评分析。

表10－1列出不同类型的控制适用于不同的场合。

表 10－1 按时间控制划分的三种控制类型举例

控制类型	事前控制	事中控制	事后控制
资金控制	预算编制	会计控制	财务报表分析
时间控制	计划制订	进度控制	计划调整
质量和数量控制	标准确定	过程检测	统计分析\考核评价
安全控制	体检、警卫、归档	检查	整改
人员控制	理念引导	规章约束	行为评价\绩效考核
信息控制	密级划分、制度建立	审批、权限	定期检查分析

管理案例

扁鹊的医术

魏文王问名医扁鹊说："你们家兄弟三人，都精于医术，到底哪一位医术最好呢？"

扁鹊答："长兄最好，中兄次之，我最差。"文王吃惊地问："你的名气最大，为何反而长兄医术最高呢？"

扁鹊惭愧地说："我扁鹊治病，是治病于病情严重之时。一般人都看到我在经脉上穿针管来放血、在皮肤上敷药等大手术，所以以为我的医术高明，名气因此响遍全国。我中兄治病，是治病于病情初起之时。一般人以为他只能治轻微的小病，所以他的名气只及于本里。而我长兄治病，是治病于病情发作之前。由于一般人不知道他事先能铲除病因，所以觉得他水平一般，但在医学专家看来他水平最高。"

文王说："你说得好极了！"

这个案例说明，事后控制不如事中控制，事中控制不如事前控制。可惜很多管理者没有深刻意识到这一点，等到造成重大的损失才"亡羊补牢"，发现时为时已晚。

资料来源：中国卫生质量管理，2017（6）.

思考：为什么预防胜于治疗呢？

10.2.3 按控制对象划分

按控制对象的不同，可分为产出控制、行为控制、组织文化和小团体控制三种类型。

1. 产出控制

产出控制（output control）是为了监督产出或业绩，管理者选择最合适的目标或业绩标准，衡量公司、事业部、业务部门或职能部门，以及个人层次上的效果、质量、创新和对顾客的响应。管理者用来监督产出的重要手段有业绩的财务标准、组织目标和运营预算等。

2. 行为控制

行为控制（behavior control）是在塑造员工行为和引导员工朝实现组织目标方向努力的过程中，管理者使用直接监督、目标管理和行政控制等手段进行的控制活动。行为控制依靠规则和标准操作程序来实现。

3. 组织文化和小团体控制

组织文化控制（organizational culture control）是控制组织内个人与群体相互作用和影响方式的价值观、规范、行为标准及共同愿望的总和，其最终目的是实现组织目标。小团体控制是通过分享价值观，规范行为标准和期望，对个人和群体实施控制。

管理者用按控制对象划分的三种控制类型来协调和激励员工，确保员工取得突出的效率、质量、创新和对顾客的响应。不论具体组织形式如何，管理者都可以使用这三种控制类型来管理和规范组织行为。

10.3 控制的过程

控制是根据计划的要求，设立衡量绩效的标准，然后把实际工作结果与预定标准相比较，以确定组织活动中出现的偏差及其严重程度，在此基础上有针对性地采取必要的纠正措施，以确保组织资源的有效利用和组织目标的圆满实现。无论控制的对象是新技术的研究与开发，还是产品的加工制造、市场营销宣传、企业的人力资源、物质要素、财务资源，也无论采取什么样的控制手段和方法，完整的管理控制过程（control process）见图10－4，一般都包括建立标准、衡量绩效（衡量实际工作）、纠正偏差（衡量实际并与标准相比）三个步骤。

由图10－4可以看出，如果没有产生偏差，或是偏差在可以接受的范围，就“什么也不做”；如果偏差较大，就要探讨原因，是标准制定出现问题就需要重新制定标准，标准没问题而是实际偏离标准就要修正工作方式。

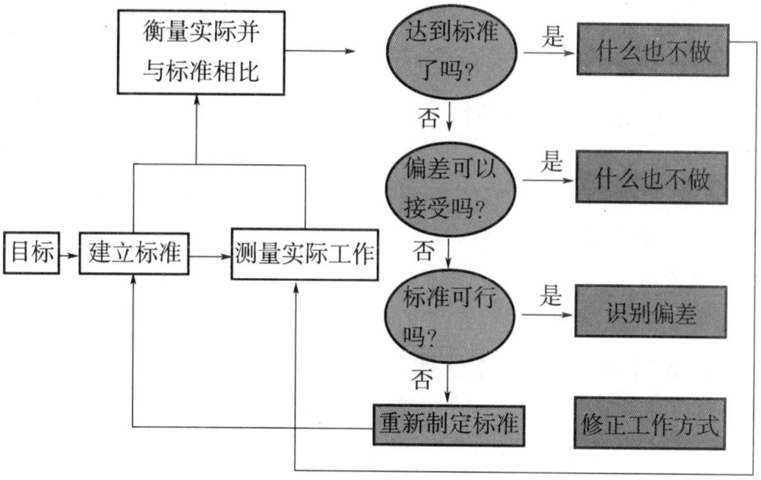

图10－4 控制中的管理决策

10.3.1 确立标准

图10－5的漫画说明标准不清会导致效率低下、工作质量不符合要求，形象地说明要重视标准的作用。标准（standard）是人们检查和衡量工作及其成果的规范（尺度），或者说是对职位或员工个人的期望。标准可由目标直接产生（目标越具体、可测，越可直接作为标准

使用)；也可由目标另行订出有关绩效指标作为标准。确立标准三步骤：①明确控制对象(如产品质量)；②选择控制的重点（质量参数)；③制定标准（国家标准、部门标准、用户标准等)。

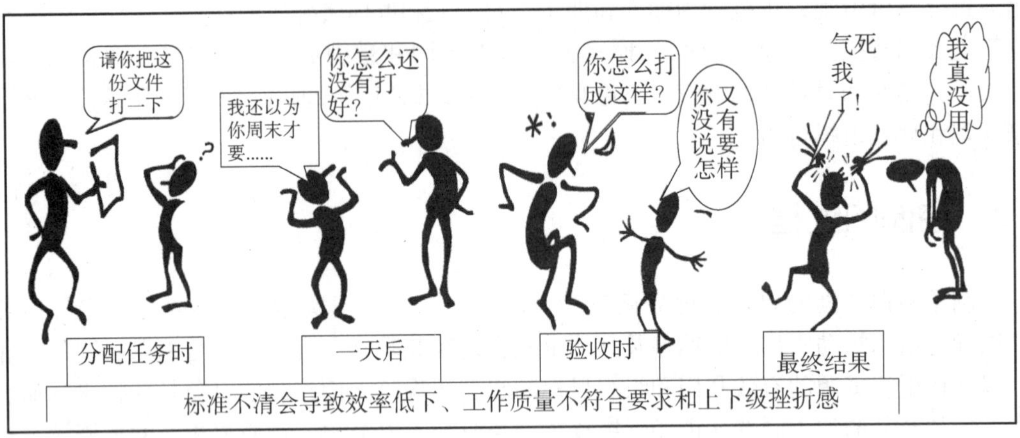

图 10－5 标准不明导致的问题

10.3.1.1 **明确控制对象**

在现实中，由于人力、物力、财力和知识与信息的限制，管理者不可能对全部影响组织实现目标成果的因素都进行控制。因此，管理者必须对影响组织目标成果实现的各种要素进行分析研究，从中选择出重点的要素作为控制对象，这些因素有时也被称为影响组织目标成果实现的关键绩效区域。这些因素有以下几方面的内容：

① 制订计划时依据的“环境”条件。环境条件是制订计划的依据，而计划又是控制的基础，因此，监控好环境变量，能及时判断计划何时需要变更。

② 资源投入。对资源投入进行控制，使之在数量、质量及价格等方面符合预期经营成果的要求。

③ 组织活动过程。建立员工的工作规范、各部门和各员工在各个时期的阶段成果的标准，以便对他们的活动进行控制。

10.3.1.2 **选择控制重点**

正如俗话所说“牵牛要牵牛鼻子”。企业无力也没有必要对所有成员的所有活动进行控制，只能在影响经营成果的众多因素中选择若干关键环节作为重点控制对象。企业控制住了重点对象的关键点也就控制了全局。比如在酿酒企业中，酒的质量是控制的一个重点对象，尽管影响酒质量的因素很多，但只要抓住了水的质量、酿造温度和酿造时间这三个关键点，就能保证酒的质量。

在选择关键控制点的过程中，管理人员可以对自己提出下列问题：什么是最好的反映本组织的指标？在计划目标未实现时，什么信息能让我最快、最准确地了解工作进展的情况？什么信息能让我最好地确定关键的偏差？什么信息能告诉我谁对成功或失败负全部的责任？什么样的标准在控制工作中成本最低？什么样的标准在控制信息的收集中更为划算？

管理案例

比尔的烦恼

在某大型电子零件批发公司的一家连锁商店里，刚出任经理的比尔正被一些事搞得心烦意乱。店里两位售货员每天上午轮流去隔壁的自助餐厅喝咖啡，吃甜馅饼。因为少了一个售货员，顾客们在店里等候服务已经司空见惯。更令人头痛的是，这家零售商店的营业额一直达不到公司的平均水平。当比尔对售货员们谈及这两件事时，他们不屑一顾地答道："你看看公司付给我们多少工资！你还能要求什么？"

比尔对他们回应道："在我们讨论工资的事并且谈出点眉目来之前，有一件要紧的事，就是要你们明确知道我对你们的工作有什么要求。让我们来确定三件事：

第一，在安排好的上班时间内，谁也不可以离开商店。当然，在你们的午餐时间里，你们爱干什么都行。

第二，如果这家商店还要营业，不搬到别处去的话，我们每天的平均销售额应该是900美元。总公司的记录表明，每位顾客大约购买5美元的货，那就是说，一天要接待200位顾客。我们是两位售货员当班，平均一下，我要求你们每人每天接待90位顾客。

第三，就是你们怎样来接待顾客，我希望你们做到一丝不苟，礼貌周到。他们想了解什么，你们要有问必答。

这三件事你们清楚了吗？如果是这样的话，让我们来瞧一瞧你们的工资袋，看看出了什么毛病，想一想根据我们对这项工作提出的要求，应该干点什么事来跟那工资袋相称，你们考虑考虑。"

在这则例子中，顾客服务和营业收入都未能达到预期水平，而员工却在抱怨公司付给他们的工资太少了。到底哪一方面出了问题？有效的控制需要预先订立并让当事人明确要求他们的绩效标准是什么，可是这间电子零件批发商店的前任经理却一直没有做到这一点。比尔接任后对员工说的三件事，使员工认识到了自己行为的差距，从而为其工作绩效的改善奠定了基础。没有标准，控制工作就很难取得理想的效果。

资料来源：张英奎，孙军. 现代管理［M］. 北京：清华大学出版社，北京交通大学出版社，2004.

思考：你认为比尔应该选择哪些点作为重点控制的对象？

10.3.1.3 制定控制标准

控制标准（control standard）可分为定量标准和定性标准两大类。定量标准主要分为：实物标准（如产品质量、废品数量）、价值标准（如单位产品成本、销售收入、利润等）、时间标准（如工时定额、交货期）。定性标准也是组织中经常使用的一种标准，如有关产品和服务质量、组织形象等方面的衡量一般都是定性的，比如：产品等级、合格率、顾客满意程度等。

（1）常见控制标准的类别：

① 实物标准（material standard），指的是非货币标准，如耗用的原材料、劳动力、完成的产品产量等都属于实物标准。实物标准也可以运用品质或者质量标准来表示。

② 成本标准（cost standard），指的是以货币衡量的消耗标准。

③ 资本标准（capital standard），指的是组织的活动中所占用的自己或者是他人资本的

标准。

④ 收益标准（earning standard），指的是组织活动的期望结果，可以是利润，也可以是其他的标准，如亏损部门减亏的标准。

⑤ 时间标准（time standard），指的是活动完成所必须遵守的时间。

对企业来说，最常用的标准是时间标准、实物标准或质量标准和成本标准。由于控制的对象不同，为他们建立标志正常水平的标准的方法也不一样。企业究竟要以何种方法制定何类控制标准，这取决于所需衡量的绩效成果及其影响因素的领域和性质。

（2）制定控制标准常用的方法：

①统计方法。统计方法（statistical method）是利用历史资料，在统计分析的基础上，制定当前工作的控制标准，最常用的方法有统计平均值、极大或极小值和指数等。这种方法成本低廉，简便易行。但是，这种方法存在的最大问题是不准确。因为历史与现实之间存在着差距，这种差距越大，在历史资料基础上制定的标准的准确性也就越差。此外，根据这种方法制定的标准可能并不是先进的标准，可能低于同行业的卓越水平，甚至低于平均水平。这种条件下，即使企业的各项工作都达到了标准的要求，也可能造成劳动生产率的相对低下、制造成本的相对高昂，从而造成成果和竞争能力劣于竞争对手。为了克服这种局限性，在根据历史性统计数据制定未来工作标准时，充分考虑行业的平均水平并研究竞争企业的经验是非常必要的。

② 经验估计法。现实中，并不是所有的工作质量和成果都能用统计数据来表示，也不是所有的企业活动都保存着历史统计数据，因此对于那些新从事的工作，或对于统计资料缺乏、无法根据历史资料制定标准的工作，可采用经验估计法（experience estimate method）。对这些工作，可以组织各方面的人员和专家，根据管理人员的经验、判断和评估来制定标准。如制定劳动定额的经验评估法，通常是由定额人员、技术人员和有经验的员工组成评估小组，根据技术、设备、生产组织等条件，凭借各自的实践经验，来估计确定工时定额的。这种方法的优点是运用面广，简单易行；不足之处是科学性不足、准确性差。评估很大程度上是以经验为依据的，所以利用这种方法来建立工作标准时，要注意利用各方面管理人员的知识和经验，综合大家的判断，给出一个相对合理的标准。

③工程方法。工程方法（engineering method）严格意义上也是一种用统计方法，根据工作分析制定控制标准。这种方法的特点是对控制对象要进行全面、科学的工作分析，分析的方法是已经被证明是科学可行的方法，比如：对作业活动的动作研究、对管理工作的职务分析等。不过，不是对历史性统计资料的分析，而是通过对工作情况进行客观的定量分析来进行的。比如，机器的产出标准是其设计者计算的正常情况下的最大产出量；工人操作标准是劳动研究人员在对构成作业的各项动作和要素的客观描述与分析的基础上，经过消除、改进和合并而确定的标准作业方法；劳动时间定额是利用秒表测定的受过训练的普通工人以正常速度按照标准操作方法对产品或零部件进行某个或某些工序的加工所需的平均必要时间。这种方法制定标准准确性高，但是一般成本高、耗时长。

上述几种方法，各有优、缺点和适用范围。组织在确定标准时，应根据各类标准的性质、特点，按照需要和可能条件选择适当的方法。在实际工作中，这几种方法往往可以结合起来使用。

（3）制定标准的要求：

①便于控制，衡量工作，因此量化的程度要高。

②应当有利于组织目标的实现。因为标准有指导性，会引导控制对象的行为，因此标准应当与组织的目标一致。

③标准应当带有先进可行性。标准一方面要有先进性，鼓励人们努力实现，但是又应当是人们经过努力可以实现的。

④应当有一定的弹性。控制标准应当对环境变化有一定的适应性，特殊情况应例外处理。

10.3.2 绩效衡量

绩效衡量（measure performance）是把实际工作情况与标准进行比较，找出实际工作业绩与控制标准之间的差异，并据此对实际工作做出评估。绩效衡量是控制工作的第二个环节，在这个阶段，管理者可发现计划扭亏为盈中所存在的缺陷，有什么样的以及程度有多大的偏差，他们是由什么原因引起的，应采取什么样的纠正措施。企业经营活动中的偏差如能在产生之前就发现，则管理者可以预先采取必要的措施以求避免。但这只是理想状态。实际中最满意的控制方式是能在偏差产生之后迅速采取必要的纠偏行动。为此，要求管理者及时掌握反映偏差是否产生，并能判定其严重程度的信息。为了能及时、正确地提供能够反映偏差的信息，管理者在衡量工作绩效时应做的工作如下。

10.3.2.1 确定适宜的衡量方式

管理者应该对衡量项目、衡量方法、衡量的步骤和衡量的主体等做出合理的安排。

（1）衡量的项目。管理者应针对决定实际工作成效好坏的重要特征项目进行衡量。但实际中容易出现一种趋向，即侧重于衡量那些容易获取统计数据的项目。比如科研人员的劳动效果经常根据研究小组上交研究报告的数量和质量来判断其工作进展，然而根据这些标准去进行检查，得到的可能是误导信息：科研人员用更多的时间和精力去撰写数量更多、结构更严谨的报告，而不是将这些精力真正花在科研上。这样就忽视了那些不易衡量但实际相当重要的项目。

（2）衡量的方法。管理者可通过观察、报表、报告、抽样调查及召开会议等多种方法来获得实际工作绩效方面的资料和信息。可以多种方法结合使用，以确保所获取信息的质量。

（3）衡量的频度。有效控制要求确定适宜的考核频度（frequency），也就是衡量实际绩效的次数或频率不宜“过多”或“不足”。对控制对象或要素的衡量频度过高，不仅会增加控制的费用，而且还会引起有关人员的不满，影响他们的工作态度，从而对组织目标的实现产生负面影响；衡量和检查的次数过少，则有可能造成许多重大的偏差不能被及时发现，不能及时采取纠正措施，从而影响组织目标和计划的完成。适宜的衡量频度取决于被控制活动的性质、控制活动的要求。例如，对产品的质量控制常常需要以小时或以日为单位进行，而对新产品开发的控制则可能只需以月为单位进行就可以了。需要控制的对象可能发生重大变化的时间间隔是确定适宜的衡量频度所需考虑的主要因素。

（4）衡量的主体。衡量实际绩效的主体不一样，控制工作的类型也就形成差别，也会对控制效果和控制方式产生影响。例如，大部分情况下，衡量主体由上级主管或职能人员担当，而目标管理的衡量主体就是执行者本人，衡量效果和方式都会有差异。

10.3.2.2 **建立有效的信息反馈系统**

及时有效的信息反馈系统直接影响到控制指令的正确性和纠偏措施的准确性。建立有效的信息反馈系统，不仅可以帮助管理者尽早发现问题，也可以帮助执行部门准确及时知道自己的工作状况，以促进其不断改进工作。比如建立保龄球的积分表，马上就可以知道每个人的表现。信息反馈系统的建立要抓住两点：一是确定与控制有关的人员在信息传递中的任务与责任；二是明确信息的收集方法、传递程序和时间要求。有了畅通的信息反馈系统，控制工作才能卓有成效地开展下去。

10.3.2.3 **通过衡量绩效，检验标准的客观性和有效性**

衡量工作绩效是以预定的标准为依据来进行的。如果偏差是在执行中出现的问题，那么需要纠正执行行为本身；如果是标准本身存在的问题，则要修正和更新预定的标准，利用预定标准去检查各部门、各阶段和每个人工作的过程，同时也是对标准的客观性和有效性进行检验的过程。

检验标准的客观性和有效性，是要分析通过对标准执行情况的测量能否取得符合控制需要的信息。在为控制对象确定标准的时候，人们可能只考虑了一些次要的因素，或者只重视了一些表面的因素，故利用既定的标准去检查人们的工作，有时并不能达到有效控制的目的。比如，衡量职工出勤率是否达到了正常水平，不足以评价劳动者的工作热情、劳动效率或劳动贡献。因此，衡量过程中的检验就是要辨别并剔除那些不能为有效控制提供必需的信息，以及容易产生误导作用的不适宜的标准，以便根据控制对象的本质特征制定出科学合理的控制标准。

10.3.3 纠正偏差

对实际工作成效加以衡量后，将衡量结果与控制标准进行比较。如果没有较大偏差，则应首先分析控制标准是否有足够的先进性，在认定标准水平合适的情况下，可以总结成成功经验并用于指导今后的或其他方面的工作；如果有较大的偏差，则要分析造成偏差的原因，确定矫正措施实施的对象并采取矫正措施。为了保证控制工作的针对性和有效性，在制定和实施纠正措施过程中应注意以下问题。

10.3.3.1 **找出偏差产生的主要原因**

一旦实际工作的绩效在可接受的范围之外，偏差也就产生了。在实施矫正措施之前，必须对偏差的性质进行认定。首先，要判断偏差的严重程度，是否足以构成对组织活动效率的威胁，是否值得去分析原因，采取纠正措施；其次要探寻导致偏差的主要原因。

纠正措施的制定是以对偏差原因的分析为依据的。而同一偏差则可能由不同的原因造成：销售利润的下降既可能是因为销售量的降低，也可能是因为生产成本的提高。前者既可能是因为市场上出现了技术更加先进的新产品，也可能是由于竞争对手采取了某种竞争策略，或是企业产品质量下降；后者既可能是原材料、劳动力消耗和占用数量的增加，也可能是由于购买价格的提高。不同的原因要求采取不同的纠正措施，因此要通过评估反映偏差的信息，分析影响因素，通过表面现象找出造成偏差的深层原因，在众多的深层原因中找出最主要者，为纠偏措施的制定指导方向。

10.3.3.2 **确定纠偏措施的实施对象**

如果偏差是由于绩效的不足而产生的，管理人员就应该采取纠偏行动。他们可以调整企业的管理战略，也可改变组织结构，或通过更完善的选拔和培训计划，或更改领导方式。但是，在有些情况下，需要纠正的可能不是企业的实际活动，而是组织这些活动的计划或衡量这些活动的标准。例如大部分员工没有完成劳动定额，可能不是由于全体员工的抵制，而是定额水平太高；承包后企业经理的兑现收入可高达数万甚至数十万，可能不是由于经营者的努力数倍或数十倍于工人，而是由于承包基数不恰当或确定经营者收入的挂钩方法不合理；企业产品销售量下降，可能并不是由于质量劣化或价格不合理，而是由于市场需求的饱和或周期性的经济萧条。在这些情况下，首先要改变的不是或不仅是实际工作，而是衡量这些工作的标准或指导工作的计划。

10.3.3.3 选择恰当的措施

针对偏差产生的主要原因和所确定的矫正对象，管理者在控制工作中可采取的处理措施有三种：

第一，对于因工作失误造成的问题，控制的方法主要是“纠偏”，即通过加强管理和监督，确保工作与目标的接近或吻合。

第二，若计划目标不切合实际，控制工作则主要是按实际情况修改计划目标。

第三，若是组织运行环境出现了重大变化，致使计划失去客观的依据，那么相应的控制措施就是启动备用计划或重新制订计划。

以上第二种和第三种措施都是着眼于对计划的不同程度的调整，以更好地适应环境，因此统称为“调适”。所以，管理控制中的控制或矫正措施包含“纠偏”和“调适”两类。纠偏措施一般包括补救性措施和根本性措施两种。补救措施是在查明偏差发生的原因之前当即采取的使工作恢复正常的措施；根本性措施是在查明偏差发生原因之后所采取的能够杜绝此类事情发生的根本性的措施。

在控制措施的选择和实施过程中，管理者需要注意的问题主要有如下几个方面。

（1）保持矫正方案的双重优化。管理控制所实施的矫正措施和方案，不仅要根据其实施对象的不同加以选择，而且即使对于同一对象，也要根据具体情况而采取多种不同的方案。这里，判断矫正方案的合适性需要考虑的，首先是矫正工作的经济性，如果管理人员发现某矫正方案实施的成本将大于偏差发展可能带来的损失，那么，此时理性的选择应该是放弃矫正行动。力求使矫正行动的成本小于偏差可能带来的损失，这种经济性要求是决定该项管理控制工作是否有必要采取的前提条件。在此基础上要考虑的是，管理控制工作必须在满足经济性要求的前提下，通过对各种可行的矫正方案的分析比较，找出最优的方案，以实现追加投入最少、解决偏差效果满意的目的。

（2）注意消除组织成员对矫正措施的疑惑。应该看到，管理控制措施的实施都会在不同程度上引起组织结构、人员关系和活动方式的调整，从而会多多少少触及某些组织成员的利益。不同的组织成员会因此对矫正措施持有不相同甚至对立的态度，管理者在控制工作中要充分考虑和处理组织成员对准备采取的矫正措施的各种态度，特别要注意消除执行者的疑虑，争取更多的人理解、赞同和支持这项矫正措施，以避免方案在付诸实施的时候出现人为的障碍。

（3）应急性矫正行动与永久性矫正行动并重。纠偏措施一般包括补救性措施和根本性措施两种。管理者在准备采取偏差纠正措施的时候，应该决定此时此刻面对出现的问题宜采取应急性矫正行动，还是永久性矫正行动。通俗地说，就是要决定是“治标”，还是“治本”。

现实中，许多管理者常常以没有时间为借口而偏好于采取应急性矫正行动，并且因采取这种行动取得的直接效果而沾沾自喜。他们没有想到，不断的救火式的应急纠正措施只会把深层次的问题掩盖得更难发现，而且针对某一问题采取的应急性矫正行动还可能会引致其他问题的产生。结果，管理者就只能不断地疲于解决各式各样的表面问题。所以，要使两种纠偏措施并重，甚至有时候“治本”重于“治标”的管理控制思想更能取胜。

（4）充分考虑原有计划实施的影响。管理者无论是因为客观环境的变化而感到有必要采取控制行动，还是随着自己对客观环境认知能力的提高而对原定的计划产生怀疑，这两方面原因都可能导致目前正在实施的计划的部分或全部内容的修订或否定，由此进行的管理控制就会使企业经营活动方向发生或大或小的调整。这种调整类似于“追踪决策”（见4.2.6）的性质。因此，管理者在实施管理控制中，在制定和选择追踪决策方案的时候，就需要充分考虑组织由于初始决策的实施已经消耗了什么资源？对客观环境造成什么影响？人员思想观念有了什么转变？

10.3.3.4 纠偏工具应具备的特征

选择好恰当的控制措施，也就确定了纠偏工具，良好的纠偏工具有以下特征：①能消除问题的根本原因；②能矫正即将发生的瑕疵；③相当简单与直接；④容易与目标及标准衔接，进而谋求改善；⑤应全面应用。确定纠偏工具是否良好，相当于二次检查，检查之前选择的控制措施是否正确。

管理案例

纽约引爆点

20世纪七八十年代纽约以脏乱差而闻名，环境恶劣，同时犯罪猖獗，地铁的情况尤为严重，是罪恶的延伸地，平均每7个逃票的人中就有一个通缉犯，每20个逃票的人中有一个携带武器者。1994年，新任警察局长布拉顿开始治理纽约。他从地铁的车厢开始治理：车厢干净了，站台跟着也变干净了，站台干净了，阶梯也随之整洁了，随后街道也干净了，然后旁边的街道也干净了，后来整个社区干净了，最后整个纽约变了样，变整洁漂亮了。现在纽约是全美国治理最出色的都市之一，这件事也被称为“纽约引爆点”。

资料来源：王丽. 积极心理教育——培育学生心理资本［M］. 2015.

10.4 有效控制的几个重要问题

控制过程包括确立标准、绩效监视、纠正偏差。在实践中要使工作卓有成效，就注意控制中的几个重要问题，包括：关键控制点、实时信息控制、控制程度把握以及控制权的问题。

10.4.1 关键控制点

设置关键控制点（critical control point），避免了管理人员对过程的过多干预，扩大了管理幅度，降低了控制成本。控制关键点意味着，控制住了关键控制点，也就控制住了全局。

选择关键控制点的能力是管理工作的一种艺术，有效的控制在很大程度上取决于这种能力。迄今为止，已经开发出了一些有效的方法，帮助主管人员在某些控制工作中选择关键控制点。例如，计划评审技术就是一种在有着多种平行作业的复杂的管理活动网络中，寻找关键活动和关键线路的方法，这是一种强有力的系统工程方法，它的成功运用确保了诸如美国北极星导弹研制工程和阿波罗登月工程等大型工程项目的提前完成。

10.4.2 实时信息与实时控制

每个管理者都希望得到管理的实时信息（real-time information），也希望最好能实时控制（real-time control），这样最容易在偏差发生时就进行干预。但要收集实时信息不得不考虑两个重要因素：时滞因素和成本因素。信息的收集、传递、处理和分析都需要时间，而实时信息很难获得或是获取成本过高。因此，获得反馈信息时，要考虑到信息已经有了时滞效应，有些环境敏感因素会变化。

10.4.3 控制的程度

控制程度（the degree of control）高还是低，需要做两项评估：即管理者必须权衡控制系统成本与所产生的效益之间的关系。

（1）经济考虑。控制越严，控制系统成本越高；控制太松，绩效不高；控制太严，也影响组织绩效。控制系统成本与所产生的效益之间的关系可用图 10－6 表示：

①应有某一控制程度为最适当的程度，见图中 A 点。

②应有某一最低限度的控制程度，必须高于这一控制程度，效益才能高于成本，如 B 点所示。

③应有某一最高限度的控制程度，如果高于这一控制程度，则效益将不及成本，如 C 点所示。

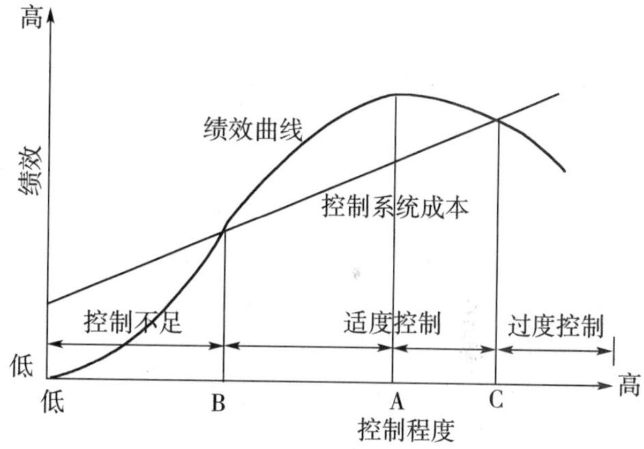

图 10－6 控制系统成本与所产生的效益之间的关系

（2）行为考虑。管理者必须了解控制系统对于组织员工可能产生的影响。据常情，一般人大多不愿见其本身的工作随时都受到他人的监视或质疑。反之，一般人也多不愿处身于一项全无控制的情况之中，因为工作如果处于完全没有控制的状态之下，则无从了解组织对他的期望。管理者通常在所有的作业呈现出未遵循原定计划进行时就会立即加强控制，而控制强度的加大会不知不觉引起人际关系紧张，以至于产生更多行为的控制结果。

10.4.4 管理者对控制程度的把握

同一控制不同员工反应不同，组织员工对控制的反应取决于个人人格及以往经验。接受控制与抗拒控制有时都会出现意想不到的问题。

降低员工对控制负面反应的措施：

（1）务必使控制标准合理（先进、可行）。

（2）使员工参与控制的设计程序（考虑行为因素）。行为困扰来自职工对控制性质及目的欠了解，员工抗拒新规定是极自然的事，管理者应邀请员工参与，听取员工建议。

（3）务必使控制的实施确有必要。组织管理者应定期对各种控制进行分析：是否有些控制已无意义；是否一些控制有过度倾向，已形成负面影响。

10.4.5 控制权的分配

随着组织的成长，扁平化结构被提倡，管理幅度变宽，而控制权（control power）相应分散，表现为：

（1）组织采用分权化——控制权也应沿着组织层次而下授。

（2）控制的现代取向——让低层学会如何控制。低层员工学会控制，将可能成为最有价值的控制人员。他们接近现场，了解实际，能提高控制效率及质量。

（3）现代研究肯定，组织应严格控制，但同时控制权应尽可能下放到组织底层。该做法的必要性：①使高层管理者摆脱工作细节；②显示控制的必要性；③低层管理者有认同感。

管理案例

巴黎的地铁

巴黎地铁除了14条普通线，5条速度更快、站间距离更大的快线，更加四通八达的是法国国家铁路公司的郊区火车线。例如，连通普通线、快线和东南方向的郊区火车线的是里昂火车站，上下三四层，初来乍到，绝对让你晕头转向，时间长了，你又不由得佩服他们井井有条、严丝密缝的设计。例如，为了避免客人坐错火车，首先是列车时刻表到处都可以免费拿到，同一时间不会有发往不同地方的车次；其次，等候大厅里有随时更新的列车时刻表，每趟列车时间到了，广播也会一一通知；最后，月台靠近火车头的一边还有一个很醒目的显示器，显示该趟车的目的地、时间、车号和停靠车站。通过这一重又一重确保无误的措施，实现整个系统较高效率运转。

资料来源：肖知兴，常识与管理：日常生活中的管理学［M］. 机械工业出版社，2009，第9页.

10.5 有效控制系统

控制系统越完善，管理者实现组织的目标就越容易。一个有效的控制系统可以保证各项行动完成的方向是朝着组织目标的。

理想情况下，每一个组织都希望高效率且有效地实现其目标，然而不同的组织使用的控制系统都是不相同的，即使同类型的企业控制系统也不相同。如何实现有效控制？确定控制系统有效性的准则就是使它在促进组织目标实现时用不同的方法，按具体任务和预计的目标结合具体的情况来设计控制系统。下面介绍用市场控制、官僚控制、财务控制和小集团控制方法来设计控制系统。

1. 市场控制

市场控制强调使用外在市场机制如价格竞争和相对市场份额，在系统中建立使用标准来达到控制。此方法适用于产品或服务非常明确，及市场竞争激烈的公司。

市场部门的产出是可以计量的，然而，很难评价市场努力的效率，因为环境是难以控制的。因此，实现销售费用目标是评价市场控制的主要标准。

2. 官僚控制

官僚控制强调组织的权威，依靠管理及等级森严的制度，如规章、制度、过程、行为规范、良好的工作描述等来保证员工举止适当且应符合行为标准。

（1）物理控制。安全警卫、仓库上锁、金库上锁、计算机口令、电视监控和其他物理控制手段都是控制结构的一部分。

（2）规章和制度。行政组织的规章和制度比其他组织复杂，大型组织的规章和制度比小型组织的复杂，授权式组织的规章和制度比分权式的复杂，有区域性分部组织的规章和制度比单一地点组织的复杂。随着时间的流逝，有些规章和制度过时了，但是由于每天工作的压力，修订工作经常被忽视。规章和制度中很有可能包含那些早已不存在的适用情况，或操作早已过时的规则。如果这样的规则还允许存在，管理者就很难对整个规章和制度有良好的印象。因此，规章和制度要求定期修订以保证和目前的高层管理保持一致。

为了保证工作的有效完成，控制系统还需要其他保护措施。这些措施包括细节交叉检测、手续所要求的签名和其他证明、任务分工及预算等。

3. 财务控制

每个企业最初的一个目标就是获取利润，为了实现这个目标，管理者需要财务控制。财务控制是公司控制的核心内容。

公司的管理者制定了总体战略和规划。为了实现总目标，管理者制定了一系列不同层次的部门目标和短期经营计划及不同职位的员工应该实现的目标。制定目标的第一步就是实施财务控制，管理者会将目标和计划转化为财务目标，并将这些目标写入预算。比如：“到2010 年，定制产品的销售收入达到200 亿元。”财务报表和财务预算是财务控制的核心。

预算是指根据计划按货币计算的销售成本、原料成本、生产水平和利润等需要达到的目标。管理者根据这些计划目标来控制衡量生产的实际绩效水平。制定预算是上一节所述控制过程三步骤中的确定标准步骤，管理者需要对实际运营状况和预算数字的差异进行比较，如果发现问题，及时采取纠正措施。

公司的会计负责整理相关财务信息，并以业绩报告的形式反馈给相关管理者。业绩报告列出了部门的预算数字或计划目标，以及部门的实际业绩。报告为管理者解释了出现偏离值的一些原因，管理者审查完业绩报告后，根据实际情况采取纠正措施。

此外，公司的会计将定期审计公司的财务报表。在审计中必须保证评估数据的真实性和有效性，客观地收集并评估公司重要运营方面的证据，审计的目的是保证公司财务报表能准确反映公司业绩。

4. 小集团控制

小集团控制依靠共同的价值观、规范、传统、仪式、信念及其他组织文化方面的内容来调节员工的行为。组织文化——通过共同的价值观、规范及关于公司缔造者的故事，传达给员工个人信息：“这里什么是可以接受的”及“什么是不可以接受的”。

事实上，为了实现公司的目标，调动员工工作积极性，现在多采取绩效管理。绩效管理的目的是将员工的努力与公司的战略目标结合，体现以员工为主的思想。在绩效管理的各个环节中都要求管理者和员工共同参与，使他们可以理解他们在实现公司战略中发挥的作用，及员工的个人目标对于支持实现公司的总体目标具有举足轻重的作用。

绩效管理过程要求持续不断地监督员工绩效，并利用信息技术及时调整行动方案。例如，管理者运用平衡计分卡将一系列平衡财务目标和非财务目标的措施应用于战略地图中列出的活动，并通过桌面数字仪表板将实际工作绩效实时传达给管理人员。如果存在问题，管理人员根据数字仪表板显示出的不同措施的概率图表。分析产生问题的原因并采取纠正措施。

总之，控制工作应该针对企业的实际状况，采取必要的措施，或促进企业活动沿着实现目标的方向前进。因此，有效的控制必须是客观的、符合企业实际的。设计一个合适的控制系统的关键是要适合于组织并帮助它高效率且有效地达到目标。

本章提要

控制是通过制订计划或标准，以及建立信息反馈系统，检查实际工作的进度和结果，及时发现偏差，找出原因，并采取纠正措施的一系列活动。控制作为一种管理职能，与计划、组织、领导职能有着密切的联系。在管理中具有重要的作用，是完成计划的重要保障、提高组织效率的有效手段、管理创新的催化剂、使组织适应环境的重要保障。

控制的典型分类有三种：一是按主体划分为内部控制和外部控制；二是按时间划分为前馈控制、现场控制和后馈控制；三是按控制对象划分为产出控制、行为控制、组织文化和小团体控制三种类型。根据不同需要，可以采用不同的控制类型，设定不同的控制内容。

控制的基本程序包括三个步骤：一是确立标准，二是根据标准衡量工作绩效，三是纠正偏差。

在组织管理实践中运用着多种控制方法，除预算控制方法外，管理人员还利用统计分析法、专题分析法、审计法、甘特图及亲自观察控制等方法。它们分别适用于不同领域和不同的控制对象。这些方法的综合利用，对促进基层的控制，即作业控制和财务控制起到了很大的作用。在实际应用过程中，应灵活掌握各种控制方法。

在线资源

在线测试　拓展视频　拓展阅读　拓展案例　相关管理定律　相关管理大师

讨论问题

1. 什么是控制？结合你自身的经验，谈谈你对控制的认识。
2. 为什么说对控制者的控制机制是控制系统的重要构件？试举例加以说明。
3. 控制的基本过程是什么？试举例加以说明
4. 信息技术的普遍应用会对组织控制方法有哪些方面的影响？为什么？

综合案例

海尔集团OEC方法的实际运用

日清日高管理法，即OEC管理法，是海尔集团冰箱公司在管理实践中，不断创新、逐步提炼、总结形成的一种有效的企业内部经营管理体系（见图10－7）。所谓OEC实际上是“Overall Every Control and Clear”的英文缩写，其含义为全方位地对每人、每天所做的每件事进行控制和清理，以做到“日事日毕，日清日高”。它由三个系统构成，即目标系统、日清系统和激励机制，是海尔生存的基础，并成为海尔企业集团对外扩张、推行统一管理的基本模式，也是海尔走向世界的最好发展资本。

（1）日清目标系统。这是企业各项工作的指南和日常管理的重要依据，是管理体系中提纲挈领的部分。目标系统由集团公司（决策层），部门、分厂（执行层），车间（作业层）三个层次组成。

第一步，集团公司制定总目标，每年12月份集团公司根据市场变化情况和本年度目标完成情况，制定下一年度的总目标，包括产量、质量、经济效益、生产率、管理、产品开发和企业发展等内容。确定每项内容的具体目标值、工作进度、完成期和承担的部门，据此制定年度方针目标，展开实施对策。

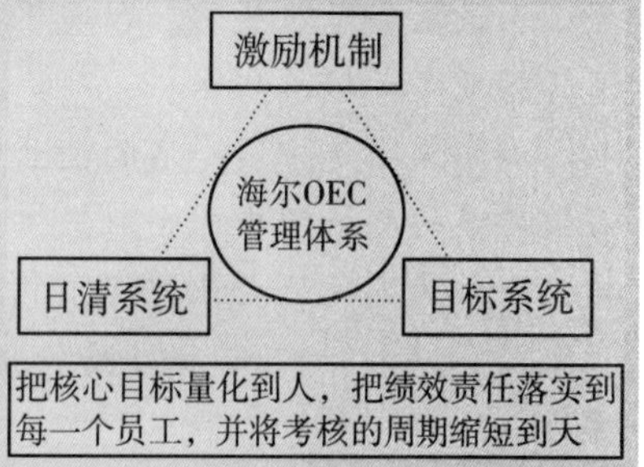

图10－7 海尔OEC管理体系

第二步，将总目标逐项分解到各部门（分厂）。由各部门（分厂）再分解为月度目标和计划，列入OEC控制总台账，对其中重点项目在台账中细化单列，形成总目标的子系统。

第三步，各部门（分厂）将子目标分解为各车间控制的项目，由各车间再分解为每个岗位、每个员工每天的工作项目和责任，列入工作控制台账。这样，就使得看似很大、无从下手的大目标细化到每人、每天的具体工作，变成了简单、清晰、易操作的小目标，构成一个层次分明、内容完整、责任明确的目标计划体系。

（2）日清控制体系。分为纵向（生产作业现场）控制和横向（职能管理）控制。按照问题、发生地点、发生时间、责任者、原因、问题多少、损失大小、解决措施及安全事项等9个因素进行控制。生产作业现场日清的主要对象是质量、工艺、设备、物耗、生产计划、文明生产及劳动纪律等7个项目。由管理人员进行巡回检查，每两个小时将检查结果记录在相应的7张日清表中，同时将各项结果综合评价后，填写日清栏考评意见，一起公布于各车间日清管理栏内。每个员工对照7个方面的标准和要求将自检结果填入“三E”（即每人、每天、每件事三个英文单词的第一个字母E），日清工作记录卡交班长考核确认。各职能管理部门按照月度目标和计划实施控制，每天将实际完成值分别与目标值、上期完成值相比较，记录在日清控制表上，同时找出薄弱的环节和存在的问题列入重点控制项目，并分析原因，及时向有关单位发出纠偏单。对纠偏情况进行跟踪检查，每天记录在现场日清记录表上，对临时性的工作填写工作活页，随时进行控制，纳入例行管理。日清所要解决的问题：

使月度目标和工作项目处于受控状态，对出现的问题及时进行分析，提出整改措施，确定责任，严格进行考核。

(3) 激励机制。对管理人员每天按日清实际完成值与目标值、上期完成值对比，或超过，或持平，或下降，分别给予A、B、C三个等级的评价。每月全A率在95%以上，则月度考核定为A，每月考核全C率在60%以上则定为C，其余为B。B为标准值（即90%的工资），A=1.5B，C=0.5B，这样就可以直接计算出该岗位的工资金额。对现场作业人员采取签发工作责任价值卷考核奖惩制度，按日清7个工作责任分别规定奖罚金额。比如，发生质量问题的处罚原则是：干错一个相当于白干90个，干废一个，按材料成本的1/9处罚。每天日清考核中，对发现问题者当场给予红卷并予以奖励，对责任者发给黄卷予以处罚或计入"三E"卡，月终发工资时兑现。

除此之外，还多方面建立激励机制。一是完善用人机制，比如公开招聘、竞争上岗，充分挖掘人才。二是实行"三工并存，动态转换"的用工制度，即设置优秀员工、合格员工、试用员工三个等级，依据考核标准有升有降。三是为管理人员设置海尔金、银、铜奖，为工人设置海尔希望奖、合理化建议奖以及信得过班组、自主管理班组奖。图10－8为日清日结业务考核流程图。

海尔集团是中国著名的企业，是一个已经开始国际化经营并取得较大成功的大型集团。海尔发展的历程给中国企业提供了很多借鉴的经验。海尔的成功离不开其完善严密的控制体系。作为国际化企业，海尔的控制体系结合了中国和西方的特点，融会了古代传统和当代潮流的精华。"日清日高"是海尔控制体制的核心，人为资源控制和质量控制是两条主线。

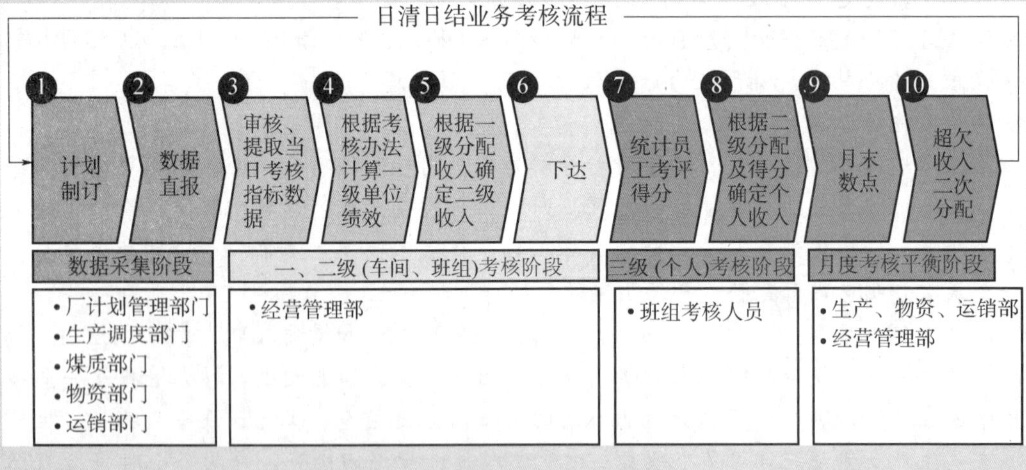

图10－8 日清日结业务考核流程图

海尔的管理控制突出体现在现代管理理念上。以顾客为中心的管理控制体系，体现了企业的生存价值在于不断满足顾客需求，而不是仅仅在物质层面。海尔全球化管理体系在国内也是比较先进的，海尔的目标在于全球顾客，所以海尔的产品在设计上突出普遍适用性。同时，海尔十分重视质量管理的体制适应性，在欲进入的市场取得质量论证，用全球化视角拓展业务，取得进入各大市场的通行证。

资料来源："南昌理工学院网"，网址：http：//www.jgnclg.com.

讨论：

1. 海尔的 OEC 方法有何特点？

2. 研究海尔的控制体系，试谈中国企业如何找到适用于自己改进组织控制的策略和措施？

实践练习

1. 利用节假日调查一家企业或单位，了解该企业或单位的管理控制过程。

（1）记录企业（人员、财务、产品/服务质量）控制的过程是怎样的？

（2）请问（1）中控制目标的实现都采用了一些什么样的控制方法？

（3）观察该企业的前馈控制、现场控制和反馈控制过程。

（4）与企业财务人员访谈，了解其企业运用了哪种预算控制。

2. 对于餐厅就餐问题，从顾客服务到卫生，很多细节问题无法控制。在上课之前参观一两家当地餐厅，列出你所看到失去控制的所有细节。回到学校后，以 4 人或 5 人为一组比较各自的记录，列出一个评估餐厅控制机制是否完善的清单。如果时间允许，选择学校一家餐厅，评估该学校餐厅的控制情况。

第三部分

管理创新

第 1 1章　管理创新

领袖和跟风者的区别就在于创新。创新无极限！只要敢想，没有什么不可能，立即跳出思维的框框吧。如果你正处于一个上升的朝阳行业，那么尝试去寻找更有效的解决方案：更招消费者喜爱、更简洁的商业模式。如果你处于一个日渐萎缩的行业，那么赶紧在自我变得跟不上时代之前抽身而出，去换个工作或者转换行业。不要拖延，立刻开始创新！

——乔布斯

第11章
管理创新

学习目标

1. 解释管理创新的概念。
2. 描述管理创新的分类。
3. 解释组织开展管理创新的原因。
4. 描述影响和推动组织创新的环境因素。
5. 描述如何防范创新的风险。
6. 解释组织如何开展创新活动。

能力目标

1. 分析评价组织的环境是否有利于创新。
2. 分析组织的创新是否有一个有效的实施过程。
3. 分析组织在开展创新活动时是否为创新部署了有利的条件。

本章关键词

创新（innovation）
创造力（creativity）
管理创新（management innovation）
创新能手（idea champions）
理念创新（idea innovation）
战略创新（strategy innovation）
组织创新（organization innovation）
技术创新（technology innovation）
环境创新（environment innovation）

开篇案例

任正非：让一线呼唤炮火 让听得见炮声的人话事

伴随着市场上的成功，华为内部滋生了官僚与教条主义：拥有太多的权力与资源的机关不了解前线，为控制运营的风险，设置了许多流程控制点，降低运行效率，增加运作成本，而且不愿意授权。华为出现这样的经营情况：前方的作战部队用不到三分之一的时间去找目标、找机会以及将机会转化为结果上，而其余时间则耗在频繁地与后方平台往返沟通协调上。而且将本应由后方解决的问题推给前方来协调，拖了作战部队的后腿，好钢没有用在刀刃上。

创始人任正非对华为公司的这种局面一直忧心忡忡。2009 年年初，任正非向华为全体员工发出呐喊：让听得见炮声的人呼唤炮火，授予一线团队独立思考和追求最佳的权力，后方只起保障作用。如何调整组织结构及人力资源机制以实现从以技术为中心向以客户为中心的转移？华为公司从以下方面进行思考和创新：

(1) 组织流程变革要倒着来。经过多次高层会议研究后，任正非提出组织结构调整的思路：组织流程变革要倒着来，从一线往回梳理，平台（支撑部门和管理部门，包括片区、地区部及代表处的支撑和管理部门）只是为了满足前线作战部队的需要而设置，并非越多越好、越大越好、越全越好。要减少平台部门，减轻协调量，精简平台人员，自然效率就会提高。但如何去实现这一点呢？任正非听取了北非地区部的汇报，有了一些启发。

(2) 谁来呼唤炮火？“铁三角”作战单元。北非地区部努力实现有效应对顾客需求的目标，以客户经理、解决方案专家、交付专家组成的工作小组，形成面向客户的“铁三角”作战单元。铁三角只是形象说法，更多角也是可能的。铁三角的精髓是为了目标，应打破功能壁垒，形成以项目为中心的团队运作模式。这给华为的组织整改提供了很好的思路和借鉴，公司主要的资源要用在找目标、找机会上，并将机会转化为结果。华为后方配备的先进设备、优质资源，应该在前线一发现目标和机会时就能及时发挥作用，提供有效的支持，而不是拥有资源的人来指挥战争、拥兵自重。公司的决策权应根据授权规则授给一线团队，后方起保障作用。为此，公司的流程优化是以需求确定目的，以目的驱使保证，一切为前线着想，就能共同努力地控制有效流程点的设置，从而精简不必要的流程，精简不必要的人员，提高运行效率，为生存下去打好基础。

(3) 呼唤炮火的人承担呼唤的责任、炮火的成本。基层作战单元在授权范围内，有权力直接呼唤炮火。当然炮火也是有成本的，谁呼唤了炮火，谁就要承担呼唤的责任和炮火的成本。后方变成系统支持力量，必须及时、有效提供支持与服务，以及分析监控。以美军在阿富汗的特种部队为例，以前前线的连长只有报告师部请求支援，师部下命令炮兵才开炸。现在作战系统的支持力量超强，前端功能全面，授权明确，特种战士一个通信呼叫，飞机就开炸，炮兵就开打。前线 3 人一组，由信息情报专家、火力炸弹专家、战斗专家构成。他们互相了解对方的领域，紧急救援、包扎等都经过训练。当发现目标后，信息专家利用先进的卫星工具等确定敌人的集群、目标、方向、装备等，炸弹专家配置炸弹、火力，计算出必要的作战方式，其按授权许可度，用通信呼唤炮火。

美军作战小组的授权是以作战规模来定位的，例如：5000万美元，在授权范围内，后方根据前方命令就及时提供炮火支援。华为将以毛利、现金流对基层作战单元授权，在授权范围内，甚至不需要代表处批准就可以执行。军队是消灭敌人，华为就是获取利润。铁三角对准的是客户，目的是利润。

（4）从中央集权到分权制衡。华为积极地先从改革前方作战部队开始，加强他们的作战能力，要综合后方平台的服务与管理，非主业干部要加强对主业务的理解，减少前后方的协调量，然后冷静地思考整个后方大平台的适应性变革，审慎地一步一步前行。华为二十年来，都是在不断改良中前进的，仅有少有的一两次跳变。华为在变革中，要抓住主要矛盾和矛盾的主要方面，要把握好方向，谋定而后动，要急用先行、力求完美，深入细致地做工作，切忌贪天功为己有。华为并不否定二十年来公司取得的成绩。二十年来公司实行高度的中央集权，防止了权力分散而造成失控，形成灾难，避免了因发展初期产生的问题而拖垮公司。

（资料来源：根据《南方都市报》记者汪小星、孙嘉芸一文《任正非：让一线呼唤炮火 让听得见炮声的人话事》修改，http：//tech.163.com/9/0304/07/60TR1O3H000915BE.html）

思考：

1. 华为在发展的过程中取得了巨大的成功，为什么会随着公司的快速发展产生官僚主义及教条主义？官僚主义及教条主义对华为的生存与发展会产生怎样的影响？

2. 华为的创始人任正非是怎样解决“后方指挥机关”与“前方作战部队”脱节而降低资源使用效率的问题？该解决方案属于何种管理创新？

3. 请分析本案例中有哪些因素导致了华为公司的管理创新？

4. 本案例中华为公司的管理创新的目的是什么？

5. 从该案例中可以得到什么启示？

在经济全球化的背景下，组织要想获得持续的成功只有进行不断的变革和创新，没有创新必将消亡。

英特尔副总裁达维多认为，任何企业要想在市场上长期占据领导地位，它就要能第一个开发出新产品、第一个主动淘汰自己的产品。造成这一状况的原因是，在市场竞争中能抢占先机、最先进入市场的企业更容易获取较大的市场份额和较高的利润。企业要想获得这种优势必须具有适宜创新的组织文化，创新性的理念、产品或服务等。

11.1 管理创新的概念

11.1.1 创新的概念

11.1.1.1 创新概念的提出

经济学家熊彼特（Joseph A. Schumpeter）在1911年出版其名著《经济发展理论》中最早提出创新（innovation）的概念，他认为创新是生产手段的新组合，“生产要素和生产条件的一种组合”，目的是要“获得企业利润”或者“潜在的超额利润”。熊彼特给出的创新概念包括以下五个方面：

（1）引入一种新的产品。

（2）采用一种新的生产方法或工艺流程。

（3）开辟新的市场。

（4）掠取或控制原材料或半成品的新的供应来源。

（5）采用新的生产组织形式或管理方式。

熊彼特从经济学的角度来给创新下定义，通过创造性的思维和行动来创造更多的商业价值。

11.1.1.2 创造力与创新的关系

创造力（creativity）是指以独特的方式整合各种思想，或在各种思想之间建立独特联系的能力。一个极具创造力的公司能找到独特的方式来解决问题。例如，与许多从公司外部聘请人员来担任公司的首席执行官不同，GE 公司有一套独特而有效的方式来从内部培养与选拔该公司的 CEO，而且每任 CEO 都是世界上最优秀的。美国学者罗宾斯认为："创新是指形成一种创造性思想并将其转换为有用的产品、服务或工作方法的过程。"因此，企业仅仅具有创造力还不够，因为创造力产生的产品不一定对消费者有用。

11.1.2 管理创新的概念

芮明杰教授认为，管理创新（Management innovation）是指创造一种新的更有效的资源整合方式，这种方式既可以是新的有效整合资源，以达到组织目标和责任的全过程管理，也可以是新的具体资源整合及目标制定等方面的细节管理。这个概念至少包括以下五种情况：

（1）提出一种能有效实施的新发展思路。新发展思路如果是可行的，这便是管理方面的一种创新。但这种新发展思路对所有的组织来说都是新的。例如，某些打印机生产企业为了销售更多的打印机以获得更高的利润，他们改变以往的高价销售打印机和低价销售墨粉的做法，而是将打印机的定价降低，使顾客认为其价钱很便宜，然后提高墨粉的价格，从顾客不断使用墨粉的过程中获得更高的利润。

（2）创建一个能有效运转的新的组织机构。一个新诞生的创新性组织机构，如果不能有效运转就不是实实在在的创新机构。

（3）提出某种新的管理方式方法。只要一种新的管理方式方法能提高生产效率，或使人际关系更加协调，或能更好地激励组织成员等，这些都将有助于组织资源的有效整合以达到组织的既定目标和责任。德鲁克提出的目标管理既能够有效地利用企业的资源、协调与控制组织活动的开展，而且还能够有效地调动员工的积极性、创造性和责任心，从而有效地实现组织的目标。

（4）创建某种全新的管理模式。所谓管理模式是指组织综合性的管理方式，是指组织总体资源有效配置实施的范式，这么一个范式如果对所有组织的综合管理而言是新的，则自然是一种创新。

（5）实施某项制度的创新。管理制度是对组织资源整合行为的规范，既是对组织行为的规范，也是对员工行为的规范。制度的变革必将引起组织行为的变化，以帮助组织有效整合资源，使组织进一步发展。因此，制度创新也是管理创新之一。

管理案例

华为轮值 CEO 制度

总部位于深圳的华为公司是全球第一大电信网络设备供应商，该公司在2011年实行了一套轮值CEO制度，由三位高管郭平、胡厚昆和徐直军轮流担任首席执行长一职，每六个月轮换一次。

其他公司或许只会挑选一人担任领导，但华为选择让一个小团队来领导公司。这种轮值CEO制度是华为创新的一种形式。

华为的13名董事在董事会会议上拥有平等投票权，不过三位轮值CEO对决策的影响力更大，部分原因在于他们还分管着负责公司政策设计的委员会。郭平担任华为财经委员会的主任，胡厚昆担任人力资源委员会主任，徐直军担任战略与发展委员会主任。

与此同时，1987年创立华为的任正非依旧保留了CEO职务，与三位高管扮演的代理CEO角色有所不同。

任正非的不同之处在于他有权否决董事会的决定，但到目前为止他还从未行使过这一权力。此外，任正非没有权力提出具体政策建议，不过他可以与其他管理人士交流看法。自2011年实行轮值CEO制度以来，任正非花了大量的时间来教导、培养这三位轮值CEO。

华为的轮值CEO制度是从《会飞的水牛》（*Flight of the Buffalo*，作者 James Belasco、Ralph Stayer）一书中获得的灵感。

资料来源：根据《华为轮值CEO制度：任正非花大量时间培养三人》整理，载《华尔街日报》（中文版），2013年9月15日 http：//tech. qq. com/a/2013915/013276. htm.

思考：华为为何要进行轮值CEO制度的创新？

11.2　管理创新的类型

依据不同的标准，可以将管理创新划分为不同的类型，例如，依据管理的基本职能可将管理创新划分为计划创新、组织创新、领导创新和控制创新；依据创新程度可分为渐进式创新与破坏性创新等。在现有的理论研究和实践活动中，理念创新、战略创新、组织创新、技术创新和环境创新是五种最常见的管理创新。

11.2.1　理念创新

理念创新（idea innovation）是指形成能够比以前更好地适应环境变化并更有效地利用资源的新概念或新构想的活动。理念创新对管理的发展具有重要的影响，对发展社会经济与推动社会的发展也具有重要作用。泰勒提出的科学管理理念改变了传统的凭经验做事的方式，大大提高了员工的生产效率，推动社会生产力的发展。梅奥教授的霍桑实验使人们意识到组织中人的因素对企业生产效率的提高具有重要的影响，从而导致人际关系运动的产生，并改善了员工的工作条件和生存条件。

管理案例

稻盛和夫采用阿米巴经营原理拯救日航

被称为日本的“经营之圣、人生之师”的稻盛和夫用其在创业过程中创立的“阿米巴经营”理念及管理方式，在40年时间创建了两家世界500强企业，是目前唯一在世的日本四大“经营之圣”之一。

“阿米巴经营”基于牢固的经营哲学和精细的部门独立核算管理，将企业划分为“小集体”，像自由自在的重复进行细胞分裂的“阿米巴”。以各个“阿米巴”为核心，自行制订计划，独立核算，持续自主成长，让每一位员工成为主角，“全员参与经营”，打造激情四射的集体，依靠全体智慧努力完成企业经营目标，实现企业的飞速发展。

“阿米巴经营原理”主要分为经营哲学、组织划分和经营会计三大部分。经营哲学作为指导理念，提倡“人人都是经营者”，引导企业上下一心共同经营企业。通过组织划分将企业分成小的阿米巴，培养具有管理意识的领导，让每个阿米巴独立经营。用经营会计协助全体员工参与经营管理，从而实现“全员参与”的赋权式经营方式，同时让经营者通过会计核算报表能够及时、清楚地掌握企业经营情况。

2009年1月13日，在日本政府的再三恳请下，对航空业知之甚少且已年近八旬的稻盛和夫出于使命感而临危受命接手濒临破产的日航，稻盛和夫再次将其创立的“阿米巴经营”理念运用于日航。2011年3月31日，日航已成为全球航空业的利润冠军，盈利高达2049亿日元，此时的稻盛和夫则功成身退，日航也在同年的9月19日重新上市。

资料来源：根据百度百科“阿米巴经营原理”与 稻盛和夫拯救日航：从破产到全球行业冠军的秘密（http：//mt. sohu. com/2016927/n471525757. shtml）整理.

思考：查询相关资料试分析稻盛和夫为何能够改变濒临破产的日航。

11.2.2 战略创新

战略创新（strategy innovation）体现在组织转变当前的商业模式或者采用全新的商业模式。加里·哈默尔提出：“在不断变化的世界里，战略改革是创造财富的关键。战略创新能够调整现存行业模式……既为客户创造价值，又能打乱竞争者的脚步。战略创新是新来者面对巨大的资源短缺也能成功的唯一途径。”

企业的经营活动受到社会环境、经济发展状况、消费者、竞争对手等方面的影响，尤其是外部环境与消费者的需求在不断地发展变化，因此，企业要有能力来适时调整目标以求获得良好的经济回报与长远的生存与发展。例如，戴尔公司通过采用消费者网络定制的流程，取消了开设专营店和中间商的成本，通过在工厂里为每个消费者定制化生产电脑，最终为该公司创造了一个巨大的市场。

11.2.3 组织创新

组织是通过有效安排任务和配置包括人在内的资源来实现目标。组织创新（organization innovation）是为组织适应内外部环境的变化而为技术创新活动提供新的组织支持，从而有效保证组织目标的达成。企业的组织创新的内容包括制度创新、结构创新和文化创新三个层面。

管理案例

美国通用汽车的组织创新

20世纪20年代初，美国通用汽车公司并购了许多小公司，企业规模急剧扩大，产品种类和经营项目增多，给公司内部各业务及部门的协调与控制带来极大的困难。当时担任通用汽车公司常务副总经理的阿尔弗雷德·P. 斯隆参考杜邦化学公司的经验，对公司的组织结构进行改造。斯隆将政策制定与行政管理分开，根据产品或地区，把生产经营活动划分为若干部门，每一部门是一个核算单位。部门负责人可以独立自主地经营所属新产品的产、供、销，总公司只在一般原则、方针上加以控制，并对各部门的工作统筹协调。通用汽车公司于1924年完成了对原有的组织结构改造，使通用汽车公司的整顿和发展获得了巨大的成功，并超过福特汽车公司而成为行业老大，从而奠定了事业部制管理的基础，因此事业部制又称“斯隆模型”。

资料来源：百度文库.

11.2.4 技术创新

技术水平能从一定程度上反映一个企业的经营实力，企业通过不断的技术创新来提高其竞争力，从而提高其市场占有率和服务水平，获取良好的经济回报，甚至是超额利润。技术创新（Technology innovation）指生产技术的创新，包括开发新技术，或者将已有的技术进行应用创新。企业的技术创新主要体现在要素创新、要素组合方法的创新与产品创新三个方面。例如，特斯拉创始人马斯克意识到传统石化能源轿车对环境污染和能量利用效率低下，冒着巨大的风险投入巨资研发纯电动车并最终得到市场的认可，给传统轿车行业带来毁灭性的冲击，也给该公司创造了一个巨大的市场。

11.2.5 环境创新

企业是在一定的环境中存在并受其制约的，因此，企业需要调整自身来适应环境。但环境创新（environment innovation）不是指企业为适应外界变化而调整内部结构或活动，而是指企业通过积极的创新活动去改造环境，引导环境朝着有利于企业经营的方向变化。企业可通过公关活动、技术创新等来影响企业自身政策的制定和行业环境的发展趋势等。例如，在中国政府打击传销活动的政策出台后，美国安利公司在中国的生存受到严峻考验，为了能在不利的政策环境下继续留在中国开展业务，该公司不断地对中国相关政府展开公关活动，最后获得成功并在中国生存下来。

11.3 管理创新的作用

为了能在不断变化的内外部环境中获得生存与发展，组织需要不断地调整自身以适应这些变化。这些对组织产生重要影响的环境变化因素包括知识经济、市场竞争、社会变革等，都使组织进行管理创新成为必然。因此，管理创新对组织的生存与发展具有十分重要的作用。概括起来，管理创新可以帮助企业提高经济效益、降低交易成本、拓展市场、促进企业的稳定与发展，以及有利于企业家阶层的形成。

11.4 激发并实施创新

11.4.1 创建能激发创新的组织环境

组织获得的创新性的产品和工作方法，是组织中具有创造力的人和群体在适合创新的组织环境中共同努力的结果。“适合”的环境是指能激发创新的环境，包括三类变量：组织结构、文化和人力资源实践。

管理案例

格力电器创新的氛围是怎么形成的

2015年1月9日，格力电器再度凭借“基于掌握核心科技的自主创新工程体系建设”项目荣获“国家科学技术进步二等奖”。

对于此次获奖，格力电器总工程师黄辉认为，格力的创新关键并不是使用了什么创新方法或者工具，格力的创新孕育来自一种氛围，“在这种氛围里，不自觉地就会创新，不创新反而是件奇怪的事。”

那么，这种创新的氛围是怎么形成的呢？

当年被派往日本购买多联机的谭建明现在是格力电器副总工程师。有一天开会时，大家谈到空调的出风口都长得很难看，这时董事长董明珠对他说：“你能不能做出一台没有出风口的空调？”谭建明第一反应是：这怎么可能？

当时谭建明还以为这只是会上一个玩笑，过些日子就会忘记了，没想到几天后董明珠就打电话问他项目进展得怎么样。谭建明被逼无奈花了一年时间做出一个双门对开的方案。但董明珠看了却觉得不够简洁，要求只能有一个挡板，要做到不用时与墙面完全融合，消失在视野中。谭建明说：“模具都做出来了，一句话几百万元的模具成本就没了。”一年后，谭建明的团队研制出了隐蔽性超强的隐形家用中央空调——翼之恋。

在制冷工业的尖端技术研发上，三次、五次的失败，几百万元打水漂是经常有的事。“几千万的失败都有，”董明珠说：“管理上不允许犯错误，研发上允许尝试。哪个人都不是神仙，研发上只要有想法，我们的投入不设上限。他敢要，我就敢给。”

除了资金上的支持，董明珠还在格力推行一种让技术团队做决定的作风。谭建明说：“一个研发团队在做决策的时候，我会让他们的主管保持沉默，尽量让团队的成员做决定。一个经验丰富的研发主管保持谦虚是很难的，但也只有这样才能发挥每个人的潜力。”

资料来源：http：//news. hexun. com/2015—01—13/172315915. html.

思考：分析格力电器是如何营造良好的创新氛围的？

11.4.1.1 组织结构因素

基于大量的研究，罗宾斯等学者总结出组织结构因素对创新作用的五点结论：

第一，有机式组织结构对创新有正面的影响。具有较强创新能力的组织需要具备较低程度的规范化、集权度和专业化程度，有助于提高组织的灵活性、思想共享，这对创新至关重要。

第二，能方便获取丰富的资源是创新的一个重要条件。充裕的资源使组织能购买创新成果，能承担创新的巨大成本与失败的损失。

第三，畅通的跨部门沟通有利于消除创新的潜在障碍。跨职能团队、任务小组和其他有利于跨部门互动的组织设计在创新型组织中得到了广泛的应用。

第四，创新型组织总是力图使创新活动的时间压力最小化，即使面对着“激流泛舟式”的环境。研究表明时间压力会削弱人们的创造力。

第五，研究表明员工的创造性表现会随着组织结构对创造力的明确支持而加强。有效的支持手段包括鼓励、开放式交流、倾听和有效的反馈等。

11.4.1.2 组织文化因素

富有创新能力的组织鼓励试验，不论成功与失败都予以奖励。它们也宽容失误。充满创新精神的组织文化通常有以下七项特征：接受模棱两可、容忍不切实际、最低限度的外部控制、容忍风险、容忍冲突、重视结果甚于方法、强调开放式系统、提供积极的反馈。

11.4.1.3 人力资源因素

富有创新能力的组织总是积极推动员工培训和员工发展以保持其知识的更新，向员工提供较高的工作保障，以减少他们担心因犯错误而遭解雇的顾虑，同时也鼓励员工成为创新能手（idea champions），一旦产生新思想，创新能手会积极、热情地将这一思想深化，提供支持并克服阻力，以确保创新得到推行。

研究表明，创新能手有某些共同的性格特征：异乎寻常的自信、有持久力、精力充沛、敢于冒险，以实现创新带来的潜在美好前景为使命来激励和鞭策他人，善于从他人处争取其支持使命的承诺。另外，创新能手的工作被赋予相当大的决策自主权，这有助于他们引入并推行创新。

管理案例

以色列如何成为创新创业强国？

以色列面积只有2.1万平方公里，其中2/3国土都是不适宜居住的沙漠，气候严苛，每年约有9个月不见一滴雨，是一个自然环境和地理环境非常恶劣的地方。由于历史和宗教原因，以色列自建国始，和毗邻国家的关系一直处于紧张状态。

但是，就是在这么严酷的环境里，800万犹太人创造了“以色列奇迹”：2014年，以色列GDP达2 913.57亿美元（世界排名36位），人均GDP达到37 035美元（世界排名25位），是中东地区工业化、经济发展水平最高的国家。以色列最为世人所称道的是高科技领域的创新成就，科技对这个自然资源极度贫乏国家的贡献率高达90%以上。其优势产业有农业、军事、通信、计算机、生物技术。工程师辛迪·布拉斯发明的滴灌技术，不仅在这块贫瘠的土地上解决了国民的生计问题，其出产的水果、蔬菜甚至远销欧洲创汇。

以色列的科技研发支出比重位居全球第一、除硅谷以外创业公司数量第一、风险投资人均第一。以色列的创新创业，由中小微企业领衔，全国企业中98%为中小微企业，大多是高新技术企业，雇员人数占全国劳动力的50%～60%，其小企业增长率为全球第二。

美国外交政策专家丹·塞诺和以色列专栏作家索尔·辛格合著了《创业的国度：以色列

经济奇迹的启示》中深入分析了以色列能成为一个创新和创业的强国的内在动力，他们认为在众多因素里面，犹太人的文化传统和以色列的人才教育理念占据重要位置。

首先，犹太人重视家庭教育。犹太人是一个母系认定民族，这也导致母亲在其家庭教育中独特而重要的地位。犹太女子受教育程度普遍很高，女性拥有学位的百分比高居世界第三。德国教育家福禄贝尔有一句名言：“国民的命运与其说是操纵在掌权者手中，倒不如说是掌握在母亲手中。”

其次，犹太人尊重知识，崇尚智慧。巴菲特曾说：“如果你来中东是寻找石油，那么你可以忽略以色列。如果你是在寻找智慧，那么请聚焦于此!”在以色列，国民普遍养成爱读书的习惯。以色列国民每年人均阅读图书量高达64本，韩国11本，法国20本，日本40本，中国仅有4.5本。

另外，以色列提倡精英人才的培养并有很多类型的精英培训计划。在以色列，年轻人不论男女均需义务服兵役，到了18岁都必须入伍。军旅生活能让以色列的年轻人迅速成熟，尽早明确自己的目标，也给了他们拓展人际关系、接受精英培训的机会。而且，在服兵役期间，一些聪明的年轻人会被挑选出来进行重点培养，并送入特殊的机构或尖端科技部门，接受的学术培训远远超出以色列或世界其他国家普通大学生所接受的培训范围。许多被挑选出来接受培训并通过课程考核的军士，后来都成为以色列顶级的学术专家或成功企业的创始人。

资料来源：严乙铭 :《以色列如何成为创新创业强国?》http：//tech.163.com/15/0713/07/AUCSM6FM000915BD.html.

思考：试分析领土狭小、资源匮乏的以色列成为创新创业强国的主要因素有哪些?

11.4.2 创新的实施过程

基于众多企业的创新成功的研究发现，成功的创新要经历“寻找机会、提出构思、迅速行动、忍耐坚持”四个阶段。

11.4.2.1 寻找机会

创新是对旧秩序的破坏。创新活动正是从发现和利用旧秩序内部存在的某种不协调的现象开始，换言之，不协调为创新提供了契机。引起旧秩序不协调的因素可存在于系统的内部，也可产生于系统的外部。

管理案例

基于懒惰的创新

基于“能不动就不动”的懒人第一逻辑恰恰是今天移动互联网时代以用户场景为中心的第一法则，记得滴滴打车的投资人曾经评价过一句经典的话，滴滴打车和传统出租车最大的不同就是“滴滴是以用户为中心的半径在选择用车，而传统出租车公司是基于司机的角度在选择用户”。指尖经济要求考虑用户无论在交友、点餐、理财等各种场景下，全流程的“不动化操作”，无论是在微信上可以维持着数百人（有的微信甚至维持着数千人）的友谊和商务关系；依靠高度发达的电子商务和物流完成的更多上门服务（送货、送餐、送花、美甲、做饭等等），就要求设计者找到用户的高频需求，同时要把整个操作链条（采购、交易、物流、客服等环节）在不动的前提下全部铺设好，最后就是拼相应速度，要做懒人的生意，并不容易。

语音识别下的应用应该蕴含着巨大的机会。在懒人逻辑里面的 open（张开嘴巴），我的理解绝对不限于食物，而是张开嘴巴、少用指头。对于懒人来说，用手指头敲击界面都是一种过于辛苦的运动，最好是张张嘴就完成操作。在 Gartner 公司 2014 年公布的技术应用曲线里面，语音识别技术已经定位为非常成熟、马上进入大规模应用的技术，目前语音识别技术尤其是人机对话技术已经嵌入到各个电子产品硬件中（ipad、手机、智能手表汽车），各个场景可能会爆发，比如语音会议记录、语音写作、语音定位、语音下单，甚至依靠语音完成更多的操作。

在产品设计中，如何巧妙地嵌入"放任"和"快乐"的要素愈发重要。在高度压力的今天，忙碌的节奏中偷偷懒本身就成了一种快乐，"双 11 节""618 节"的创立是一种放任，《植物大战僵尸》每个关卡都不是很长时间的设计就是一种在工作之余"偷偷地快乐"。微电影的流行也是代表着这一种趋势，在产品设计中，加入一些小小的放任，都会让你的懒人经济愈发精彩。

资料来源：王玥．理解人性再谈创新之——"懒惰"的机会［EB/OL］．http：//www.hbrchina.org/2015-06-26/3106.html.

（1）系统内部。生产经营中的瓶颈，可能影响劳动生产率的提高或劳动积极性的发挥，因而始终困扰企业的管理人员。例如，亨利·福特为了让美国的普通百姓能够买得起便宜的轿车，从而让他们下班后能早些回到家中与家人团聚，他一直在思考如何能够便宜而快速地生产轿车。后来，在一次参观芝加哥屠宰场的过程中看到该屠宰场在采用流水线作业，亨利·福特将这种流水线生产方式引入到他的工厂中，经过不断地实践与改进后，轿车生产效率得到极大提高且成本大幅降低，最终使原本昂贵的轿车可以进入普通美国人的家庭中。企业的创新，往往从注视、分析社会经济组织在运行过程中出现的不协调现象开始的。

（2）系统外部。促使企业进行创新并为企业提供创新机遇的外部环境因素包括技术发展、人口变化、宏观经济的变化、社会文化的变化等。技术的变化可能影响企业资源的获取、生产设备和产品的技术水平；人口的变化可能影响劳动市场的供给和产品销售市场的需求；宏观经济环境的变化、增长的经济背景可能给企业带来不断扩大的市场；萎靡的国民经济可能降低企业产品需求者的购买能力；文化和价值观念的转变可能改变消费者的消费偏好或者劳动者对工作和报酬的态度。例如，计算机技术的发展与运用改变了组织以纸质文件存储与利用信息的方式，通过信息技术，个人与组织可以很方便地获取、传播及利用信息，导致知识经济的产生并极大地改变了组织运行的方式与效率。

11.4.2.2 提出构思

在不协调现象产生后，探究其发生的根本原因，并分析和预测不协调的未来变化趋势，估计它们可能给组织带来的积极或消极后果。在此基础上，利用机会，采用头脑风暴、畅谈会等方法提出多种解决问题的创新构思。中国民营造车第一人的吉利集团创始人李书福，面对国际汽车巨头主导中国汽车市场而国产汽车企业对此无能为力的局面，在无资金、无人才、无技术的极端不利情况下，他认为随着汽车技术的成熟与全球经济环境的不断变化，在中国一定会有一些实力强大的汽车制造企业出现。因为汽车制造技术很成熟，吉利就可以通过模仿和借鉴来快速提升自身的生产技术，一旦全球经济危机出现，国际的汽车企业会因高成本而面临极大的困难。这时，中国的汽车制造企业就会有很多的机会。于是，李书福在众人反对下依旧果断进入汽车制造领域，并在 2008 年的全球金融风暴中并购沃尔沃，为集团的进一步发展打下坚实的基础。

11.4.2.3 **迅速行动**

行动迅速是创新成功的秘密。构思可能尚未完善，但并非完美的构思才有付诸行动的意义。例如，1970 年，施乐公司为了把产品搞得十全十美，在罗彻斯特建造了一座全由 MBA 使用的 29 层高楼。这些 MBA 们在大楼里对每一件可能开发的产品都设计了数百个变量的模型，然而，当这些人继续不着边际的分析时，竞争者已经把施乐公司的市场抢走了 50% 以上。所以，创新的构思只有在不断的尝试中才能逐渐完善，企业只有迅速行动才能有效地利用“不协调”提供的机会。

11.4.2.4 **忍耐坚持**

构思需经过尝试才能成熟，而尝试是有风险的。创新的过程是不断尝试、失败，不断提高的过程。因此，创新者在行动后，为取得最终的成功，必须坚定地继续下去。伟大的发明家爱迪生曾经说过：“我的成功是从一路失败中取得的。”创新的成功在很大程度上要归因于“最后五分钟”的坚持。

11.4.3 创新活动的组织

获取有价值的创新性成果的时间与需采取的具体行动是无法被组织所明确计划的，组织为取得创新性的成果更需要做的是为部属的创新提供条件、创造环境，有效地组织系统内部的创新。

（1）正确理解和扮演管理者的角色。管理人员常常将维持组织的运行看作组织雇用他们的原因，因此，他们首先将其职责视为是保证已定规则的执行和计划的实现，忽视组织为了适应环境以获得生存和发展所必需做出的变革与创新。他们也常常扮演现有规章制度守护神的角色。这种片面的认知对组织的生存和发展极为不利。管理人员必须自觉地带头创新，并努力为组织成员创建一个有利于创新的环境，积极鼓励、支持和引导组织成员进行创新。

（2）创造促进创新的组织氛围。组织促进创新的最好途径是营造一种有效激发组织成员创新的组织氛围，使他们的创新意识与创新能力成为激励措施与业绩考核的指标之一，激励他们去探索新的方法、找出新的程序以提高组织的效率和竞争力。全球著名的杀毒软件公司趋势科技为了营造一种适合员工创新的组织氛围，公司里面绿色植物遍布办公区域。公司还设有让员工免费的咖啡厅、瑜伽室等。而且，随处可见脚踏拖鞋、身穿短裤、手捧可乐的员工。宽松舒适的环境，为激发创新提供了最有利的土壤。

（3）制订有弹性的计划。创新意味着打破原有的规则，意味着时间和资源的计划外占用。因此，创新要求组织的计划必须具有弹性。创新需要思考，思考需要时间，这就意味组织的计划在时间安排上要留出一定的余地供员工思考。同时，组织必须能够为获得创新而进行的尝试提供足够的物质条件，以免将创新活动沦为空想。

（4）正确地对待失败。创新是一个试错的过程，接连不断的失败是正常的，甚至是必需的，管理人员要能够允许失败、支持失败，甚至鼓励失败。这样，组织才可能取得重大的、突破性的创新成果。例如，美国的一家计算机设备公司在其企业哲学中写道："我们要求公司的人每天至少犯10次错误。"当然，允许和鼓励失败是希望创新者在失败中获得教训，变得明白，从而缩短创新成功的路程。

（5）建立公正、合理的奖励制度。公正、合理的评价和奖励制度会激发组织成员的创新热情。创新的原动力更多的是个人的成就感、自我实现的需要，但如果创新的努力与成果得不到组织公正的评价与合理的奖励，那么员工的创新动力将难以为继。

管理案例

3M公司的创新奖赏

3M公司组建项目工作组时，成员来自各个专业，且全是自愿。公司提供经营保证和论功行赏。无论谁只要有新主意，他就可以在公司任何一个分部求助资金。一旦新产品研制出来后，该员工获得的不仅是薪金，还包括晋升。比如开始创新时他可能是一位基础工程师，当他创造的产品进入市场，他就变成了一位产品工程师，当产品销售额达到90万美元，他的职称、薪金都变了。当销售额达到2000万美元时，他已成了"产品系列工程经理"。在达到5000万美元时，就成立一个独立产品部门，他也成了部门的开发经理。

资料来源：百度文库.

物质奖励与精神奖励并存，物质奖励被视为衡量个人的工作成果和努力程度的标准，但是精神奖励也许比物质奖励更能满足人们创新的心理需要。而且，从经济的角度讲，物质奖励的效益要低于精神奖励。奖励不能视为"不犯错误的报酬"，而应是对特殊贡献，甚至是对希望做出特殊贡献的努力的报酬和避免公司犯更大错误的奖赏。奖励制度要既能促进内部的竞争，又能保证成员间的合作。内部的竞争与合作对创新都是极为重要的。

11.4.4 防范创新的风险

创新具有风险，但风险在一定程度和一定范围内也是可以防范的。

（1）切忌盲目创新。创新是企业获取优势的根本途径。当前企业的生存与发展越来越离不开管理创新、组织创新，以及技术创新。但盲目创新同样会导致企业创新危机，如世界著名的可口可乐公司就在盲目创新上栽过跟头。因此，要想防范企业创新危机，最重要的一条是：切忌盲目创新。

（2）学会容忍失败。有创新就会有创新失败，要想实现创新成功，就必须学会容忍失败。美国强生公司的伯克指出强生的信条之一就是："你必须愿意接受失败。"对创新失败的容忍精神已成为杰出公司的精神内涵之一，而且直接由公司高层灌输培养这种精神。企业的创新人才需要有适当的环境才能造就出来，如公司的企业文化、多重的支援系统和对失败的容忍态度等，企业需要鼓励培养的是一群努力不懈的创新人才，而不只是培养几个富有创意的奇才。

（3）纠正技术至上意识。技术至上意识，是企业经营管理者由于以往职业的长期熏陶，以致对企业技术发展与技术创新尤为敏感而产生的一种意念。这是技术出身的管理人员容易产生的一种错误意识。当创新实现时，常常自以为胜券在握，即使遇到挫折，也坚信只要技术上先进，经营一定会成功。这种所谓的技术至上意识，不是管理专家所持的态度。IBM在20世纪90年代初期出现的重大危机很大程度上就是技术至上意识造成的。当时他们生产的产品很难被非技术的普通消费者方便地使用，并且慢慢地远离了消费者的需求偏好而难以有效地服务顾客，从而导致销量大幅下滑并威胁到生存。

总之，现代企业的本质特征就是创新，企业只有在不断创新中，才能提高其市场应变能力和竞争力，才能获得更多的利润和市场占有率，才能推动社会进步和经济发展。创新是企业的生命所在，不会创新的企业是注定要失败的。虽然创新风险是客观存在、不可完全消除的，但企业可以采取一定的措施来防范创新风险，降低创新风险发生的概率，减少风险的损失 。

管理案例

创新进步的代价：宝丽莱破产

数码取代一次成像，宝丽莱（Polaroid Corporation）申请破产保护。

这是2001年9月13日许多媒体的报道：以一次成像技术闻名世界的美国宝丽莱公司本月11日正式向法院申请破产保护，该公司目前的负债为9亿美元。

2005年，公司被明尼苏达州企业派特斯（Petters Group Worldwide）全球集团买下。2008年11月受Petters欺诈案影响再次宣布破产保护。

每当技术或市场发生了突变，一些原先的龙头老大就会在所属行业失去领袖的地位，这在商业领域几乎成了普遍规律。但是，也有许多管理有方的老牌公司（百年老店）能在开发和推广新技术方面——从改进到创新，始终居于行业领先位置，因为这些公司一直能够引领技术的创新：首先是必须能够捕捉到这一类新技术；其次，必须能够推广和开发这类新技术。

资料来源：根据百度百科“宝丽莱破产”整理.

本章提要

组织的变革与创新能力在当前经济全球化的背景下具有十分重要的作用，组织为获得长期的生存与发展需要不断地实施创新并对其进行有效管理。创新是企业为获取利润而进行的生产手段的新组合。组织中的管理创新是指创造一种新的更有效的资源整合方式，以更好地实现组织目标和责任。在现有的理论研究和实践活动中，最常见的管理创新包括理念创新、战略创新、组织创新、技术创新和环境创新。

为有效实施管理创新，组织应从组织结构、组织文化和人力资源管理方面创建一种能激发创新的组织环境；此外，还需对创新的实施过程与创新活动的组织进行合理设计和有效管理，并对创新过程中产生的风险在事前考虑和防范。

在线资源

在线测试　拓展视频　拓展阅读　拓展案例　相关管理定律　相关管理大师

讨论问题

1. 什么是创新？
2. 什么是管理创新？管理创新的主要类型有哪些？
3. 管理创新具有什么作用？
4. 影响和推动企业组织创新的内外部因素有哪些？
5. 组织为激发创新应创建怎样的组织环境？
6. 组织应该如何开展其创新活动？
7. 组织如何防范创新带来的风险？

实践练习

1. 查找国内外知名企业管理创新的资料，选择一个案例进行分析。
2. 查阅资料，说明怎样才能成为一个有创造力的人。逐条记录下你的建议并在课堂上分享。
3. 创新性文化如何使组织更有效？你认为创新性文化是否会导致组织低效？为什么？

附录
管理理论的发展

管理理论的内容

古典管理理论　行为管理理论　现代管理理论　管理理论的新发展　中国古代管理思想与实践

在线资源

拓展视频　拓展阅读　拓展案例　相关管理定律　相关管理大师

参考文献

[1] 斯蒂芬·P. 罗宾斯，等. 管理学［M］. 7 版. 北京：中国人民大学出版社，2004.
[2] 莱斯利·W. 鲁，劳埃德·L. 拜厄斯. 管理学：技能与应用［M］. 11 版. 刘松柏，译. 北京：北京大学出版社，2006.
[3] 哈罗德·孔茨，海因茨·韦里克. 管理学：全球化视角［M］. 11 版. 北京：经济科学出版社，2004.
[4] 理查德 L. 达夫特，多萝西·马西克. 管理学原理［M］. 7 版. 高增安，马永红，李维余，译. 北京：机械工业出版社，2012.
[5] 小约翰·谢默霍恩. 管理学原理［M］. 甘亚平，译. 北京：人民邮电出版社，2005.
[6] 查克·威廉姆斯. 管理学［M］. 2 版. 谢永珍，于伟，等译. 北京：机械工业出版社，2011.
[7] 芮明杰. 管理学：现代的观点［M］. 2 版. 上海：上海人民出版社，2005.
[8] 陈传明，周小虎. 管理学原理［M］. 2 版. 北京：机械工业出版社，2012.
[9] 蒋国平，石书玲. 现代管理学［M］. 北京：机械工业出版社，2011.
[10] 王凤斌，李东. 管理学［M］. 4 版. 北京：中国人民大学出版社，2011.
[11] 王关义，高海涛，张铭. 管理学［M］. 2 版. 北京：机械工业出版社，2011.
[12] 李彦斌. 管理学［M］. 北京：机械工业出版社，2011.
[13] 倪杰. 管理学原理［M］. 北京：清华大学出版社，2006.
[14] 赵丽芬. 管理学概论［M］. 上海：立信会计出版社，2009.
[15] 刘亚臣. 管理学［M］. 北京：中国电力出版社，2008.
[16] 黄贵庭. 新编现代管理学［M］. 北京：企业管理出版社，2011.
[17] 李品媛. 管理学原理［M］. 大连：东北财经大学出版社，2007.
[18] 彼得·德鲁克. 管理实践［M］. 齐若兰，译. 北京：机械工业出版社，2009.
[19] 张俊. 目标管理推行中应注意的问题及对策［J］. 武汉市经济管理干部学院学报，2005（2）.
[20] 周青. 目标管理关注结果还是关注过程［J］. 企业管理. 2006（3）：79－82.
[21] 陈琳，苏艳芳. 管理原理与实践［M］. 北京：国防工业出版社，2007.
[22] 陈洪安. 管理学原理［M］. 上海：华东理工大学出版社，2005.
[23] 刘雪梅，胡建宏. 管理学原理与实务［M］. 北京：清华大学出版社，2011.
[24] 兰徐民. 管理原理与现代企业管理概论［M］. 北京：中国农业科技出版社，2001.
[25] 张广敬，李超. 管理学基础［M］. 北京：北京理工大学出版社，2012.
[26] 刘汴生. 管理学：理论与实务［M］. 北京：北京大学出版社，2012.
[27] 杨文士，焦叔斌，张雁，等. 管理学［M］. 北京：中国人民大学出版社，2009.
[28]（日）井上笃夫. 孙正义传［M］. 孙律，译. 南京：凤凰出版社，2011.
[29] 梁伟业. 企业文化：经营之本——基于安然公司的分析［J］. 广州：华南农业大学学报（社会科学版），2003.
[30] 邢以群. 管理学［M］. 2 版. 北京：高等教育出版社，2007.
[31] 周晶，朱振涛，吴孝灵，等. 大型工程的复杂性管理：组织、文化与决策［M］. 南京：南京大学出版社，2015.
[32] 罗宾斯. 管理学［M］. 7 版. 北京：中国人民大学出版社，2004.
[33] 黄培伦. 组织行为学［M］. 广州：华南理工大学出版社，2001.
[34] 冯光明. 管理学［M］. 北京：中国财政经济出版社，2017.
[35] 陈建先. 现代领导博弈思维［M］. 北京：国家行政学院出版社，2013.

[36] 李家镐. 企业成功案例集萃 [M]. 上海：文汇出版社，1992.
[37] 汪克夷，齐丽云，刘荣. 管理学 [M]. 北京：清华大学出版社，2016.
[38] 施芳. 管理学原理及应用　管理就在你身边 [M]. 昆明：晨光出版社，2008.
[39] 何小军. 像卡耐基继母那样教子 [J]. 好家长・青春期教育，2013 (8).
[40] 连云尧. 好领导会激励 [M]. 厦门：鹭江出版社，2011.
[41] 卢飞成. 创业能力 [M]. 杭州：浙江大学出版社，2012.
[42] 裴培. 职场礼仪与沟通技巧 [M]. 北京：科学技术文献出版社，2015.
[43] 孙东雅. 世界500强企业员工高效工作法 [M]. 北京：华夏出版社，2013.
[44] 张静. 组织行为学 [M]. 北京：机械工业出版社，2015.
[45] 孙科柳，孙昌华. 企业瘦身与人事精简　精简人事管理20条 [M]. 中国：中国电力出版社，2015.
[46] 李伟. 塑造你的工作使命 [M]. 北京：中国商业出版社，2013.
[47] 连云尧. 好领导会激励 [M]. 厦门：鹭江出版社，2011.
[48] 何振民. 新编三十六计全书　指桑骂槐 [M]. 北京：中央民族大学出版社，2001.
[49] 杨云生. 颠覆与重建　课堂文化建设的探索与实践 [M]. 杭州：浙江大学出版社，2016.
[50] 尹青. 葡萄柠檬心理学 [M]. 北京：机械工业出版社，2009.
[51] 汤少梁. 现代企业管理 [M]. 南京：南京大学出版社，2015.
[52] 张春华. 网络舆情　社会学的阐释 ne-tmediated public sentiment [M]. 北京：社会科学文献出版社，2012.
[53] 张英奎，孙军. 现代管理 [M]. 北京：清华大学出版社，北京交通大学出版社，2004.